KB116933

싱가포르를 뛰어넘는 부산!

태평양 도시국가의 꿈!

부산!
독립선언

이언주 저

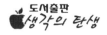

도서출판
생각의 탄생

"부산이 독립하는 그 날까지 함께해요"

부산의 딸 이언주

머 리 말

태평양 도시국가의 꿈!
대한민국의 미래 부산

　저는 부산에서 한때 대한민국을 먹여 살린 조선해운업종에 종사하신 아버지와 부산대 커플이었던 어머니 사이에서 태어나 성장했습니다. 수영에 있는 민락초등학교에 입학한 직후 아버지께서 흥아해운 싱가포르 지사장으로 발령이 나면서 싱가포르에서 초등학교를 다녔습니다. 초등학교 5학년으로 올라갈 무렵 부산 영도 대평초등학교로 전학 왔는데 당시 제 별명은 "싱가포르"이었습니다.

　해외여행이 자율화되기 전이어서 외국에서 학교를 다닌 아이가 흔치 않은 때였습니다. 주말이면 가족이 함께 싱가포르뿐만 아니라 주변 동남아 각국을 돌아다녔습니다. 돌아보면 그때가 참으로 행복한 시절이었습니다. 싱가포르 특유의 상업을 중시하는 문화, 동서양이 섞여 함께 경쟁하며 조화를 이루면서도 국가의 질서가 철저히 지켜지는 나라 싱가포르와 미개발상태이면서도 나름의 문화를 간직하고 있던 동남아 각국을 돌아다닌 경험은 제 인생에 큰 영향을 미쳤습니다. 당시 아시아 변방에서 온 개발도상국 대한민국의 아이는 세계 각국의 아이들이 모인 속에서 기가 죽어 있었습니다. 그때부터 아마도 저는 "강한 나라"가 얼마나 중요한지, 세계가 얼마나 치열한지 막연하게 깨달았던 것 같습니다.

　귀국 후 얼마 지나지 않아 아버지는 독립해서 사업을 시작하셨고 한동안은 그럭저럭 잘되었습니다. 그러던 중 1997년 외환위기의 파고는 결국 아버지의 사업마저 부도를 나게 했습니다. 어머니는 아버지를 대신해서 집안을 꾸려나가셨습니다. 자기 몸을 돌볼 겨를이 없었던 어머니는 결국 탈이 나고 말았습니다. 자식들한테 짐이 되기 싫어 몸이 아픈데도 엄살조차 부릴 줄 몰랐던 어머니에게 간암은 천형과 같았습니다. 그렇게 어머니는 아까운 나이에 결국 소천하시고 말았습니다. 마지막 희망을 가지고 막내 동생은 어머니에게 간이식을 해드렸습니다. 자신의 몸무게를 15kg이나 빼면서 감행한 희생이었습니다. 하지만 소용이 없었습니다.

　어머니께서 저 먼 나라로 가시기 전... 저는 못다 한 효도를 하려고 어머니를 모시고 나들이를 갔습니다. 그때 어머니께서 제게 남기신 말씀이 결국 마지막 말씀이 되었습니다.

"언주야! 네 못난 아빠 원망하지 마라... 그때 싱가포르 지사 나갔을 때, 우리 가족 단란하던 때가 제일 좋았다. 다시 가보고 싶다. 참 멋진 도시였지.."

저는 정말이지 세상이 원망스러웠습니다. 가족 모두가 그렇게 열심히 살았건만......

외환위기가 아버지 잘못일까요? 아니, 어머니는, 우리는 무슨 잘못일까요? 무심코 던진 돌에 개구리가 맞아죽는 것처럼 무책임한 정치가 개개의 국민들에게 피눈물을 흘리게 하는 것을 깨달았습니다. 그래서 정치를 시작했습니다.

그런데, 현실의 정치는, 제가 생각했던 정치와는 많이 달랐고, 저는 끊임없이 길을 찾아 헤맸고, 아직도 그 여정 중에 있습니다.

'이언주의 꿈'은
돌아가신 엄마의 꿈이고,
아들을 키우는 엄마인 제 꿈이고,
앞으로 엄마와 아빠가 우리 제 아들과 같은 딸들의 꿈입니다.

바로... 열심히 사는 국민들이 적어도 무능하고 무책임한 정치로 인해 피눈물 흘리는 일이 없도록 하는 것, 그리고 역사 속에서 확대되어온 우리의 자유가, 억압되지 않고 더욱 확대되어 우리를 번영으로 이끄는 것, '자유와 번영의 대한민국'을 일구는 것입니다.

슘페터가 말한 것처럼 혁신이 시장경제의 성장을 좌우하는 유일한 원동력이라면, 중앙정부든 지방정부든 혁신을 위한 노력을 강화함으로써 불황을 극복해야 합니다. 정부가 시장의 경쟁에 감 놔라, 배 놔라 하며 경쟁 질서를 훼손해서도 안 되지만 특히 요즘 같은 정보화시대에는 중앙과 지방 정부가 혁신의 발판을 마련함으로써 새로운 시장을 창출하는데 일정한 역할을 해야 합니다.

과거 우리 아버지 어머니들은 전쟁으로 폐허가 된 잿더미 위에서 땀 흘려 물건을 만들어 수출하였고, 남들의 비웃음 속에서도 배를 만들고 차를 만들고 기계와 전자제품을 만들어내 수출했습니다. 지금은 당연하게 보일지 몰라도 당시 우리의 기술수준으로는 참으로 무모한 도전이었지만 결국 해낸 것입니다. 오로지 경제를 살리겠다는 강한 일념으로 혁신을 위한 방향을 제시하고 리더십을 발휘한 정부와 기업가 정신에 가득 찬 창업자들, 그리고 우리도 한번 잘살아보자, 내 자식만큼은 굶기지 않겠다는 일념으로 가득 찬 국민들...

이렇듯 대한민국의 산업화는 정부, 기업, 국민 3자 모두의 진취적 도전정신과 끊임없는 혁신의 정신이 빚어낸 성과였습니다. 그런데 그 이후 우리는 도전을 소홀히 했고, 진취성을 상실한 채 기득권을 유지하는 데만 급급해졌습니다. 마치 창업자들 이후 2세, 3세 경영으로 내려오면서 기업가정신이 희미해진 것처럼 말입니다. 한정된 파이를 놓고 서로 싸움을 반복하고 있는 실정입니다.

생각해 보면, 구한말 이후 부산이야말로 개항의 도시이자 국제적으로 사람과 돈이 들고나는 곳이었습니다. 6.25 당시 피난도시로 자유를 지켜낸 곳이고 항상 새로운 문물과 문화가 들어오고 새로운 사업이 시작되는 곳이었습니다. 서울에서는 가장 멀리 떨어진 곳이지만, 태평양과 넓은 세계로 향하는 가장 가까운 관문입니다. 그러니 지도를 거꾸로 돌려보십시오. 눈앞에 드넓은 태평양이 펼쳐져있지 않습니까? 상상해 보십시오! 태평양을 무대로, 전 세계 인재와 돈이 들고나는 부산을 말입니다. 서울을 잊어버리고 '태평양 도시국가의 꿈'을 꾸면 어떨까요?

'이언주의 꿈'은
돌아가신 엄마의 꿈이고,
아들을 키우고 있는 엄마인 제 꿈이고,
앞으로 엄마가 될 제 아들과 같은 딸들의 꿈입니다.
바로'살기 좋은 부산', '가고 싶은 부산', '싱가포르를 뛰어넘는 부산'을
만드는 것입니다.
우리는 할 수 있습니다!
과거 그랬던 것처럼,
개항도시, 자유와 번영의 도시, 국제도시였던 것처럼,
부산을...

새로운 시도가 곳곳에서 이루어져 새로운 산업이 움트고, 각종 국제거래의 거점이 되어 금융과 물류, 원자재와 에너지 허브, 엔터테인먼트 허브까지... 전세계 인재들이 다 모여 즐기고 수다 떨다가 새로운 아이디어를 토론하고, 의기투합해서 스타트업을 시작하고 또 그들의 아이디어를 보고 투자자들이 몰려들고 하는... 그런 도시로 만들 수 있습니다. 부산의 야성을 되찾고 도전정신과 개방성, 국제성을 되찾아야 합니다. 부산에 전 세계 인재들이 다 모이면 서울뿐만 아니라 전국 각지에서 인재들이 저절

로 모일 것입니다. 사람이 모이는 곳에 돈이 모이고 투자자가 몰려옵니다. 결과적으로 투자가 모이는 곳에 일자리가 생깁니다.

"됐냐?" 하면, "됐다!" 하고, 과감하게 앞으로 나아갑시다. 우리 안에 또아리 틀고 있는 폐쇄성과 현실안주로부터 벗어나 "새로운 부산"을 향해 나아갑시다.

"I am New Yorker."
"I am Parisien."처럼
"I am Busanian."
"I am from Busan."이 널리 쓰이는 말이 되길 바랍니다.
"Change Busan!"

이 책은 같은 뜻을 가진 많은 분들의 도움으로 탄생했습니다. 위기의 대한민국! 위기의 부산경제, 한 목소리로 아우성을 치는 현 상황에 대해 대한민국의 미래를 돌파할 가장 중요한 아이디어는 무엇인가? 효과적이며 완벽한 대안은 무엇일까를 고민하며 만들어진 부산미래해상신도시포럼(가칭)의 의제 제시용으로 초고가 만들어졌습니다. 여기에는 김재헌 작가의 아이디어가 가장 탁월했습니다. 여기에 BIG(Busan Innovator Group)s 가 붙어 많은 연구보완을 했습니다. 핵심적인 팀원은 황승연 교수, 조성환 교수, 배석태 교수, 이경전 교수, 성상기 벤처 엑셀레이터, 배기열 융합예술가, 박봉규 오스포르협회장, 김성희, 서원준 감독, 하태석 건축가, 황준석 건축가, 그 외에도 많은 스타트업, 벤처 엑셀레이터, 조선, 건설전문가, 도시 전문가, 문화융합전문가, 공연기획자, 미래학자 등 많은 분들이 자료들을 공유하고 제 상상을 구체화하고 살을 붙여주셨습니다. 부산의 과거에 대한 자료는 김승 교수의 논문이 많은 참고가 되어서 이렇게 한 권의 책으로 탄생하게 된 것입니다. 이제 목표는 정해졌습니다.

"부산을 개조하여 '태평양도시국가'로 가야한다. 그러면 대한민국의 미래지도가 바뀔 것이다."

아무튼 이 책을 통하여 맨해튼처럼 팬시(fancy)하고 두바이식 팬(fan)으로 펀(fun)한 부산을 만들자는 주장을 펼쳐봅니다. 대한민국의 핀(fintech)은 부산입니다.

2020. 11. 1

부산의 딸 **이 언 주**

목 차

chapter 00   부산 독립선언

01. 부산독립선언   12
02. 태평양도시국가로 가자! – "해양특별자치시" 부산   19

chapter 01   개항도시 부산

01. 7G 시대의 부산 – 제4의 개항이 도래했다   26
02. 첫 개항과 둘째 셋째 개항   36
03. 개항이 가르쳐준 역사적 교훈   46
04. 역사가 만든 도시·도시가 만든 역사   53
05. 제4의 개항, 바다가 영토다   62
06. 항구! 플랫폼 전략   73
07. 우리는 어디로 가야 하나?   86

chapter 02   태평양도시국가 부산

01. 태평양 국가도시를 꿈꾸며   94
02. 홍콩 핵시트와 부산의 기회   107
03. 부산 시민을 세계시민으로 – 해상신도시 –   117
04. 네트워크에서 초연결사회로   130
05. 조개화폐에서 암호화폐까지   135
06. 스마트 항만, 드론 특구   141
07. 스타트업 스케일업 월드   156

chapter 03   4차 산업혁명의 전진기지 부산

01. 4차 산업혁명과 부산   166

02. 부산경제혁명의 방향   184

03. 전기, 수소자동차의 메카로   194

04. 바다영토 확장, 해상일주도로   201

05. 금융허브의 꿈 – 국제금융단지 활성화   206

06. 4차 산업혁명의 도화선 부산   223

07. 부산·울산·경남 4차 산업혁명의 선도벨트   229

chapter 04   하드웨어 중심에서 콘텐츠 중심으로

01. 4차 산업혁명과 부산   238

02. 세계 모든 기업의 부산 유치   249

03. 멀티램 구성 에듀토피아   262

04. 세계 최대 음악 페스티벌 부산   268

05. 컨텐츠도시 – 산복도로와 모노레일   287

06. 부산을 스토리텔링으로 재구성하라   290

07. 소신과 현실 사이   294

감사와 기쁨   302

00

부산독립선언

부산독립정신이 필요하다

**부산은 그야말로 죽어가고 있다.
과거의 영광을 뒤로한 채.**

한때 신발과 섬유, 조선과 해운, 자동차 기계 등...대한민국 산업화의 선구자적 역할을 했던 부산...

그 경제지표를 보자면 과거의 영광이 더욱더 쓰라리다.

고용율 55%, 경제활동참가율 58%... 전국 광역시도들을 통틀어 꼴찌이다. 광역시도들 대부분이 60%는 넘는데 부산은 그에 훨씬 못 미친다. 비슷한 곳조차 별로 없다. 고령화율 전국 최고, 청년실업률 역시 울산 다음으로 꼴찌다. 개항도시, 임시수도, 산업화의 첨병, 국제도시이자 대한민국 제2도시였던 부산이 왜 이렇게까지 되었는가?

가끔 부산에 계신 아버지를 찾아뵙기 위해 부산을 오고 갔다. 사법연수원 실무수습차 부산지검에 출근을 했고, 센텀시티 프로젝트를 위해 협상차, 르노삼성자동차 근무 시절 매주 있는 임원회의에 참석하기 위해 왔다. 그리고 국회의원 시절 각종 부산 현안을 두고 부산을 방문하곤 했다. 그런데, 정치를 부산에서 하기 위해 부산에 내려온 뒤부터 그동안 화려한 광안리, 해운대와 일상 속에서 무심코 지나쳐온 부산의 모순과 고통이 내 눈에 밟히기 시작했다. 부산의 울음소리가 들리는 듯했다.

　40년 전 어릴 적 내 눈에 비친 부산은 매우 활기찬 도시였다. 한창 잘나가던 흥아해운을 다니시던 아버지를 따라 북항의 컨테이너 야드를 가끔 갔었는데 그 당시 북항은 대단했다. 현재는 부산신항으로 항만시설이 상당부분 이전되었다. 시대가 흐르며 컨테이너 야드가 외곽으로 옮겨질 수밖에 없었다. 따라서 관련 일자리가 전부가 부산 밖으로 나가는 건 정해진 수순일 것이다. 그런데, 문제는 기존 일자리를 대체할 일자리가 뚜렷하지 않다는데 있다.

　당시로서는 대단한 위용을 자랑했던 코오롱 롯데지하상가. 그곳은 아주 근사했다. 아버지 사업이 부도난 이후 생계를 떠맡으신 어머니께서는 친척들한테 돈을 빌려 그 지하상가 맨 끝 구석에 조그만 가게를 얻어 잡화를 파셨다. 그때 당시 어머니의 꿈은 지하상가 중심가에 번듯하고 큰 가게를 얻는 것이었다. 그런데 그 지하상가가 공동화, 슬럼화 되어버린 현실을 보며 얼마나 마음 아팠는지 모른다. 부산 원도심인 중앙동, 광복동, 남포동, 대청동 일대의 텅 빈 가게들을 보며 마음이 쓰리다. 도심이 서면 일대로 옮겨간 건 그렇다 치더라도 원도심이 이대로 방치되어 버려진 도시처럼 되어버린 현실을 보는 마음은 참으로 안타까웠다.

남도여중으로 올라가던 영선동 골목, 영도여고를 가던 길목에 있는 신선동과 청학동의 산복도로... 그리스의 산토리니나 샌프란시스코, 홍콩의 리펄스베이 같은 고급 주택가와 유사한 조망을 가진 곳이지만 그 산복도로는 40년 전과 크게 달라지지 않은 상태로 따닥따닥 붙은 작은 집들과 좁고 경사진 골목은 과거의 향수를 나에게 불러일으키기보다는 안타까움을 불러일으켰다. 일부 드문드문 수리한 집들과 정비된 골목이 보였지만 여전히 거기는 가난한 동네로 남아있었다. 영도여고를 가는 2송도길에서 태평양을 바라보며 등하교를 했던 추억을 갖고 있지만 한편으로는 낙후된 섬 영도에서 산다며 친구들이 나를 폄하할 때마다 속이 상했다. 지금은 어쩌면 그때보다 더할 것 같은 생각이 들었다. 영주동과 수정동 일대의 산복도로는 어떠한가? 금방이라도 무너질 듯한 오래된 주택들과 시영아파트의 상태를 보노라면 심경이 참으로 복잡해진다. 특히 그 앞에 떡하니 들어선 고층 아파트로 아예 전망이 다 가려진 걸 보면 안타깝다 못해 화가 난다. 산복도로에 살던 노인들이 사망하고 나서는 빈집으로 방치되는 경우가 많은데 그 또한 마을의 슬럼화를 촉진하고 주민들이나 아이들의 안전에 위협이 될 것 같다. 언젠가 국토위 국감 기간에 부산에 왔다가 "산복도로 르네상스"사업을 들은 적이 있다. 산복도로를 살리기 위해 많은 분들이 노력했던 흔적이 보였으나 그러나 그것만으로는 부족하다. 적어도 노인들이 그런 높은 곳에 힘들게 올라가는 일은 없어야 한다. 국민소득 3만불 시대에 적어도 화장실이 없는 집, 비가 새서 물바다가 되는 집은 없어야 한다.

부산 대대적인 산업구조 개편에 착수해야

1990년대까지만 해도 부산의 조선해운업에 종사하는 사람들은 돈벌이가 꽤 괜찮았다. 르노삼성자동차에 다니던 15년 전까지만 해도 부산의 자동차, 기계 분야도 그럭저럭 괜찮은 편이었다. 다른 나라의 경쟁사들에 비해 생산성도 높은 편이었고, 많진 않아도 그럭저럭 마진은 나오는 편이었다. 그러나 임금의 급격한 인상으로 인한 원가상승, 물류비용 등 부대서비스업의 원가상승으로 부산의 제조업은 심각한 위기를 맞이하고 있다. 그렇다고 생산성이나 품질이 갑자기 더 좋아질리도 없는데다가 중국과 베트남 등의 추격으로 인해 가격경쟁은 더욱 치열해진 상태에서 가격을 올리기는커녕 내려야 할 판이 되었으니 이럴 수도 없고 저럴 수도 없어졌다. 더구나 각종 규제와 행정관료주의로 인해 중소 제조업체는 숨도 쉴 수 없는 현실 속에 있다. 중견 하청업체와 중소 부품업체 등이 모여 있는 부산의 산업구조는 더욱더 위기를 심화시키고 있다.

이런 경제상황 속에서 일자리가 생길 리가 없다. 이런 취약한 산업구조와 원가구조, 국제경쟁환경의 악화 속에서는 기업이 클 수도 없고, 기업이 부산으로 올 이유도 없다. 그러니 젊은이들이 희망을 잃고 떠나는 것은 당연하다. 이제 부산은 대대적인 산업구조개편에 착수해야 한다. 기존의 경쟁력을 잃은 제조업을 살릴 건 살려야 한다. 그러기 위해선 한쪽에서 점차 생산성 향상을 위한 업그레이드 프로젝트를 진행하고 한쪽에선 그것을 대체할 신산업을 일으켜야 한다. 특히, 4차 산업혁명 시대에 맞는 첨단과학기술과 문화예술관광 등 부가가치가 높은 소프트산업 분야에서 다양한 시도들이 이루어지고 인재들이 모여들어야 한다. 그렇게 되기 위해서는 교육환경이 달라져야 하고 행정이 대대적으로 혁신되어야 한다. 그리고 그러한 산업전환에 초점을 맞추어 현장에서 뛰고 현장에서 땀흘리는 시정이 이루어져야 한다.

부산의 산업경쟁력을 높이기 위해서라도 제대로 된 국제공항이 필요하다. 가덕신공항이든 뭐든 지금의 김해공항이 아니라 향후 무한대 확장이 가능하도록 바다에 국제공항이 생겨야 한다. 24시간 운영할 수 있는 국제공항 말이다. 그래야 물류경쟁력을 토대로 한 국제물류단지가 생기고 거기서 이루어지는 거래를 토대로 파생금융거래가 일어날 수도 있다. 그래야 부산의 기업들이 경쟁력이 제고되며 그래야 전세계에서 인재가 모여들고 젊은이들이 모여들기에 더 유리하다. 그런데 정부는 가덕신공항을 두고 벌써 10년이 넘게 정치적으로 우려먹고 있다. 정부가 왜 가덕신공항을 승인하지 않는지 모르지만 하려고 마음먹으면 왜 안 되겠는가?

지금이 어느 시대인데 여객이든 화물이든 시간 허비하며 수도권까지 갔다가 내려오란 말인가? 이것만 보더라도 글로벌경쟁에서 부산기업들의 경쟁력이 있기 어려운 것 아닌가? 국제공항 하나 짓는 게 그리 어렵단 말인가? 그냥 우리가 알아서 자금은 유치할테니, 중앙정부는 승인만 해 주면 된다. 국비 외에는 다른 대안이 없는 것처럼 거기에만 매달린다면 부산에 어떤 큰 그림을 그릴 수 있겠는가? 국비가 아니라 해외에서 외자를 유치하자. 서울을 중심으로 하는 사고에서 독립하자. 태평양 도시국가로서 독자적 생존방안을 모색해야 부산은 살아남을 수 있다. 중앙정부가 아니라 국제도시로서 외국자본을 대상으로 외국인을 대상으로 돈을 벌 궁리를 하는 게 더 낫다. 어쩌면 국제도시로서의 정체성을 잊은 채 잠자고 있던 부산은 이제 그 잠에서 깨어날 때가 되었다.

부산을 중심으로 일본, 대만, 홍콩, 중국, 호주와 미국, 나아가 동남아까지, 아시아 태평양 경제권을 만든다

부산은 지방의 군소도시가 아니다. 중앙정부를 쳐다보며 국비에 목매는 수준으로는 부산 같은 거대도시, 태평양 국제도시로서의 경쟁력을 살리는 것은 요원하다. 인근의 울산과 경남을 포괄하여 부울경의 경제권을 태평양경제중심도시로서 독자생존력을 확보하고 경쟁력을 확보할 수 있어야 한다. 그래서 대한민국에 적어도 수도권 외에 거대경제권이 한 두개는 더 있어야 전체 경제의 규모가 합해져서 선진국경제의 수준에 다다를 수 있을 것이다.

부산이 변해야
그래야 부산이 살고 대한민국이 산다!

부산은 서울중심의 사고에서부터 독립해야 한다!

처음부터 다시 시작한다는 심정으로 혁신에 나서야 한다.

과거 대한민국과 세계의 관문이던 때처럼, 모든 신문물의 집적지였던 때처럼, 대한민국 경제를 움직이던 때처럼 말이다. 기득권에 굴하지 않고 오직 시민들과 부산의 미래를 위해 앞으로 가야 한다. 그래야 부산이 살고 그래야 대한민국이 산다!

남부권의 심장이자 태평양의 관문인 부산이 살아나지 못하면 대한민국도 살아나지 못한다. 수도권만으로 대한민국이 찌그러들도록 내버려둘 것인가? 수도권과 남부권의 거대경제권이 함께 세계를 누벼야 한다. 죽어가는 부산을 살리는 자가 대한민국을 살릴 것이다!

태평양도시국가로 가자!
-"해양특별자치시"부산

위기의 부산, 과연 부산이 대한민국의 해양수도인가?

부산이 대한민국 모든 항만 중의 항만이며, 대륙과 해양 세력의 중추적인 교두보 역할을 담당하고 있다는 점은 아무도 부인할 수 없다. 이를 반영하듯 올해가 부산을 해양수도로 선포한지 20년째라고 한다. 과연 부산이 해양수도라 할 수 있을까? 2017년에는 인천에 지역 내 총생산(GRDP)이 역전 당했으며, 인구도 현재 약 330여만 명으로 계속 감소되어 약 295만 명의 인천에 추월당할 처지에 있다. 머지않아 대한민국 제2의 도시이자, 해양수도라는 부산의 타이틀을 인천에 넘겨 줄 상황이다.

특히 최근 20년간 서울 경기 인천 등 수도권 3개 시·도로 거주지를 옮긴 부산 인구가 26만 명에 이르며, 이는 비수도권 14개 광역시·도 중 최대치라고 한다. 또 향후 50년간 부산지역 총인구는 전국에서 가장 빠르게 줄어들 것으로 예측되어 미래 역시 밝아보이지 않는다. 20년 동안 정부, 부산시를 비롯한 우리는 해양수도 부산을 위해 진정 무엇을 했던가? 2020년 부산시 예산 13조 7,805억 원 가운데 농림해양수산 예산은 약 1,460억 원 정도로 1.5%에 불과다. 획기적인 발상의 전환과 과감한 정책이 필요한 때이다. 지금개혁하지 아니하면 대한민국 제2의 도시, 해양수도 부산은 더 이상 미래가 없다.

블랙홀이 되어가는 수도권! 중앙정부에 착취당하는 부산!

KTX로 인해 전국이 1일 생활권이 되자 수도권 집중현상은 오히려 심화되었다. 의료도 교육도 전부 수도권으로 집중되었다. 부산시민들은 열심히 벌면 대부분 국세로 중앙정부에서 징수하고 그 중에 일부만 지방교부금이다 예산이다 해서 부산으로 돌아온다. 우리는 그것만이라도 감지덕지하고 있으며 가지고도 중앙정부나 정치인들은 생색내기에 여념이 없다. 부산이 기업을 유치하려면 규제완화나 세율인하 같은 유인책을 스스로 결정할 수 있어야 하는데, 그게 다 중앙정부와 국회가 결정하지 부산이 결정할 수가 없다. 그러니 단체장이 아무리 기업유치를 위해 뛴다 한들 중앙정부가 반기업정책을 펴고 있으면 아무 소용이 없다. 지역균형발전을 위해

수도를 세종시에 이전한다고 하지만 실상은 수도이전이 아니라 수도확장이 아닌가? 서울에서 기차로 30분이면 가는 지역이 수도가 되면 수도권의 범위가 커질 뿐인데 이를 수도이전이니 뭐니 거창하게 떠드는 것도 너무나 민망하다.

부산을 「해양특별자치시」로!!

현재 17개의 광역자치단체 중 지방자치법상 특례를 인정받고 있는 곳은 서울특별시, 세종특별자치시, 제주특별자치도 3곳이다. 서울특별시는 '수도로서의 특수성'이, 세종특별자치시는 '행정중심복합도시', 제주특별자치도는 '고도의 자치권 보장'등 특별한 목적에 따라 특례를 인정받고 있으며, 서울시 행정특례에 관한 법률, 세종특별자치시 설치 등에 관한 특별법, 제주특별자치도 설치 및 국제자유도시 조성을 위한 특별법 등의 법률로 뒷받침되고 있다.

이외에도 지방자치법상의 특례는 아니지만, 아시아문화중심도시 조성에 관한 특별법으로 광주광역시가 문화수도로서 특성을 인정받고 있다. 즉 경제수도 서울, 행정수도 세종·충청, 문화수도 광주·전남 모두 법률로써 진흥, 육성하고 있는 것이다. 해양수도인 부산은 어떠한가? 과연 해양수도라 할 수 있는가?

이제라도 부산을 진정한 해양수도인 해양특별자치시로 육성하자. 우선적으로 특별법을 제정하여, 고도의 자치권을 인정하자. 항만의 경쟁력을 최대한 확보하기 위해서 오래 전부터 지방정부가 항만운영과 자율권을 보장받고 있는 중국 상하이, 독일 함부르크, 네덜란드 로테르담처럼 부산에 자치권을 인정해달라는 것이다. 그래서 자치권을 갖고 기업 설립 등 기업 관련 규제를 대폭 간소화하고, 법인세율 인하, 각종 신규산업 진입을 막는 규제를 완화할 수 있어야 한다. 그렇게 하면 부산은 단번에 홍콩 싱가포르 같은 고소득 도시국가가 될 수 있다. 그런 의미에서 이 책에서 서술하고 있는 부유식 미래해상신도시는 상징성을 띄고 있는 것이다. 바다 위에 자유와 번영의 유토피아를 꿈꾸며 부유식 미래해상신도시를 만들어 보자는 것이 본서의 목표이다.

부산을 「해양도시국가」로!!

현재 대한민국은 경제, 산업, 금융, 교육, 문화 등 모든 것이 서울·경기·인천 등 수도권에 집중되는 일극중심국가이다. 더 이상 지방은 미래가 보이지 않는 지방소멸의 시대가 되어 버렸다. 지방소멸은 곧 대한민국의 소멸이다. 지방이 그냥 서울의 지방이 되어 더 이상 회생할 수 없는 지경이 되어버렸다.

중앙은 지방에 관심이 없다. 개헌이 한참 논의가 되었던 20대 국회를 비롯해서 얼마나 많이, 오랫동안 지방분권과 균형발전을 부르짖었던가? 무엇이 달라졌는가? 1997년 60.3%에 달하던 지방자치단체의 재정자립도는 2020년 50.4%로 오히려 낮아졌다.

정치권도 마찬가지이다. 지방분권, 지방의 자치권 획득은 국회의 주요 책무가 아니다. 무얼 중앙정부에 기대하고 무얼 정치권에 기대하는가? 누가 뭘 해주길 바라지 말자. 정치권에 기대할 게 아니라 자치단체들 스스로, 지역주민들 스스로 주체적 사고를 하기 시작해야 하고, 스스로 그 권리를 찾을 때 비로소 진정한 자치시, 도시국가를 이룩할 것이다. 이제는 지방이 서울로부터 독립할 때이다. 부산부터 독립하자. 더 이상 중앙정부만 바라보며 뭘 해보겠다는 생각을 버리고 우리의 독자성을 갖고 나아가자.

부산을 해양문화, 해양산업, 해양금융이 융성한 홍콩, 두바이, 싱가포르와 같은 해양 도시국가로 바꾸자. 해양특별자치시에서 시작해서 해양도시국가로 나아가자. 대한민국 해양영토의 수도는 바로 부산이다.

CHAPTER

01

개항도시 부산

사막위에 신기루처럼 세워진 두바이

7G 시대의 부산

- 제4의 개항이 도래했다

매립으로 이루어진 부산의 역사 위에 새로운 미래의 그림이 그려져야 한다.(자료출처 : 부산시)

부산! 독립선언

7G 시대와 부산

남부권의 심장이자 태평양의 관문인 부산이 살아나지 못하면 대한민국도 살아나지 못한다. 수도권에 인구가 집중하고 경제 인프라가 모여 있는 것만으로는 대한민국을 살리지 못한다. 나는 정말이지 묻고 싶다. 대한민국이 지금처럼 찌그러들도록 내버려둘 것인가? 미래에 대해서는 한 마디도 못하고 과거의 역사와 이념에만 몰두하여 4차 산업혁명의 파고가 몰려오는 이 시대에 주도권을 빼앗기고 통탄할 것인가?

수도권이 가지고 있는 기득권에 동남권의 거대경제권이 일어서야 한다. 그래서 함께 세계를 누벼야 한다. 죽어가는 부산을 살리는 자가 대한민국을 살릴 것이다!

지금 바깥은 바야흐로 우리가 상상(FAN)하지 못한 세상을 맞아 초스피드로 움직이고 있다. 7G의 시대가 열리려고 한다. 주지하다시피 통신 산업은 지금까지 4세대의 이동통신 시대를 거쳐 왔다. 음성만 가능했던 1세대(1G)와 여기에 문자가 더해진 2세대(2G)가 영상 제공까지 가능한 3세대(3G)로 발전했고, 최근에는 초고속 통신이 가능한 4세대(4G)로까지 진화한 상황이다 / 그리고 드디어 꿈에도 그리던 본격적인 5세대(5G) 통신시대가 개막되었다. 5G 시대의 항구는 빅데이터를 수용하는 빅데이터센터이다.

5G는 초당 1Gb 정도의 데이터를 주고받을 수 있는 통신 시스템이다. 이 정도 속도라면 이론상으로는 고화질 영화 한편을 2~3초 안에 다운로

드 받을 수 있다. 따라서 앞으로 조금만 더 기술이 발전하면 가상현실 또는 증강현실과 같은 콘텐츠도 완벽하게 구현할 수 있다. 5G 시대를 맞아 각국은 벌써 치열한 선점경쟁을 벌이고 있다. 저렴한 비용을 무기로 한 화웨이가 저만치 앞서가는 듯 했으나, 국가통신보안상의 이유로 전 세계에서 퇴출을 당하고 있다. 5세대 통신의 구현으로 이전에 우리가 겪어보지 못했던 새로운 세상이 펼쳐지고 있는 것이다.

그런데 통신 분야 선진국들은 이미 5세대를 넘어 6세대 통신인 6G 서비스를 준비하고 있다.

미국의 경우 이미 방위고등연구계획국(DARPA)을 통해 6G 관련 개발에 착수했으며, 중국은 공업정보화부를 통해 6G 연구를 막 시작했다. 또한 일본은 세계 최초로 100Gbps급 무선전송 시연에 성공하면서 6G 서비스는 눈앞에 도래하고 있는 실정이다.

이 뿐만이 아니다. 우리나라를 비롯한 여러 선진국들은 6G와 함께 7세대 통신인 7G 서비스 개발을 동시에 추진하고 있는 중이다. 5G 서비스가 만들어갈 세상도 아직 펼쳐지지 않은 상황에서 7G 서비스는 이른 감이 있다 할 것이다. 하지만 한편에서는 SF영화에서나 봤을 법한 신기한 세상이 7G 서비스를 통해 이뤄질 것으로 잔뜩 기대하고 있는 중이다.

가상현실이 실제가 된다

예를 들어 5G 서비스가 대부분인 현재 시점에서는 사무실이나 현장에 출근하여 업무를 보는 것이 일반적인 경우다. 하지만 6G 통신 상황에서는 출근하지 않았는데도 예전과 똑같은 사무실이나 현장이 가상현실로 펼쳐진다. 지금과 같은 팬데믹 현상이 일반화되면 교회도 6G를 활용한 가상교회예배가 현실화될지도 모른다. 왜냐면 실상과 허상 차이를 느낄 수 없게 되기 때문이다. 4차 산업혁명의 시대를 한 마디로 가정하면 특이점의 시대가 온다는 것인데, 특이점의 시대가 오기 전에 먼저 가상사회시대가 온다.

오는 2030년경에 상용화될 것으로 전망하고 있는 6G 통신은 5G의 핵심 기반인 사물인터넷(IoT)도 한 단계 더 향상시킬 것으로 기대를 모으고 있다. 사람과 사물을 연결하는 단순한 개념에서 벗어나 공간과 데이터 등 사회 전반을 유기적으로 연결하는 '만물지능인터넷(AIoE, Ambient IoE)' 시대가 전망되고 있다.

이 같은 전망에 대해 한국전자통신연구원(ETRI)의 관계자는 "계획대로 6세대 통신이 개발된다면 그동안 기지국을 건설할 수 없었던 바다나 광섬유를 매설하기 어려웠던 험지(險地)까지 통신 서비스가 제공될 수 있을 것이라고 기대하며 "그동안 문제점으로 지목됐던 지구의 통신 사각지역까지 해소할 수 있을 것으로 판단된다."고 말했다. 정말 꿈같은 일이 십년 안에 일어난다고 할 수 있다.

실제로 중국의 통신분야 전문매체인 페이상망(飛象網)의 보도에 따르면 6세대 통신은 전파의 송출 범위가 대폭 확대되므로 불가능하게 여겨왔던 수중 통신까지도 실현 가능한 것으로 나타났다. 앞으로 인간은 지상의 도시가 아니라 수중의 신도시를 건설하여 방사능, 날씨, 온도에 구애받지 않는 천혜의 환경을 해저에 건설할 수 있을지도 모른다.

이를 통해 부산 앞바다에 새로운 해상-해양 연계 신도시를 기획하여 세계최초의 해양신도시를 건설할 수 있을 것이다. 그 실험의 장소로는 부산 앞바다가 최적지가 아닌가 한다.

실제로 오는 2030년에는 SF 영화에서나 봤던 해저 도시가 생길 것이라고 한다. 일본 시미즈건설이 발표한 오션스파이럴(Ocean Spirals)은 해저도시 건설 구상이다. 이 해저도시는 심해의 힘을 이용해 지구를 살린다는 콘셉트를 내걸고 수심 3,000~4,000m 해수면에서 수면까지 닿는 미래 도시를 만드는 걸 목표로 하고 있다. 이 해저도시는 지름이 500m인 구형으로 이루어진 주거나 호텔 같은 시설의 도시이다. 이곳에는 5,000명이 거주할 수 있다. 해저도시에서 심해로 뻗은 나선형 구조를 통해 심해 3,000~4,000m 아래쪽까지 1.5~3.0km를 연결하며 아래쪽에는 CO_2 저장과 재사용을 위한 시설 등을 만든다는 계획이다. 기술이 없어서 못 만드는 것이 아니라 당위성이 담보되지 않아 실행에 옮기지 못하고 있을 뿐이라고 한다.

현재의 기술로도 해저도시건설은 가능하다고 한다.

우주보다 해저가 훨씬 유리하다

ETRI 미래사회연구실의 보고서에 따르면 오는 2040년 경에 등장할 7G 서비스는 사람이 존재하는 모든 공간 자체가 네트워크화할 것으로 예측되었다. 다시 말해 2040년 즈음에는 지구에 존재하는 모든 산업과 인프라가 조 단위의 센서로 연결되는 이른바 '초연결'생태계가 조성된다는 것이다.

이러한 기술이 가능하게 될 때, 해저도시나 해상신도시의 건설도 가능해질 것이다.

프랑스 작가 쥘 베른은 1869년 발간한 소설 『해저 2만리』에서 바다 속을 누비며 해저 목장에서 자급자족하는 잠수함 '노틸러스호'의 모험을 묘사했다. 150년 가까운 시간이 흘렀는데도 노틸러스호는 아직 현실에서 등장하지 않았다. 지구의 70%를 차지하는 바다 중 인간의 손길이 닿은 곳은

해저신도시 모형벨기에 출신의 건축가 빈센트 칼보가 이색적인 해저 도시 계획을 내놓았다. 1,000미터 해저까지 내려가는 이 거대한 도시는 해파리를 닮았다. 거대한 해파리가 둥둥 떠다니는 모습이다. (사진 팝뉴스제공)

5%에 불과하다. 하지만 몇 년 뒤면 바다 위를 떠다니는 빙산 같은 연구선을 보게 될 수도 있다.

프랑스 건축가 자크 루즈리가 2014년부터 만들고 있는 연구선 '시 오비터(Sea Orbiter)'는 바다의 인공위성으로 불린다. 현재의 탐사선은 연료와 물 공급 등의 문제로 한정된 시간 동안만 항해할 수 있다. 루즈리는 우주 공간에 떠 있는 국제우주정거장(ISS)에서 아이디어를 얻었다. 시 오비터는 수면 위로 떠오른 부분이 20m, 가라앉은 부분이 31m로 총길이가 51m에 이른다. 25층 높이의 빌딩이 떠다니는 셈이다. 가장 큰 특징은 다른 배와 달리 주동력 없이 해수의 움직임에 맞춰 떠다니도록 설계되었다는 점이다. 최소한의 방향 전환이나 물 공급, 전원 등은 풍력·태양광 등 신재생에너지를 이용한다.

수면 아랫부분은 심해 잠수정이나 잠수사가 자유롭게 오고 갈 수 있는 일종의 부두가 된다. 별도의 장치 없이 아랫부분의 문을 여는 것만으로 깊은 바다로 들어갈 수 있다. 여러 척을 만들어 전 세계 바다 곳곳에 띄우면 지구 전역을 한눈에 살필 수 있는 시스템을 구축할 수도 있다. 시 오비터의 가장 큰 문제는 600억 원에 이르는 건설비용이다. 미 항공우주국 등의 지원과 모금으로 충당하고 있지만 완성까지는 2~3년 정도가 더 걸릴 전망이다.

마이크로소프트(MS)는 미국 캘리포니아 인근 바다 속에 인터넷 데이터 센터를 설치해 105일간 운영하는 '프로젝트 나티크(Natick)'를 성공시켰다

마이크로소프트가 스코틀랜드 오크니 섬(Orkney Islands) 바다에 서버 864대가 내장된 컨테이너 박스 크기의 수중 데이터 센터를 내려 보낸다고 6일(현지시각) 공식 발표했다. 바닷물과 조류를 이용해 냉각하고 전기를 공급하는 도전적 프로젝트로 공식 명칭은 '프로젝트 네이틱(Project Natick)'이다.

고 밝혔다. 컴퓨터와 인터넷 서비스에 사용되는 데이터센터는 한 곳을 구축하는데 평균 2년 정도의 시간이 걸린다. 데이터센터의 기기가 방출하는 뜨거운 열을 식히는데도 막대한 에너지가 필요하다. 바다의 수온은 4도정도로 차갑게 유지되는 만큼 데이터센터를 바다 속에 설치한다면 자연적인 냉각 효과를 얻을 수 있다.

　MS는 높이 3m, 폭 2.2m의 원통형 철제 케이스를 제작했다. 이어 그 안에 서버컴퓨터를 집어넣은 뒤 해안에서 800m 떨어진 해저에 설치했다. 케이스 곳곳에는 온도, 압력, 움직임 등을 감지할 수 있는 센서 100개를 달았다. 또 케이스 내부는 수많은 칩에서 나오는 열을 1차적으로 분산해

식힐 수 있도록 가압 질소로 채웠다.

105일 동안의 실험 결과 케이스 표면에 따개비가 달라붙는 것 이외에는 별 문제가 나타나지 않았다. MS는 다음 단계로 전력공급 방안을 고민 중이다. 파도나 조류를 이용해 데이터센터가 발전기 역할을 할 수 있게 만든다는 것이다. MS의 피터 리 부사장은 "이와 같은 케이스를 대량 생산하면 데이터센터를 구축하는데 90일이면 충분하다"고 말했다.

바야흐로 우리가 상상(FAN)하지 못한 세상이 달려온다. 우리는 과연 지금 무엇을 준비하고 있는가? 정치가 시대의 흐름을 선도하지 못하고 뒤쳐질 때 그때 대부분의 나라와 정권들은 사라져갔다. 태평양을 향해 나아가는 새로운 힘과 세력들이 생겨나고 결집해야 할 이유이다.

02
첫 개항과 둘째 셋째 개항

7G

7G 시대의 네트워 가상도

첫 개항과 제 4의 개항

과거의 역사는 오늘의 우리에게 말한다. 지금의 속도로 본다면, 머잖은 장래에 7세대 통신은 텔레파시까지도 연결할 수 있을 것이라고 말이다. ETRI는 이 같은 전망을 근거로 국가 ICT 전략도 '초연결'에 초점을 맞춰야 한다고 제언한 바 있다. 초연결 세상이란 사람과 사람, 사물과 사물은 물론 사람과 사물까지 연결되는 세상을 의미한다. 이에 대해 ETRI 관계자는 "간단히 설명하자면, SF 영화에서 보았을 것 같은 상상의 세상이 실제로 이뤄진다고 생각하면 이해하기 쉽다"라고 비유하며 "흔히 텔레파시라고 부르는 개개인의 마음과 생각이 실시간으로 연결되는 시대가 될 지도 모른다"고 했다.

그렇다면 7G세대 통신 세상에서는 텔레파시조차 하나의 통신 수단이 될 수 있는 만큼, 심해에서부터 우주까지 하나로 연결된 통신 시스템이 세상을 변화시키게 될 것이다. 이러한 관점에서 본다면, 새로운 신세기는 소통과 만남으로부터 시작된다고 할 수 있다.

우리가 알다시피 근대적 항로(航路)가 열리는 순간 세계는 하나가 되었다. 육로가 1차 산업이라면 항로는 2차 산업이고, 항공로는 3차 산업이다. 이제 5G시대가 연 유비쿼터스 시대는 4차 산업으로 가는 항로이며 7G 시대까지 가면 초연결사회가 될 것은 명약관화하다. 이렇게 항구와 허브를 통해 플랫폼이 열리는 것을 개항이라고 표현한다면, 지금 부산은 그 어느 곳보다 빨리 4번째 개항, 즉 4차 산업을 여는 개항을 해야 한다.

제4의 개항이 코앞에

　개항을 하는 방법은 외세에 의한 것과 자발성에 의한 것이 있다. 1차 개항 당시 일본을 제외하면 동아시아는 모두 식민이라는 경험을 통해 강제 개항을 하게 되었다. 한국은 일본의 식민지였고 베트남과 캄보디아는 프랑스, 필리핀은 미국, 중국 역시 대륙 전체는 아니어도 서구 열강들에 조차(租借) 내지는 각종 이권을 빼앗기는 수모를 겪었다. 그래서 그런지 식민지의 경험을 안고 있는 나라는 예외 없이 근대를 정의하는데 있어 혼란을 겪는다. '근대가 식민지로 수탈당한 시대였는가, 근대사회로 발전하는 기회였는가'하는 논쟁은 지금도 계속되고 있다. 하지만 확실한 것은 '식민지화'가 '개항'으로부터 시작되었다. 그러면 개항이 과연 서구와의 단선적 관계에서 일방적으로 당하기만 한 불평등 관계의 상징인가, 아니면 폐쇄주의를 넘어 '대양'으로 열린 관계망을 자유롭게 넘나든 확장의 역사인가를 살펴보아야 한다.

　도쿄대 교수 미타니 히로시(三谷博)와 상하이 푸단대 교수 천쓰허(陳思和) 등 일본, 중국의 저명한 학자들이 다시 보는 의미의 개항에 대해 최근 글을 썼다. 개항이란 통상을 목적으로 할 때 인적, 물적 자원이 교류하는 것을 말한다. 그런데 여기에는 정치적, 경제적, 사회문화적으로 고려할 점이 한두 가지가 아니다. 나라와 나라가 상호 교류한다는 것은 닫혀있던 문화까지도 개방하는 것을 의미하기 때문이다.

개항에 있어 21세기에서 중요한 것은 '물리적인 개항이 제4차 산업 시대에 적합한 제목인가'라는 것이다. 인터넷의 발달과 전 세계 네트워크의 단일화로 개방이란 말이 물리적인 공간을 넘어섰기 때문이다. 이제 땅과 항구는 물류의 소통공간일 뿐, 교류와 교제의 공간은 무한정으로 열린 개항의 시대에 살고 있기 때문이다.

지정학적 개항과 더불어 5G, 6G와 함께 도래하는 유비쿼터스 인프라는 제4의 개항의 필수조건이다. 이제는 인터넷 서핑이 아니라 네트워크의 매핑을 통한 빅데이터 추출을 아우르는 전(全)지구적 허브가 필요한 시대이다. 21세기는 온오프라인과 가상현실세계를 아우르는 최적의 항구(port)[1]를 필요로 하고 있기 때문이다.

개항이 세계와 소통하는 항구의 문을 연다는 뜻이라면, 제4의 개항은 이제 부산 앞바다에 와 있다. 네 번째 개항은 가상의 세계와 유비쿼터스 사물인터넷 시대와 함께 와 있다. 개항적 측면에서 본다면 어떤 문이든지 문을 열기 전, 문 밖은 새로운 세계다. 중국은 모든 서방세계의 열망에도 불구하고 구글과 유튜브를 막아버렸다. 열 것인가, 빗장을 걸어 잠글 것인가 그 기로에 섰을 때 자의든 타의든 개항을 한 나라들은 근대화의 물결에 따라 부침(浮沈)을 했다. 하지만 중국 정부는 결국 문을 걸어 잠가버렸다. 시진핑 정권은 중국을 세계문명의 번영을 외면하고 '자가격리'에 들어갔다. 홍콩보안법으로 문명과 번영을 향한 중국의 문은 닫혀 버렸다.

제4의 개항이 미래를 결정한다

4차 산업혁명의 와중에서 중국은 제4의 개항을 스스로 막아버렸다. 중국은 세계에서 가장 엄격한 인터넷 정책을 가진 나라 중 하나로 꼽힌다. 사회의 안전성을 유지하고 자국 기업을 육성하기 위해 정부 검열관들이 엄격하게 인터넷을 검열하고 있기 때문이다. 이것은 스스로 쇄국정책을 고수하는 북한과 더불어 시대를 역행하는 행위다. 만리장성 방화벽을 쌓고 해외정보가 중국에 들어오는 것을 철저하게 막고 있다.

중국에서는 그동안 기업과 대학, 언론사들 사이에서는 만리방화벽을 우회할 수 있는 VPN이 인기를 끌고 있었다. 반면에 중국 정부는 VPN 서비스를 해외 '불순한 콘텐츠'의 유입 창구로 보고 수년 동안 VPN 사업자들을 상대로 추적·단속을 벌여왔다. 자신들의 항구는 막아버리고 다른 나라의 항구는 열라고 윽박지르는 형국이 된 것이 오늘날 중국의 모습이다.

역사를 돌이켜 볼 때 첫 번째 개항은 19세기 말, 그때 우리나라는 동아시아의 작은 왕국에 불과했다. 위기일 수도 기회일 수도 있는 선택의 순간이 왔다. 일본과 달리 우리는 타의에 의해 문을 열었다. 개항이란 문자적으로 특정한 항구를 열어 외국과 통상 관계를 공식화하는 일이라고 할 수 있다. 1876년, 강화도조약을 맺은 이후 개항은 조선을 은둔의 나라, 대륙에 딸린 나라에서 빗장을 풀고 해양으로 나오는 역사를 맞이했다. 아시아로의 바닷길을 개척한 것은 먼저 산업화를 성공시킨 유럽 열강들이었다. 그

독일이 개항한 항구도시 칭다오, 중국 산둥성 칭다오(青岛)시의 로봇 산업 발전 기세가 맹렬하다. 로봇 본체뿐 아니라 시스템 통합, 서비스 로봇 등 주요 영역 전반에서 로봇 산업 사슬이 형성되고 기술 수준도 높아지고 있다. 다양한 애플리케이션도 속속 나오고 있다. (출처:로봇신문)

들은 2차 산업혁명의 에너지를 이용해 3차 산업시대를 주도했다. 3차 산업의 키를 거머쥔 열강들이 2차 산업도 아직 출발 못한 아시아를 정복했다. 이유는 자신들의 원료공급기지로 삼기 위해서였다.

그 이후의 이야기는 오늘 우리가 딛고 있는 이 시대의 현실이 웅변으로 말해주고 있다. 100여년이 흐른 지금, 이러한 시대의 도래를 제4의 부산 개항이라는 측면에서 생각해 보면 우리가 나아갈 길은 분명해 보인다.

제4의 개항은 우리 손으로

제1과 제2, 그리고 제3의 개항은 타의에 의하여 반강제적으로 이루어졌다. 이것은 동아시아의 경우 대부분 동일한 경험이었다. 외부세력에 의해

무력으로 개항을 했다는 것이다. 물론 일찍부터 서양과 활발하게 교류했던 인도를 비롯해 미얀마, 말레이 반도 국가들은 강대국의 이익에 따라 영국의 식민지가 되었지만 말이다. 베트남과 캄보디아 등은 프랑스에, 인도네시아는 네덜란드에 의해 오랫동안 지배되었다. 유럽 열강들은 수호 조약이나 통상 조약의 체결 없이 무력을 앞세워 아시아 국가들을 지배하고 무역을 독점해 나갔던 결과 그렇게 된 것이다.

이들 나라를 여행해 보면, 서구의 열강들은 그들의 식민지에 인프라를 최소한만 건설하였다. 히트 앤드런(Hit and run)이라고 때가 되면 빠질 것을 예상하고 자원을 최대한 착취하는 것이 목적이었던 것이다. 그 이유는 이들 식민지들과 자국과 거리가 너무 멀었기 때문이다. 그렇다면 아시아 동쪽에 위치했던 한중일은 어땠을까? 한중일 삼국은 기본적으로 쇄국정책을 유지했지만, 19세기 초 유럽의 적극적인 통상 요구로 대외정책이 변하기 시작했다. 아편전쟁에서 패한 중국이 제일 먼저 문호를 열었다. 영국과 난징조약을 체결했다. 이 난징조약의 결과로 홍콩은 100년간 영국에게 조차되었다. 영국은 그곳을 자국의 수준에 맞추어 경제와 인프라를 구축하였다.

반면 일본은 1853년, 미국 페리 함대의 무력시위를 계기로 정책 기조를 쇄국에서 개항으로 바꾸었다. 하지만 일본은 식민지화되지는 않았다. 이미 메이지 유신 훨씬 이전에도 유럽과 무역을 통해 상당한 부를 축적할 수 있었기에 부를 통하여 근대화를 내부적으로 준비하고 전면적 개항을 할 수 있었다.

조선 역시 '개항'이라는 피할 수 없는 시대의 흐름과 직면했다. 18세기 후반부터 이양선이라 불리는 서양 선박들이 조선 근해에 빈번하게 나타나기 시작하지만 여러 이해관계에 얽혀 능동적인 준비를 못했다. 조선에 최초로 통상을 요구한 것은 동인도회사 소속의 영국 상선 로드 암허스트호였다. 물론 조선은 이들의 요구를 단호히 거절했다. 이후로도 조선은 통상 수교 거부 정책을 고수했다. 주변국이 함께 압력을 행사하자 하는 수 없이 개항을 했지만 방향이 잘못되었다. 일본에게 굴복한 것이다.

박지원, 박제가 등의 북학파 실학자들은 18세기 말부터 일찌감치 개방의 필요성을 인식하고 청과의 활발한 교류와 서양 선진 기술의 도입을 주장해 왔다. 하지만 그때마다 조정은 불순한 의도라 여기고 묵살하였다. 하지만 북학파로 부터 시작된 학문적 주장과 경향은 이규경, 최한기로 이어졌다. 그러다 19세기 후반 박규수에 이르러 정치적 영향력을 갖기 시작했다. 대원군 집권기에는 척화론이 대세였다. 국제질서 변화와 혁명적 패러다임이 바뀌는 시대도 정치가 따라주지 못하면 결국 비참한 결말을 가져온다.

나쁜 역사를 되풀이하지 말자

청은 동아시아에 대한 자신의 지배력을 계속 유지하고자 했다. 하지만

GUERRE SINO-JAPONAISE
Combat naval du Yalu (25 Octobre 1894).

|그림 13| 청일전쟁도

이미 이빨 빠진 호랑이(혹은 빈사의 사자)였다. 일본이 개항 후 1868년, 메이지유신으로 근대국가 수립에 성공했기 때문이다. 이에 힘을 받은 일본은 이미 신흥 제국주의의 기초를 다지고 있었다. 결국 힘이 팽창하면 뻗어나가듯, 일본은 임진왜란 이후 다시 한반도와 청나라에 대한 침략의 의지를 드러내기 시작했다. 당시 조선이라는 땅이 구미 국가들에게 관심이 적었던 이유는 단순했다. 원료채취 면에서 한국은 생각보다 가치가 적었던 것이다. 반면 중국은 상품시장으로서의 가치가 컸다. 그래서 중국에 집중했던 것이다.

　그러나 일본에게 있어 조선은 달랐다. 그들에게 조선은 자국의 주권을 지키고 이익을 확보할 수 있는 돌파구였다. 따라서 일본은 조선 개항에 가장 적극적이었다. 1868년 메이지 정부를 수립하면서 국교 수립을 요청했다.

외교문서인 서계(書契)를 문제 삼아 조선이 이를 거절하자 10년 후인 1875년, 일본은 군함 운요호를 앞세워 무력시위를 펼쳤다. 그해 2월 일본은 또 다시 사절단을 파견, 운요호 사건 처리를 명목으로 조선의 개항을 압박했다. 하지만 무지한 척화론자들은 왜양일체론을 주장하며 교섭을 반대했다. 그러나 조일수호조규 이른바 강화도조약은 교섭을 시작한지 한 달이 채 안된 1876년 2월 27일에 최종 타결됐다.[2] 이때 조정이 조금만 더 일찍 개항의 필요성을 느끼고 가까운 국가가 아닌 미국과 통상조약을 먼저 맺고, 친미로 돌아섰더라면 그렇게 비참한 역사의 흐름을 맞이하지 않았을 것이라는 생각이 든다.

세월이 140년 흐른 지금 세계사는 제4의 물결, 제4의 파고가 몰려오고 있다. 그 때보다 더 크고 더 엄중한 역사적 혁명기가 오고 있다. 이번에는 수동적인 개항이 아니라 4차 산업혁명을 먼저 일으켜, 오히려 환태평양을 넘어 5대양 6대주를 향하여 제4의 개항을 요구하는 그런 시대를 만들어야 한다.

사람이든 국가든 자신이 처한 현실을 받아들이지 못하고 시간을 끌어봐야 결국은 상황은 더 악화될 뿐이다. 어차피 피할 수 없는 현실이라면 적극적으로 위기를 기회로 활용할 수 있는 지혜를 발휘해야 하는 법이다.

03
개항이 가르쳐 준 역사적 교훈

박물관에 재현된 시모노세키 조약체결장면

개항은 위기 속에 기회를

치욕스러웠지만 개항은 불가피한 일이었다. 조일수교조약은 신속히 체결되었다. 일본의 의도도 컸지만 고종 등 집권세력 내에서도 개화파의 영향력이 커졌기 때문이다. 이때부터 조선은 개항되었다. 개항항구는 부산과 원산, 제물포(인천)였다.

여러 정황으로 볼 때, 일본의 저의와는 별개로 강화도조약 제1조는 조선이 만국공법의 국제체제에 편입된 것을 의미한 것이었다. 때문에 이후 조선은 미국을 비롯한 서구열강과 계속적으로 근대적 통상조약을 체결하는 등 조선의 국가 주권을 확인해 갔다.

한편으론 열강에게 침략의 발판을 내주고 만 것은 늦은 개항이 낳은 결과와 슬픔이었다. 당시 주일 청 참찬관 황준헌이 쓴 『조선책략』은 우리에게 많은 것을 시사해 준다.

"무릇 나라를 부강하게 하려면 서양의 제도와 기술을 배워야 하며 또한 러시아의 남하에 대비해 친중국, 결일본, 연미국하여 자강을 도모할 것이다".

황준헌의 이 글로 말미암아 전국에서 상소가 빗발쳤다. 고종을 비판하는 홍재학의 '척왜소'가 나오기에 이르렀다. 그러나 근대화의 필요성을 인식한 고종은 이들의 요구를 물리치고 개화의 길로 나아갔다.

개항은 좀 더 과감하게

만약 제4의 개항을 받아들인다면 좀 더 능동적으로 더 진보적으로 그리고 훨씬 더 미래를 상정하며 과감하게 개항을 해야 한다. 첫 개항 당시 정부는 기존 의정부와 6조 체제로는 개화정책을 본격적으로 펼치기 힘들다는 판단 아래 근대적 행정 기구인 통리기무아문(統理機務衙門)을 새로 설치했다. 통리기무아문은 일본에 조사시찰단을 파견해 정보를 수집하고 무기 제조 기술을 배우기 위해 중국에는 영선사를 파견했다.

대내적으로는 가장 먼저 강병책을 추진했다. 1881년, 부국강병의 의지를 담아 신식 군대 별기군을 창설했다. 조미수호통상조약으로 관세를 부과할 수 있게 되자 1883년 인천, 원산, 부산에 세관을 설치해 관세행정을 시작했다.

한편으로는 신문을 발행하는 박문국을 설치해 개화사상과 정책을 보급하기도 했다. 이때만 해도 조선의 개항은 순조로웠다. 하지만 그 진행은 순탄하지 않았다. 별기군에 밀린 구식 군대가 임오군란을 일으켰기 때문이다. 이 때문에 엄청난 파문이 인다. 하는 수 없어 청군을 출병시켜 군란을 진압한다. 이 때문에 청나라는 조선의 내정에 깊이 개입하기 시작한다.

청나라는 '조청상민수륙무역장정'을 체결하여 조선에 대한 청나라의 종주권을 분명히 천명함으로써 전통적인 사대관계의 단순한 복원을 넘어 실질적인 지배권을 추구하려고 했다. 이것은 필연적으로 일본과의 대결을

3일 천하로 끝난 갑신정변

불러왔다. 결국 김옥균, 박영효, 홍영식, 서광범 등을 중심으로 한 급진개
화파가 벌인 1884년 12월의 갑신정변으로 말미암아 청일전쟁의 도화선
이 된다. 갑신정변의 개화파들은 일본 공사의 지원으로 정변을 일으켰다.

그 결과 청나라의 군사 개입으로 삼일 천하에 그치고 말았고 이들은 숙
청내지 망명의 길에 올랐다. 이후의 역사는 우리가 다 알고 있는 바이다.

국가의 미래는 누가?

첫 개항의 역사에서 보듯이 우리가 간과할 수 없는 사실은 한국은 이래
저래 주변국의 영향을 벗어날 수 없는 지정학적 위치에 있다는 점이다. 전
통적으로 한국을 예속화하려고 했던 중국은 21세기 들어 더 노골적이 되
고 있다.

강제개항에 따른 후유증은 컸다. 무역이란 자고로 상호가 최고이익을 얻는 것인데, 강제개항은 모든 면에서 불리하게 작용했다. 정변 진압 이후 청나라의 내정 간섭이 더욱 심해졌기 때문이다.

임박하여 변화를 해야 할 시기가 왔는데, 변하지 않으면 결국 쇠퇴한다. 여기에는 재미있는 이야기가 있다. 지구상에 오래 사는 생물 몇 가지를 꼽으라면 랍스타(Lobster)가 빠지지 않는다. 오래 사는 걸 넘어서 영원히 죽지 않는 생물로 알려진 바다가재가 그 주인공이다. 그렇다면 과연 그 이유는 뭘까? 지구상에 존재하는 생명체의 수명은 '텔로미어'가 결정한다고 한다. 텔로미어는 염색체 가닥의 양쪽 끝에 붙어 있는 꼬리로서 세포가 분열할 때마다 길이가 점점 짧아진다. 이 텔로미어가 다 짧아져 사라지면 생명체는 죽게 된다. 그런데 경이로운 것은 랍스타는 바로 그 '텔로미어'를 '복구'하는 능력을 갖추고 있다는 점이다. 하지만 죽지 않고 평생을 사는 랍스타에게도 한 가지 치명적인 스트레스가 있단다.

랍스타는 바닷속 먹이사슬에서 낮은 쪽에 있다. 따라서 다른 바다 생물에게 많이 잡아먹히는 생물이다. 물론 딱딱한 껍질이 보호하기 때문에 위험에서 벗어나기도 한다. 그런데 가장 많이 당하는 '사고사'의 원인은 의외로 '껍질'이다. 이유는 뭘까? 랍스터는 노화되지 않고 평생 성장만 반복한다. 그러나 랍스터와 같은 갑각류 생물들은 껍질을 갈아입는 탈피를 해야 한다. 탈피하면 껍질이 두껍고 단단해지며 커지는데 몸도 껍질에 맞게 함께 커지게 된다. 랍스터의 경우 이 같은 탈피의 과정을 수도 없이 거친다.

살기 위해서 반드시 거쳐야 하는 과정이다. 탈피할 때마다 랍스터는 스트레스를 받는다.

스트레스(Stress)란 짐승이나 인간이나 심리적, 신체적으로 감당하기 어려운 상황에 부닥쳤을 때 느끼는 불안이나 위협의 감정이다. 그런데 국가도 스트레스를 받는다. 통(通)하지 않으니 통(痛)이 오는 것이다.

정치가 민간을 따라잡지 못할 때

동학혁명은 개항에 따르는 필수적인 홍역인 셈이었다. 조선정부는 즉시 청일 양군의 철수를 요구했지만 일본은 이를 거절하는 동시에 청나라 군대를 공격했다. 1894년 6월에 발발한 청일전쟁은 일본군의 일방적인 우세로 전개됐고 1895년 4월 17일, 시모노세키조약이 체결됐다. 이 조약으로 청나라는 조선에 대한 지배력을 공식 포기했고 일본은 조선에서의 주도권을 잡는데 성공했다. 결국 첫 번째 개항은 일본에 의한 일본의 승리로 끝난 것이다.

그 이후의 사건은 오늘 우리가 알고 있고, 또 그 결과 살고 있는 현실이 역사의 증명이 된다. 곧 있을 두 번째 미국을 중심으로 전개되고 있는 미영일과 중국의 전쟁은 또 다시 연맹국의 승리로 끝날 공산이 크다. 문제는 한국의 입장인데, 시시각각 다가오는 4차 산업혁명의 시대에 우리가 기선을 잡고 세계로 뻗어나가려면 기회를 놓치지 않아야 한다. 특히 부산의 경

|그림 18| 일본의 경제침탈과 불공정무역거래조약(출처 : EBS 방송)

우에는 더 말할 나위가 없다.

대한민국은 국민소득 3만 달러의 고지에서 더 이상 오르지 못하고 힘겨워하고 있다. 이를 돌파할 유일한 해법은 이미 다가온 제4의 파고를 극복해야 한다. 그 파고를 윈드서핑을 즐기듯이 올라타야 한다. 하지만 파고에 침몰되는 순간, 아득한 현실만 남을 뿐이다.

정치가 국민을 걱정해야 하는데, 국민이 정치를 걱정하는 현 상황은 매우 난감하다. 멈출 줄 모르고 폭주하는 버스를 몰고 있는 미친 운전자는 그렇다 치더라도, 이를 견제해야할 차장격인 야당도 굴러 떨어져가는 44번 버스[3]와 같은 형국이다.

04

역사가 만든 도시·
도시가 만든 역사

인천개항장 모습을 그린 그림(인천항박물관)

개항도시 부산

대한민국에 있어 강화도 조약이 첫 번째 개항이었다면, 두 번째 개항은 조국의 광복과 함께 미군이 진주함으로 시작되었다고 할 수 있을 것이다. 강화도조약 이후 일본 상인들의 조선 진출이 활발해지면서 대일 무역이 빠르게 성장했다. 개항장이 늘어나고 일본 상인들이 내륙까지 진출하면서 개항은 조선경제에 직접적으로 영향을 미치기 시작했다. 일본으로의 쌀 유출이 급증하면서 농업 생산 구조는 쌀 위주의 생산 체제로 바뀌었다. 그 과정에서 쌀 수출로 커다란 이익을 거둔 상인들이 토지에 재투자하면서 지주계급이 빠르게 성장했다. 한국에도 자본주의가 시작된 것이다.

대한민국의 첫 자본주의는 일본인들에 의해 유입된 것이다. 때문에 곧 이어 상업자본가도 출현했다. 개항장 객주들은 개항장에서 중개업, 창고업, 여관업, 금융업 등을 영위하며 자본을 축적해 나갔다. 조청상민수륙무역장정으로 청일 양국 상인들이 서울까지 진출해 상권을 확대하자 조선인 지주와 상업자본가들은 상권을 지키고자 동업자를 모아 상회사를 세워 맞서기도 했다. 그러나 아관파천 이후 열강의 경제적 침탈이 심재해지면서 민족자본은 더욱 피폐해졌다.

그럼에도 불구하고 학습과정을 거치면서 무역은 빠르게 확대되었다. 감사하게도 조선에는 새로운 경제주체들이 출현, 성장해 가고 있었다. 개항 이후 외국과의 인적 물적 교류가 활발해지면서 조선 사회는 외형적으로도 큰 변화를 맞이한 것이다. 연이어 극장, 다방, 카페 등 문화 시설도 등장했다. 생활의 편리함을 직접 보고 겪게 된 사람들이 서양의 문물을 적극적으로 수용할 필요를 느꼈기 때문이다. 그러나 무엇보다도 중요한 변화는 개항 이후 자유와 평등, 민권, 민주주의 등의 개념을 이해하고 수용한 개인들이 출현했고, 이들의 사회의식 또한 빠르게 성장해 갔다. 가장 크게 기여한 것은 신문이었다. 신문은 서양의 근대기술은 물론 자유와 평등, 주권, 입헌주의 등의 근대사상을 소개했다.

역사를 새로 쓸 부산, 제4의 개항

본격적인 서양문물의 유입과 교육의 변화는 제2의 개항이라고 할 수 있는 광복과 함께 부산항을 통해 들어온 미군들의 진주였다. 첫 번째 개항은 일본이 주도했다면 두 번째 개항은 미국이 주도하여 이루어진 것이라 할 것이다. 또 한 가지 첫 번째 개항이 바다를 여는 것이었다면 두 번째 개항은 하늘 길을 여는 항공로의 개항을 포함하는 것이었다고 할 것이다. 국부 이승만이 귀국한 길은 항공로였다. 김구를 위시한 임정요인들의 귀국도 미국이 제공한 비행기로 이루어졌다. 2차 세계대전 이후 바야흐로 전 세계는 하늘 길을 통한 새로운 개항을 만들어가고 있었던 것이다.

제3의 개항은 수출주도산업의 관문이 되었다. 경부고속도로가 완공되고 자동차산업이 발전하면서 부산은 말 그대로 수출의 전진기지항(前進基

地港)이 되었다.

그렇다면 앞으로 이루어질 제4의 개항은 어떨까? 기존의 해양과 하늘의 공중로와 더불어 4차 산업혁명과 함께 이루어질 7G시대가 열게 될 가상현실세계를 포함하게 될 것이 분명하다.

역사는 다시 부산을 소환한다

미군정으로 제2의 개항은 자유무역시장체제에 자연스럽게 진입하는 길을 열었다. 그러나 점차 좌·우 세력의 분열이 심화되며 결국 미소공동위원회가 결렬되었고, 민족주의자들의 최후의 남북통일 노력마저 실패로 끝나자 남북 각각의 정부 수립으로 이어지고 말았다. 이로써 3년간의 미군정도 종식되었다.

하지만 미군이 1949년 철수하고 일 년 뒤 6.25전쟁이 발발하면서 또 다시 부산항은 제2의 개항의 연장이 되었다. 전쟁으로 인해 오히려 항구로서의 역할이 증대되어 갔던 것이다. 그리고 부산의 위상이 올라갔다. 두 번이나 임시수도가 되었기 때문이다. 전쟁이 터지자, 많은 사람들은 정들었던 고향을 등진 채 따뜻한 보금자리를 버리고 피난길에 나섰다. 그 종착지는 당연 부산이었다. 당시 부산은 항구가 가까워서 구호물자와 일자리를 구하기 쉽고 또 이산가족 상봉장소로도 유명했다. 부산의 임시수도는 1,000일이나 계속되었다. 부산시 부민동 주택가에 가면 지금도 임시수도

기념관이 그 때를 돌아보게 한다. 부산으로 모여든 피난민들의 처절했던 삶은 노래로도 많이 회자되었다. 피난민들을 위한 수용소는 턱없이 부족했다. 그래서 수용소에 들어가지 못한 피난민들이 자구책으로 산을 깎고 나무를 베어 산비탈에 판잣집을 지어 안식처로 삼았다. 산복도로 이야기는 이렇게 시작된다. 하지만 두 번에 걸친 큰 화재로 많은 인명 손실과 삶의 터전이 또 무너지는 아픔을 겪어야 했다. 부산에서 제 4의 개항은 이러한 산복도로 중심의 부산에 대한 재발견과 재해석을 반드시 포함해야 한다.

지방분권적 새로운 정치를 꿈꾸다

어쩌면 대한민국이 제4의 개항을 열고 새로운 문명사를 개척해 내는 방법은 의외로 간단할지 모른다. 그것은 이미 우리 앞에 와 있는지도 모른다. 그것을 간단하게 열어젖힐 핀(pin)만 알면 된다.

그 핀을 한 마디로 정리하자면 '지방도시의 권한확대' 이다. 이로써 우리가 얻게 되는 것은 중앙정부의 불간섭이다.

필자는 공동으로 저술한 「추락하는 한국경제 돌파구는 없는가?」의 "지방도시의 경제자유구역 확대 및 상생적 발전방향"에서 지방정부의 경쟁을 통한 국가개혁과 성장방안을 제시한 적이 있다.[4]

오늘날 우리나라는 성장이 둔화되고, 일자리가 줄고 이념대립이 심해짐에 따라 미증유의 국가 위기에 빠져들었다. 문재인 정권의 친북·친중정책, 무책임한 인기영합주의, 재정남발로 대한민국의 정체성이 혼미해졌고, 미래세대의 권리마저 편취 당하고 있다. 계층, 세대, 성별에 따른 갈등이 심화되는 것은 말할 것도 없다. 이러한 문제를 해결하기 위해 노동개혁, 경제개혁, 교육개혁 등 당면한 개혁과제가 많으나, 오히려 정치권은 비토크라시(vetocracy: 거부권정치)로 인해 제대로 된 개혁을 이끌지 못하고 있다. 그 결과 갈등의 골만 깊어지는 상황이다. 상대 당에게 자신들의 정치적 의지를 강요하지 못하면 비토하는 방식으로 상대 당의 정치에 흠을 내는 것이 점점 확대되는 가운데 정치는 실종되고 말았다.

이 때문에 중앙집권적 정치가 아닌 지방분권적 새로운 정치가 필요하다. 이를 위해서 지방분권의 성공적 모델이 필요하다. 국민중심의 지방도시 발전이 필요하다. 교육과 성장, 고용이 지방정부의 주도하에 이루어지는 모델이 나와야 한다는 말이다. 그 모델이 경제와 경쟁논리에서 행해지면 더할 나위 없을 것이다.

의회정치에서의 의결방법과 일반적인 의석분포를 생각하면 앞으로도 정치를 통한 실질적인 개혁은 점점 더 어려워질 듯하다. 그렇다면 어떻게 개혁을 이룰 것인가? 그 대안으로 '지방분권'을 제시한 것이 2020년 3월에 출판한 책의 주제 중 하나이다.[5]

역설적인 역사의 교훈

예일대 폴 케네디(Paul Micheal Kennedy)교수는 그의 저서 『강대국의 흥망』에서 15세기까지 문화·경제·군사적으로 동방에 비해 상대적으로 약세했던 서유럽이 16세기 즈음 부상하여 '유럽의 기적'을 만들어냈다고 서술한다. 그리고 그 이유로 경제적 자유방임주의, 정치·군사적 다원화와 지적 자유의 결합[6]을 들고 있다. 한 번의 통합으로 중앙집권국가가 들어서면 종교, 상업, 문화, 경제, 군사 등의 획일화된 양식을 구축했던 동방과는 달리 서유럽은 여러 왕국과 도시국가들이 끊임없이 서로 경쟁했고, 이 경쟁이 성장과 발전을 이끌어냈다는 것이다. 다시 말해 소수 권력자의 이데올로기나 가치관이 국가체제의 시스템이나 모든 사회를 지배한 명, 오스만, 무굴(인도)과 같은 동방제국은 넓은 영토와 많은 인구를 가졌음에도 정체했다. 반면 끊임없는 경쟁을 통해 꾸준한 진보를 이어나갔던 서유럽은 극심한 기후차이와 상대적으로 좋지 못한 지형요건에도 불구하고 세계질서의 중심으로 부상했다.

현재 경제, 사회적으로 침체기를 맞고 있는 우리가 진지하게 생각해볼 만한 대목이다. 각종 개혁과제와 정책이 이데올로기와 진영논리에 맞물려 정책 자체의 효과나 가치에 대한 판단이 유보되는 것이 지금의 정치현실이다. 그렇기에 국가가 가진 권한을 지자체에 넘겨주되 연방제수준의 권한을 양도함으로써 지자체가 차별화된 정책으로 서로 경쟁할 수 있도록 하는 것이 한 방법이 될 수 있다는 뜻이다.

지자체별로 교육정책, 경제정책, 복지정책 등에 있어서 각자가 옳다고 생각하는 정책을 시행하고 경쟁한다면 그에 따라 각 지방의 특성을 반영한 국가 성장이 가능할 것이다. 또한 어떠한 정책이 좋은 정책인지를 알려주는 척도가 생김에 따라 포퓰리즘과 소모적인 당쟁이 중심이 되는 현재의 정치풍토를 정책중심의 정치풍토로 바꾸는데도 기여할 수 있으리라 본다. 물론 이러한 지방분권을 실시하는데 선행과제들이 많다. 무엇보다 중요한 것은 지방의 재정자립도이다.

바야흐로 태평양도시국가시대가 도래하고 있다. 역사가 만든 도시, 도시가 만들 역사를 이야기하려면 과감하게 문명과 국제질서의 구조적 전환기를 맞아 응전해야 한다. 그 방법 중 가장 중요한 하나로서 지방분권의 모델로써 부산을 재해석하고 재구성하여 부산의 멋진 도약의 비전을 제시하는데 목적이 있다.

실제로 4차 산업혁명, 미중문명전쟁은 태평양중심의 도시국가시대의 도래를 촉진하고 있다. 그 옛날 지중해를 중심으로 형성된 도시국가가 이제 인도·태평양을 중심으로 두각을 드러내고 있다. 교통물류의 획기적인 발전은 드넓은 태평양을 지중해처럼 가깝게 만들고 있다. 만약 가덕도에 지금의 두 배쯤 되는 신공항이 들어서고 이 책에서 제시하는 비전대로 가덕도 남방에 100만 평 가량의 해상신도시가 세워지면, 부산은 지방의 재정자립뿐 아니라 대한민국 전체를 먹여 살리는 새로운 금광이 될 것이다.

지난 20년간의 한국 외교 경제 방향이 북방, 대륙 지향적이었다고 한다면, 앞으로의 20년은 해양, 즉 태평양을 중심으로 펼쳐질 것이다. 중국은 이미 지난 10년간 해양실크로드라고 할 수 있는 해양 일대일로(一帶一路)를 통해 태평양연안에 대한 영향력 확대에 몰두해왔다. 하지만 지금 그들의 계획은 커다란 장벽에 부딪혔으며 무리한 추진과 홍콩에 대한 지나친 정치개입으로 난관에 봉착했다.

　역설적이게도 역내국가의 위기나 변화가 주변국에겐 기회가 되는 경우가 많은데, 지금 이 바로 그런 시기가 아닐까 한다.

05

제4의 개항, 바다가 영토다

부산은 태평양으로 가야한다

　부산을 살리는 길은 혁명적 발상뿐이다. 여기서 혁명이란 단순한 패러다임의 변화가 아니라, 현재의 판도를 뒤엎을 수 있을만한 위대한 변화를 말한다. 혁명은 혁명적 발상으로만 얻을 수 있다. 이승만 대통령의 광복구상은 미국을 통한 미국에 의한 미국의 주도적인 광복이었다. 이 전략을 구사하기 위해 그는 미국에서 공부를 했고, 미국에서 인맥을 만들었으며, 미국을 철저하게 이용하였다. 그리하여 한미동맹, 한미상호방위조약을 완성시킨 것이다. 이 조약의 체결은 동북아시아의 작은 나라를 미국이 주도하는 자유국제무역 기조의 시장 속에 편입시키킨 결정적 계기가 되었다. 이로 인해 한국에 대한 위해나 공격은 미국에 대한 위해와 공격으로 간주하게 된다. 거인의 힘을 이용하여, 우리의 권리와 존엄을 70년 가까이 누려온 것이다.

가덕신공항과 해상신도시

　강서구 낙동강 하구둑이 펼쳐내는 삼각주 저 먼 곳, 가덕도신공항 근처에 해상신도시를 만들면 어떨까 하는 것이 초발상이다. 지금 가덕신공항 문제가 부산경남지역에서는 뜨거운 감자다. 7조에서 8조가 들어가는 가덕신공항과 5조에서 6조가 들어간다는 김해신공항 문제는 지금 당장 결론짓기 어려운 문제임에는 틀림없다. 그런데 한심한 것은 '김해'냐 '가덕도'

|그림 20| 부산 가덕신공항 조감도

냐를 놓고 겨루는 모양새가 초입부터 접근 방법이 틀렸다는 것이다. 지금 신공항 위치에 대한 결정의 문제는 중앙정부에서 받아올 예산의 규모에 따라 결정되는 모양새라는 말이다. 이것은 한 마디로 근시안적인 행정의 표본적 모습이라 할 수 있다. 항상 그렇듯이 이 나라의 행정관료들은 미래에 일어날 어떤 결과에 주목하는 것이 아니라 현재의 상황에 맞추어 졸속으로 생각하고 결정하여 후일 되돌릴 수 없는 실수를 발견하고 후회하는 일을 계속한다. 가장 대표적인 곳이 새만금이 아닐까 한다. 그리고 송도 신도시가 그렇다.

|그림 21| 해양수상신도시 예상 위치도

질문이 틀렸다

그러므로 가덕신공항이나 김해신공항의 경우 질문을 다르게 해야 이것이 해결된다. '지금 비용이 좀 더 들더라도 어떻게 하는 것이 미래를 활짝 여는데 도움이 될까?'그리고, '만약 가덕신공항을 만든다면 연관하여 무슨 사업을 할 수 있을까?'여야 한다.

첫 번째 질문에 대해 답변하자면 효율성면이나 미래적 측면에서 김해신공항은 확장성이 전혀 없다. 그냥 김해 벌판에 비행장 규모가 좀 더 커지는 것뿐이다. 뿐만 아니라 근처의 평야나 주거지들이 고도제한이라는 사슬에 묶여 더 이상 발전할 수 없는 족쇄가 된다. 이 때문에 24시간 운영체제 불가라는 치명적 결함이 생기는 것이다.

두 번째 질문에 대해서는 지금 이 책에서 논의하고 있는 가덕도를 중심으로 한 일명 "미래 해상신도시"가 적절한 대답이 될 것이다. 이것은 말 그대로 초발상적 아이디어이다.

　뉴욕의 초발상은 거리를 그리드 시스템(Grid system; 격자 체계)으로 도로를 만들었기 때문에 완성되었다. 정말이지 작은 아이디어 하나가 오늘날 뉴욕 맨해튼을 만든 것이다. 생각해보라, 저 넓은 땅덩어리를 가진 미국에서 건폐율이 거의 100%가 되고, 용적율이 1000%가까이 되는 그런 초발상이 어떻게 생길 수 있는가 말이다. 만약 일반 미국의 도시처럼 건폐율과 용적율을 적용했더라면 저렇게 밀집된 도시가 나오지 못했을 것이다. 도시미학적으로나 환경적으로 보면 매우 실패한 정책인 듯 하지만 매우 섬세하고 치밀하게 설계된 뉴욕의 그리드 시스템은 마천루의 상징도시를 만들어 버린 것이다. 이러한 그리드 시스템은 1811년에 벌써 뉴욕시 의회(City Council)에 의해서 제정되었다. 아직 우리는 초가집이 즐비하던 시절에 말이다.

　19세기 초 뉴욕은 지금과는 비교할 수 없이 조그만 도시였고 인구수도 약 10만 명에 불과했다. 그런데 100년 200년 뒤를 내다보고 그리드 시스템을 적용한 것이다.

　사실 이 프로젝트는 엄청나게 무모했다. 그도 그럴 것이, 언덕과 웅덩이 그리고 하천으로 이루어진 이 섬의 자연과 환경은 전혀 고려하지 않은 채 그냥 통째로 맨땅을 평탄하게 만드는 방식이었기 때문이다.

　당시 이 지도를 만든 이는 존 랜들(John Randel)이라는 측량기사였다. 그의 아이디어는 매우 간단했다. 바로 맨해튼 땅덩어리를 자로 잰 듯한 격자로 나누고 각 도로마다 번호를 부여하는 것이었다.

그 결과 당시 인구 대부분이 살았던 하우스톤 거리(Houston St)의 남쪽은 그대로 두되, 그 북쪽에서부터 그리드 시스템이 시작되게 되었다. 하우스톤 거리 바로 위에 1번 거리(Street)가 시작되어 북쪽에 150번까지 이어지고, 가장 동쪽에 1번부터 시작해서 12번까지 대로(Avenue)를 이룬다.

결국 그리드 시스템이 생김으로써 뉴욕은 근대적인 '도시'가 생길 수 있는 조건을 갖추게 되었던 것이다. 건물의 모양도 둥근 형태나 제각각의 모습을 벗어나 가장 효율적인 '직각'을 띠기 시작했다. 또한 토지 면적과 각 경계선에 대한 법적인 분쟁도 현저히 줄어들면서, 근대 개념의 부동산도 탄생했다.

지형지물의 장애는 디딤돌이 된다

'그런데 과연 가덕도 인근해상에 깊은 바다를 매립하는 것이 과연 경제성이 있을까'를 물어보는 사람이 있을 수 있다. 한 마디로 지형지물에 장애가 있다는 것이다. 물론 틀린 말은 아니다. 하지만 부산이라는 내륙에 너무 가까우면 홍콩이나 다른 나라에서 이주해 오는 사람들은 거부감을 느낄 수 있을 것이다. 그래서 가능하다면 홍콩과 마카오가 떨어져 있는 것처럼 거리가 있어야 한다. 가덕도에서 10킬로 이상 떨어진 곳에 세울 수 있다면 좋겠지만 그것이 불가능하다면 가덕도에서 5km정도는 떨어진 곳에 연륙교를 건설하면 좋을 것이라 여겨진다. 하지만 기술적인 부분에 대해서는 김재헌 작가의 아이디어에 필자와 함께 BIG(Busan Innovator Group)팀이 연구에 토론을 거듭하고 있다.

수심이 깊기 때문에 전부를 매립할 필요는 없다. 현해탄 쪽만 쓰나미급의 해일을 막을 수 있는 방파제와 매립을 한 다음 내륙 쪽으로는 부유식 해상신도시를 건설할 수 있기 때문이다. 세계적으로 가장 뛰어난 조선기술과 토목 플랜트 기술로 100만평 이상이 되는 부유식 해상신도시를 만드는 초발상을 통해 부산이 제4의 개항을 하도록 이끌어내야 한다.

이제 우리가 새롭게 만들어야 할 도시는 미래형 신도시의 모델이어야한다. 그 모델이 바로 해상과 해저를 아우르는 신개념 미래 해상도시인 것이다.

닫히는 홍콩 다시 열리는 부산

시대가 바뀌고 기회가 오고 있음을 알리는 징조는 여러군데 있다. 지난 7월 30일 사우스차이나모닝포스트(SCMP)는 "미중 간 갈등을 고조시키는 홍콩보안법이 제정돼 홍콩의 자율성이 유지되기 어려워졌다. 홍콩의 사업 전망이 불투명해졌다"고 전했다.[7]

아울러 주한중국대사의 말을 인용해, 중국 전국인민대표대회가 홍콩 국가보안법에 관한 결정을 통과시켰다고 전해준다.

"국가안전은 가장 중요하고 큰일로 관련 입법은 국가의 입법 권력에 속하며 이는 국제적으로 통용되는 방식이다. 역사적 이유로 국가안전 수호를 위한 특별입법이 이뤄지지 못했고 이런 '진공' 상태는 불법세력들에 기회를 줬다. 특히 지난해 '홍콩 송환법 수정안 풍파'속에서 '홍콩 독립' 조직과 급진세력이 기승을 부렸고 폭력 활동이 계속 확대돼 법치와 사회질서를 심각하게 짓밟았으며 홍콩의 번영과 안정을 훼손하고 '일국양제' 원칙의 마지노선에 심각한 도전을 자행했다. 이는 국가안전을 파괴한 것이며 더욱이 홍콩 시민의 각종 권리와 자유를 침해한 것이다"

이에 더하여 그는 다음과 같이 말한다.

"중국 중앙정부는 일국양제 방침을 관철하고 홍콩이 국가 발전의 대국에 융합되는 것을 확고히 지지할 것이며 홍콩과 각 지역 간 폭넓은 경제교류 협력을 도울 것이다. 중국의 개방 확대 과정에서 홍콩의 위상과 역할은 강화될 뿐 약화하지 않을 것이다. 안정되고 안전한 홍콩에서 외국인 투자 및 사업과 관련된 합법적 권익은 더욱 잘 보장될 것이다."

하지만 이것은 중국당국의 바람일 뿐 현실은 전혀 그렇지 않다. 현재 홍콩의 자본은 이탈 중이며 그 속도는 점점 가속화되고 있다. 누군가의 위기가 우리에게 기회가 된다.

국민의힘 소속으로 전 한국금융연구원장을 역임한 윤창현 의원은 "홍콩의 존재는 특별하다. 영국은 과거 홍콩을 조차해 100년간 지배하면서 독특하고 발전된 금융허브국가를 만들었고 이를 중국에 반환했다. 그런데 한때 아시아의 네 마리 용이라고 지칭되면서 성공한 모형으로 평가받던

이 도시국가가 최근 수난을 겪고 있다. 정치적 불안과 계속되는 시위의 여파로 지난 4월까지 홍콩에서 300억 달러 이상의 헤지펀드 자금이 이탈한 것으로 나타났다. 물론 4,400억 달러 수준의 외환보유액이 있지만 미국이 홍콩의 특별지위를 박탈할 수도 있다는 언급이 나오면서 자본이탈이 지속하고 있다. 아직은 초기 단계지만 언제 가속화될지 가늠하기 힘든 상황이다. (중략) 중국의 제조업이 발전하면서 대중국 투자를 노리는 글로벌 자본들이 홍콩에 몰려들고 있다. 또한 중국 본토 자본들도 홍콩으로 진출만 하면 글로벌 시장과 만난다. 중국으로부터의 아웃바운드 투자와 중국으로의 인바운드 투자 기지의 역할이 더해지면서 홍콩의 위상은 더욱 증진되고 심화돼왔다. 그러나 지금처럼 시진핑 중국 국가주석의 독주가 강해지는 가운데 보안법이 예정대로 시행되고 홍콩의 특별한 지위가 사라지게 되면 상당한 문제점이 노출된다. 자본이탈이 가속화되면 최악의 경우 홍콩은 주룽반도에 자리 잡은 도시 하나 수준으로 위상 변화가 일어날 수 있다."라고 말했다.[8]

21세기는 바다가 영토다

최근 중국은 상하이만으로는 홍콩의 빈자리를 메우기 힘들다고 보고 홍콩의 지위를 유지하기 위해 다양한 전략을 동원하고 있다. 이러한 갖은 노력은 의미가 있고 홍콩의 지위 유지에 도움이 될 것이다. 하지만 홍콩의

|그림 22| 부유식 해상신도시 개념도

기본적 강점이 글로벌 금융허브라는 점에서 미국이라는 기축통화국과 관계가 멀어지고 중국의 개입 강도가 강해질수록 자유스러운 경제활동이 어려워지면서 하나의 도시 쪽으로 위상이 변해 갈 가능성이 커진다. 이 기회비용이 너무도 크기 때문에 중국의 고민은 더욱 깊을 것이다.

싱가포르는 벌써 표정관리 중이다. 홍콩을 이탈한 많은 자본과 금융기관이 싱가포르로 유입되고 있다. 글로벌 금융위기 이후 비밀 유지를 생명으로 하는 스위스의 금융중심지 지위가 흔들리면서 싱가포르는 큰 이득을 봤다. 그리고 최근 다시 한 번 전성기를 맞이하고 있다. 물론 우리도 제주도에 역외금융중심지를 조성하자는 얘기를 한 적이 있고 참여 정부가 동북아금융허브 전략을 추진한 바도 있다. 하지만 아쉬움이 앞선다. 국가발전과 번영의 기회가 아무 때나 오는 것이 아니다. 미래를 내다보며 제대로 준비하는 자에게만 의미 있는 기회가 주어진다는 점을 다시 한 번 느끼게 되는 요즈음이다.

이러한 때에, 거대한 홍콩의 자본과 고급인력, 전문적 경제지식과 경험을 끌어안을 방법은 없을까? 여기엔 반드시 초(超)역발상이 필요하다. 패러다임의 전환 정도로는 부족하다는 말이다. 과히 혁명이라고 부를만한 전환이 있어야 자유진영이 살고, 자유시장경제가 살아남는다. 지금 세상은 기술결합에 따른 혁신의 시대로 이전하고 있다. 비즈니스 리더와 최고 경영자는 변화 환경을 이해하고 혁신을 지속해야 살아남을 수 있다는 말이다. 이러한 때에 바다야말로 21세기는 어떤 국가적 분쟁도 피해갈 수 있는 유일한 국가확장의 대안이다. 즉 가장 손쉽고 분쟁을 최소화할 수 있는 영토확장인 것이다.[9]

항구! 플랫폼 전략

점점 불투명해지는 홍콩의 지위

홍콩은 자체적인 생산시설이 많이 없어도 영국에 이은 두 번째의 금융 플랫폼을 제공함으로써 오늘날의 번영과 발전을 누렸다. 여기에 가장 핵심적인 전략은 영국이 가진 기존 금융선진기법을 그대로 이식하여 아시아의 금융허브를 형성했다는 점이다. 대륙, 중국(공산당, 이하 생략)의 개혁개방에 맞추어 서방의 자금을 대륙에 중개해주며 수익을 얻었고, 십 수 년 전부터는 대륙 중국의 자금을 전 세계에 제공하는 허브역할을 하고 있다. 여기에 중국당국의 욕심이 개입되어 홍콩을 지금 그들의 영향권 아래 두려고 한다. 홍콩의 지위가 점점 불투명해지는 이유이다. 아시아의 금융허브, 금융플랫폼이 그 지위를 박탈당할 위기에 놓이게 되었다. 따라서 제4의 개항을 이해하기 위해서는 제 1,2,3의 개항을 이해해야 한다.

오프라인 플랫폼 부두(port)

부산항은 최초의 개항장이면서 그 뒤에 개항하게 되는 인천, 목포 등과는 다른 특성을 갖고 출발하였다. 즉 일본은 개항과 함께 조선시대 초량왜관(草梁倭館)이 있었던 곳을 곧바로 근대법적인 전관거류지(Concession)로 설정함으로써 처음부터 과거 초량왜관 지역이었던 10만평을 배타적으로 장악 할 수 있었다.[10] 그 결과 일본은 과거 자신들의 생활근거지였던 왜관 내에 신속하게 거류지역소, 영사관, 경찰서, 상업회의소, 금융기관, 병원 등과 같은 근대 시설들을 설치하면서 전관거류지에 대한 자신들의 영향력을 강화하였다.[11] 그러다보니 부산항에서 일본의 영향력은 갈수록 강해졌던 것에 비해서 영국과 러시아, 청국 등의 영향력은 상대적으로 약할 수밖에 없었다. 이런 역사성을 갖고 출발한 부산항이 일제강점기를 거치면서 일본의 주요관문으로 세계와 소통하게 된다.

그런데 이제 부산은 거듭나야할 시대적 당위성을 갖게 되었다. 홍콩이 감당하였던 자유시장경제의 금융허브가 중국의 정부에 의해 위협을 당하면서 그 지위를 잃어버릴 위기에 놓였기 때문이다.

2007년 한국의 대외경제정책연구원의 보고서를 보면 당시만 해도 홍콩의 금융허브로서의 역할은 별 지장이 없어 보였다.

"중국 반환 당시 중계무역과 국제금융 중심지라는 홍콩의 역할에 대한 회의적인 시각에도 불구하고 반환 이후 10년이 지난 지금까지 홍콩의 중요한 지위는 여전히 건재한 상황이며 금융서비스업의 발전이 견인차 역할을 하고 있다."

그 증거로 2006년 홍콩의 주식시장은 시가총액 기준으로 세계 6위를 차지하였고, 기업공개(IPO) 시장에서 세계 2위 자리를 고수하고 있다는 것이었다. 그 당시 3년간 홍콩의 IPO 현황을 살펴보면 전체 IPO 금액 중 H주의 비율이 평균 74%로써 홍콩증시가 중국기업의 자금조달 창구 역할을 하고 있다. 홍콩은 중국의 경제발전을 적극 활용하여 세계적인 금융 중심으로서의 위상을 공고화하는 전략을 세웠는데, 이것이 주효했다. 홍콩, 상하이, 다롄 등 중국이 육성하고 있는 금융 중심도시들은 한국과 지리적으로도 인접해 있으며 타깃이 비슷할 수밖에 없어서 향후 경쟁적 관계를 형성하게 될 것이 예상된다고 당시 보고서는 결론지었다.

대한민국의 미래는 금융허브에 있다

금융은 정치적 안정성에 플랫폼과 허브만 있으면 된다. 하지만 지금은 어떤가? 홍콩은 중국 당국의 반민주적, 반문명적 폐쇄, 미국의 제재로 인해 정치적 위기가 왔다. 그래서 그 지위를 상실할 위기에 놓이게 된 것이다.

중국은 제11차 5개년 계획(2006~11년)에서 홍콩의 금융서비스 산업을 육성하고 국제금융센터로서의 지위를 유지하는 것을 지원한다고 명시하였다. 그러면서 중국은 금융산업의 효율성을 제고(提高)하고 금융개혁을 추진하기 위하여 홍콩 금융시스템을 활용하고, 세계적 규모의 국제금융센터로 육성하여 세계경제에서 중국의 위상과 경쟁력을 더욱 제고시켜 나간다고 천명하였다.

그래서 홍콩은 금융산업과 더불어 무역 및 물류, 해운, 관광 등 서비스산업 발전에 힘입어 그 후로도 5~6% 정도의 경제성장 추세가 지속되어 왔다. 실제로 2007년 3월 홍콩정부가 발표한 2008~11년의 중기 경제전망에 따르면 금융, 무역, 물류센터 역할을 강화하고 중국과의 경제통합 진전에 따른 시너지 효과로 실질 경제성장률이 연 4.5%(명목 경제성장률 연 6%)였다. 2007년까지 홍콩에는 202개의 은행과 84개의 대표사무소가 설치되어 있는 등 아시아 태평양 지역의 은행과 금융 센터로 이미 공고한 지위를 가지고 있었다. 국제무역 자금조달을 위한 은행대출 총액과 홍콩 역외에서 사용하기 위해 대출된 금액은 각각 미화 195억 달러와 408억 달러를 기록하였다.

국제결제은행에 따르면 홍콩은 아시아의 3대, 세계의 6대 외환시장이며 2004년 기준으로 일일 외환거래량(net daily turnover of foreign exchange transactions)이 1,020억 달러에 달할 정도로 아시아 최강이었다.

2006년 홍콩의 주식시장은 시가 총액 기준으로 아시아 2위, 세계 6위를 차지하였는데 앞으로 그 지위는 불투명하다. 홍콩은 아시아에서 가장 큰 규모의 벤처자금센터로서 2006년 중반 기준으로 지역의 총 자본 풀의 29%를 운용하였다. 그러나 핵시트는 현실이 되고 있다. 2020년 7월 15일

트럼프 대통령은 홍콩의 특별지위를 박탈하는 내용의 행정명령과 중국정부 관리들을 제재하는 법안에 서명했기 때문이다.

홍콩의 위기가 부산에 유리할 것인가?

그렇다면 홍콩의 위기 상황이 과연 부산에 유리할 것인가? 현재의 인프라와 사고로는 어림도 없다. 한 마디로 '떡줄 사람은 생각지도 않는데 김칫국물 마시는 격'이다. 위기를 기회로 바꾸려면 결단과 행동이 필요하다. 이미 그 요구는 시작되었다. 트럼프는 "홍콩은 이제 중국 본토와 같은 대우를 받게 될 것"이라며 "특권도 없고, 경제적 특별대우, 민감한 기술의 수출도 없다"고 덧붙였다. 이것은 매우 중요한 세계정세의 변화를 의미한다. 그동안 중국의 귀퉁이에 속한 관계로 시진핑 정권과 서방자본과의 가교역할을 했던 홍콩만의 특권들이 중국과 미국으로부터 외면을 당하게 되었음을 보여주는 것이다.

미국이 이렇게 한 이유는 중국 정부가 홍콩에 대한 새로운 통제권을 행사했고, 신종 코로나바이러스 감염증(코로나19)에 대한 대처와 관련해 검토가 진행 중인 가운데 중국에게 더 강경한 입장을 취하는 일환으로 촉발된 것이지만, 많은 전문가들은 이러한 홍콩제재는 갈수록 더 심화될 것이고 이에 대한 홍콩자본의 위기와 이탈은 점점 가속화될 것이 명약관화하다고 했다. 중국의 시진핑 주석은 개방의 관문을 중국 공산당의 전체주의적 지배를 와해시키는 '자유의 관문'으로 여겨 2047년까지 '일국양제법'에 따른 홍콩의 '민주주의적 고도자치'를 분쇄한 것이다.

여기서 우리가 눈여겨보아야 할 것은, 우선 트럼프 대통령은 행정명령을 통해 홍콩에 대한 중국의 위협과 관련한 국가비상사태를 선포했다는 점이다. 앞으로 홍콩 문제와 관련해 중국에 제재를 부과할 수 있는 근거가 되는 조치라는 이야기다. 이민과 국적, 국방물자 수출 통제 등에 대해 홍콩에 부과하던 특혜를 없애는 내용도 담겼다는 점에서 단순한 엄포가 아니라 실질적인 제재를 가하고 경우에 따라서는 더 큰 대책도 내놓을 것임을 암시하고 있다.

그 내용을 구체적으로 보면, 홍콩 여권 소지자에 대한 미국 내 입국 특혜, 수출 통제 물자 등 특정 분야의 수출 특혜, 국제 선박 운항과 관련한 상호 세금 면제, 경찰 교육 협력, 풀브라이트 교육 교류 프로그램, 지리 및 우주 분야 정보 공유 등을 모두 중단하거나 폐지했다. 홍콩 주민에 대한 미국 비자 발급이 중국인 수준으로 강화되면 중국도 맞대응 조치를 취할 가능성이 높고, 이는 홍콩의 기업 환경에 큰 마이너스 요인이 될 수 있다.

김한권 국립외교원 교수는 "중국에서 정치범으로 유죄 선고를 받은 인사가 망명 또는 탈출을 해서 미국으로 갔을 경우 중국이 송환 요청을 하더라도 이를 거부할 수 있도록 한 것"이라며 "향후 중요한 이슈가 될 수 있는 부분"이라고 분석했다.

이는 결과적으로 '금융허브'인 홍콩을 위협하는 조치인 것이다. 트럼프

행정부는 이날 무역과 관세, 금융 분야에 대해서는 구체적인 로드맵을 밝히지 않았다. 홍콩과 중국은 물론 미국 경제에까지 영향을 미칠 수 있는 민감한 핵심 분야에 대해서는 일단 여지를 남겨놓은 것으로 보인다. 하지만 앞으로 미국 정부의 후속 조치가 이어지면 홍콩이 '아시아의 금융허브'라는 위상을 잃는 것은 시간문제라는 분석이 지배적 견해다.

폭스뉴스는 "이번 행정명령에 따라 홍콩 수출품의 관세는 중국 본토와 같은 수준으로 올라갈 것"이라고 전망했다. 미국은 지금까지 홍콩의 특별지위를 인정해 중국 본토(25%)보다 훨씬 낮은 관세(1.7~2%)를 부과해 왔지만, 앞으로는 중국과 똑같은 관세를 물게 될 가능성이 크다는 것이다. 관세와 금융 분야 조치까지 이뤄지면 홍콩 경제와 금융 산업에 직격탄이 될 것이라는 전망이 일반적이다.

이는 홍콩에서 활동하던 다국적 기업과 글로벌 금융회사들의 엑소더스로 이어질 것이다. 지난달 주(住)홍콩 미국상공회의소가 홍콩 내 180개 회원사를 조사한 결과 30%가 홍콩 밖으로 이전하는 방안을 검토하고 있다고 답한 것도 이러한 사실을 뒷받침하고 있다. 기업들과 함께 홍콩 경제를 떠받쳤던 고급 인력들이 대거 유출될 우려도 적지 않다는 점도 부산이 알아야 할 중요한 뉴스다. 현 정부여당은 결코 이러한 미국의 정책을 반기지 않을 것이다. 그들은 여러 부분에서 친(親)중국적인 행보를 보여 왔기 때문이다. 벌써부터 홍콩을 떠나 대만, 싱가포르 등 주변국으로 향하는 전문직과 기업인이 크게 늘고 있다. 상대의 위기가 우리에겐 기회가 된다는 것이 국제사회의 냉혹한 현실이다.

위기를 맞이한 중국 정부는 동시에 '우군' 확보에 나섰다.[12] 하지만 안타깝게도 이러한 중국 당국의 노력에도 불구하고 미국의 입장은 더욱 강경하고 공격적이다. 폼페이오 국무장관은 중국 공산당을 '프랑켄슈타인의 괴물'로 지칭했고, 미국 증시에서 미국의 회계기준을 위반하는 기업을 퇴출시킬 것을 예고했고, 이민 당국은 중국 공산당원 및 그 관계자들에 대한 비자 발급, 영주권 재심사를 천명했다. 미국은 시진핑 중국의 도발을 지정학적, 경제적 침략으로 규정했다. 미국의 중국에 대한 응징은, 코로나19에 대한 대중국 책임추궁이 더해져 더욱더 거세질 전망이다.

적극적 자발적으로 나아가자

그렇다면 우리의 행보는 분명해진다. 목표가 선명하기 때문이다. 지정학적으로 가장 좋은 위치에 있으며, 배후 인프라가 완벽한 부산이 향후 홍콩의 역할과 지위를 가져오는 것이다. 여기에는 홍콩의 탈출자본과 일본의 유휴자본, 그리고 지금 속속 탈출하고 있는 중국공산당 간부들의 자본이 안정된 한미동맹의 그늘 안에서 마음껏 그 기능을 수행하도록 만들어주는 것이다. 물론 그러기 위해서는 특별법이 국회차원에서 만들어져야 하고, 부산시의 특별조례가 만들어져야 가능한 것이다. 그 구체적인 그림은 마지막에 제시하도록 하겠다.

전세계 교역량이나 경제활동지수를 보면, 유럽은 "지는 해"이고 아시아 특히 동북아는 "뜨는 해"라 해도 과언이 아니다. 게다가 거대 중국의 전체주의화와 자유 홍콩의 쇠락에 대한 전 세계의 우려 속에 미-중간 갈등은 갈수록 심화되고 있지만, 그렇다고 중국과의 교역을 당장 중단할 것도 아닌 상황이다. 중국의 바로 인근에 위치한 대한민국 입장에서는 과거 6.25와 1.4후퇴의 상흔이 여전한데 중국의 패권주의와 전체주의화 현상이 엄청난 위기의식을 갖게 한다.

그러나 때로는 위기가 기회가 되는 법이다. 더구나 이러한 환경은 동북아의 허브적 위치를 점하고 있는 부산에 새로운 기회를 가져다준다. 중국과의 교류는 지속해야 하지만 더 이상 중국 본토(홍콩을 포함해서)에 거류하고 싶지 않은 외국인들에게 부산은 대안이 될 수 있지 않을까? 다만 이대로 가면 죽는다는 절박감 속에서 부산시의 적극적이고 열정적인 비즈니스 마인드와 공무원들의 서비스마인드가 태동되어야 한다. 과감한 규제완화 노력과 시민들의 개방적, 국제적 마인드의 고양은 물론이다. 쉬운 일은 아닐 것이다. 그러나 하늘이 무너지면 솟아날 구멍이 있듯이, 더 이상 희망이 보이지 않는 부산경제가 낭떠러지 앞인 만큼 모두가 적극적으로 개항을 향해 나아갈 수밖에 없지 않은가? 역사의 거대한 물결 속에서 강제개항과 적극적 자발적 개항이 얼마나 다른 결과를 초래했는지를 우리는 이미 보았다. 이제 우리 앞에는 하나의 선택 밖에 남아있지 않다. 어차피[13] 피하지 못할 운명이라면 적극적으로 돌파하자!

매립으로 키운 도시 부산

우선 고려해야 할 것은 홍콩의 지위와 역할을 가져올만한 부지가 부산에 과연 있는가 하는 문제가 대두된다. 그 방법은 지금까지 부산이 걸어왔던 길을 복기(復棋)해 보면 된다. 부산은 천혜의 항구로서의 입지는 가졌지만, 산으로만 둘러싸여 평지가 없다. 이를 해결하는 방안으로 부산은 첫 번째 개항과 더불어 매립에 매립을 더해 시(市)영역을 확대해 왔다. 「근대식민도시 부산의 형성과 발전」이라는 김승 교수의 논문에 따르면 일제의 대륙진출의 교두보였던 부산항은 정치와 경제 그리고 군사상 중요성에도 불구하고 넓은 배후지를 갖지 못한 한계가 있었다고 말한다. 따라서 도시규모의 확장은 필연적으로 해안선과 맞닿은 가파른 바닷가의 산들을 깎아

부산 1차 매립지 위에 세워진 구 부산시청 자리의 롯데가 다시 롯데타워를 짓기 위한 준비를 하고 있다.

바다를 메우는 대규모의 매립이 불가피하였다. 그러면서 부산항이 어떤 과정을 거쳐 매축되었는지 대표적인 매축공사를 정리해 주었다. 김승 교수의 논문을 참조하면 많은 도움이 될 것이다.[14]

일본인들은 개항이후 부산으로 이주해 오는 일본인들의 증가와 한일 간의 무역량증대로 항만시설의 확충과 새로운 부지의 필요성을 절감하였다.[15] 오늘날의 중앙동 일대(세관, 부관페리호·연안여객선 선착장)의 기본적인 도시공간이 마련되었다.[16]

부산항 매립에서 두 번째로 이루어진 사업이 영선산착평(營繕山鑿平)공사였다. 일제는 늘어나는 철도와 선박의 물량을 직접 연결시키기 위해 영선산을 무너뜨리는 영선산착평공사를 1909년 5월부터 1913년 3월까지 실시하여 4만 4,780평의 땅을 새롭게 확보하였다.[17]

일제는 일본인전관거류지의 내륙방향(부산의 북쪽방향) 진출의 필요성과 당시 압록강가교공사(1909. 8 ~ 1911. 10)와 연계해서 '관부연락선 → 부산항 → 경부철도 → 경의철도 → 대륙진출'의 운송루트를 일괄적으로 확립할 목적에서 쌍산을 착평하였다. 영선산착평공사로 부산항은 더 이상 일본인 전관거류지역에 한정되지 않고 조선인들의 전통적 거주지역이었던 부산진 방면과 연계되는 항구도시로 성장하였다.

북빈과 영선산을 착평한 일본인들은 1912년 8월 나고야 지역의 일본인 자본가들을 중심으로 조선기업주식회사를 설립하여 오늘날 초량~범일동에 이르는 40만 평을 매립할 예정으로 공사는 3기로 나누어 1기(1912. 11

~ 1915. 3)는 13만 7천 평, 2기는 1918년 3월부터 17만 평을, 3기는 1921년 3월까지 나머지 평수를 매립한다는 계획을 세웠다. 그러나 실제 각 시기별 공사는 연장되어 1기공사 자체가 1917년 준공되는데 원래 2기 공사에 포함되었던 영가대(永嘉臺)까지의 매축이 1기 공사 때 완공되었다.[18] 이는 1917년 조선방직주식회사가 설립되면서 철도가설 부지가 필요하여 영가대까지 매축을 하게 된 것이다.[19]

부산진매축 2기공사로 확보된 이들 지역은 1930년대 이후 부산의 중요 공업지대로 변화하게 된다. 일제가 부산진매축 2기 공사를 완료함으로써 현재 부산항의 동북쪽에 해당하는 신선대 앞쪽을 제외한 부산항의 기본적인 골간을 갖추게 되었다.

이상에서 살펴본 북빈매축, 영선산착평공사, 부산진매축, 제1잔교, 제2잔교 시설확충 이외 부산항은 영도지역의 공업용지확보를 위한 영도 대풍포(待風浦=薩摩掘) 매축(1916~1926) 공사, 북빈의 외항무역에 대한 연안무역의 수송과 균형발전을 위한 남빈매축(1930~1938, 현재 자갈치를 포함한 남포동, 충무동, 남부민동 일대), 영도를 육지와 연결하는 절영도대교가설공사(1932~1934), 적기만매축(1934~1936), 부산항 제3기 및 축항공사(1936~1945) 등이 계속 진행되어 현재까지 이들 지역은 국내외 물자 수송의 중요한 항으로 역할을 담당하고 있다.[20]

제1잔교와 제2잔교의 선박톤수는 1912년 「釜山港全圖」로써 확인할 수 있다.[21]

바다가 영토다

결론적으로 개항 이후 근대도시로 성장한 부산항의 경우 그 특징을 정리하면 다음과 같다.

첫째, 부산항은 다른 개항장과 달리 지리적으로 일본과 가까웠을 뿐만 아니라 조선시대 초량왜관이 설치되어 있었다. 이런 지리적 사회문화적 특성 때문에 부산항이 최초의 개항장이 될 수 있었다. 따라서 일제는 개항과 함께 과거 초량왜관을 자신들의 전관거류지로 확정한 탓에 빠르게 부산항을 자신들의 대륙진출을 위한 교두보로 확보하게 된다.

둘째, 부산항은 이러한 이점에도 불구하고 해안선을 따라 산으로 에워싸 있어서 육지의 넓은 배후지와 연결되어 있지를 못했다. 이런 한계점을 극복하기 위해 일제는 1902년부터 일제강점기가 끝날 때까지 계속해서 해안선을 매립하였다. 특히 일제강점기에 건설된 제1부두~제4부두시설들은 한국전쟁 당시 미군물자를 하역하는 시설로 사용되며 이후 50,60년대 수출항 부산의 기본적인 시설로 활용되었다.

셋째, 매축을 통한 도시공간의 확장과 함께 부산항의 전체 인구 또한 계속해서 증가하였다. 이 중에서 인구증가의 폭만 놓고 본다면 개항기~1910년 사이 가장 많이 증가하고 있었다.

2030부산월드엑스포 07

우리는 어디로 가야 하나?

부산시와 대한민국 정부는 꼭 유치하겠습니다

2030 부산월드엑스포 >> 개/최/효/과

참가국	투자액	경제파급효과	고용창출
약 200개국 (5,050만명)	4조 8,995억원	생산유발 43조원 / 부가가치유발 18조원	50만명

2030년 월드엑스포 유치 포스터

 산업통상자원부 부산광역시 BUSAN METROPOLITAN CITY   WORLD EXPO 2030 부산월드엑스포 범시민유치위원회

방법으로서의 부산

구모룡(한국해양대 동아시아학과) 교수의 말을 요약해 본다.

'방법으로서의 부산'이라는 다소 당돌한 생각을 해 보았다. 부산의 입장에서, 부산으로부터 부산을 보고 도시의 미래를 생각해보자는 것이다. 가령 제2도시 이데올로기나 최근 지역정부가 도시목표로 내세우는 해양수도, 세계도시는 중심부 서울에 비친 일국적 시각이거나 세계체제 중심부의 관점이 투영된 개념들이다. 모두 부산을 통하여 부산을 보고 있지 못하다. 식민도시라는 기원은 청산될 수 없는 부산의 원형질이다. 그럼에도 민족주의는 식민지 도시의 유산을 마땅히 청산해야 할 잔재라고 규정한다. 더불어 이러한 민족주의에 힘입은 개발의 논리는 기형적 도시발전을 이끌고 있다.

예를 들어 부산부청사인 구 부산시청이 롯데로 넘어가 해체될 때 시민사회의 저항은 거의 없었던 것으로 기억된다. 식민도시 부산 이전의 원근거지인 동래 인근에 새로운 시청이 터를 잡았으니 문제가 없다는 것이다. 문민정부가 역사바로잡기 차원에서 총독부 건물인 중앙청을 허문 것의 지방 복사판이라 할 수 있다. 그런데 이를 아쉬워하면서 부산부 건물을 동아시아 근대역사기념관으로 남겼어야 한다는 주장을 한 논자가 있었다.[22] 돌이켜 이와 같은 선택이 정말 필요했었다고 생각된다. 식민 유산 또한 부산을 채우는 내용이다. 그것은 해체되어야 할 잔재가 아니라 보존하면서 활용해야 할 유산인 것이다."

깨끗한 단절과 새로운 시작

미래의 발전을 위해서 과거의 청산은 필요하다. 하지만 조선조 600년간 한국을 지배했던 명과 청의 잔재는 용서가 되고 일본의 잔재는 용서할 수 없다는 식의 사고는 결코 21세기 새로운 시대에는 어울리지 않는 생각일 것이다. 근대 이전에 부산은 없었다. 다만 부산포라는 포구가 있었을 뿐이다. 부산이라고 하는 지역의 중심은 동래다. 부산을 상징하는 존재는 왜관이다. 왜관이 있었기에 동래를 넘어 부산이 존재한다.[23] 특히 1678년 설치되어 1873년 메이지 정부에 의해 접수된 이후 문을 닫았던 초량왜관은 부산의 전사(前史)에 해당한다.[24] 이러한 왜관은 개항 장소를 특정한 곳으로 한정하여 그곳에 외국인 시설을 별도로 만드는 동아시아의 전통적인 교류 방법으로, 고대 중국에서 유래하며 에도시대의 일본에서도 이와 유사한 예들이 있다.

이는 대마도와 초량왜관 라인을 이어 중국으로 향하던 무역관계에 변화가 생겼음을 의미 한다. 다시 말해서 시장규모를 확대하고 기술자급을 이룩해온 일본이 조선을 앞지름과 동시에 자본주의 세계체제에 깊숙이 편입되어간 것이다.[25] 중국 따라잡기형(形) 발전에서 일본은 은을 통하여 자본을 축적하고 국가가 자급화를 적극적으로 주도하여 기술발전에 성공한다.

이에 비하여 조선은 조공체제에 강하게 편입되어 있어 독자적인 자본 축적과 기술 발전이 부족하였다.[26] 부산이 세계사의 흐름에서 항상 제일 먼저 그 파고를 맞을 수밖에 없었던 것은 해양도시였기 때문이다. 파고도 제일 먼저 맞았지만, 결과적으로 그 열매도 가장 먼저 따 먹을 수 있었다. 문명의 충돌은 항상 새로운 문화를 만들기 때문이다.

부산의 황금기는 수출주도형 성장을 추구하면서, 원자재 등의 수입항이 자 가공품 혹은 완제품이 전 세계로 수출되는 수출항으로서 역할을 할 때 였다. 당시 개발도상국이었던 대한민국은 신기술이나 경영노하우를 이웃 국가인 일본으로부터 많이 전수받았고, 값싸고 질 좋은 노동력을 활용한 제조품 및 가공품 등이 태평양, 인도양을 거쳐 전 세계로 팔려나갔다. 이러 한 항구로서의 물류적 이점을 살려 부산에서는 제조 및 가공을 중심으로 한 공업지대가 광범위하게 형성되게 되었다.

뿐만 아니라, 한일협정 이후 본격적인 산업화 시대가 시작되면서, 부산 은 일본과의 지리적 이점과 산업화 과정에서의 기술전수 등 일본 바이어 와 거래처 등의 잦은 방문으로 일본과의 교류가 왕성한 곳이었고, 90년대 들어 김대중 정부 시기에는 일본과의 문화교류가 왕성해지면서 일본만화, 일본음식, 일본식 유흥문화 등 문화적으로도 한일간 교류가 가장 활발한 곳이 되었다. 뿐만 아니라, 90년대 자유화 세계화의 물결 속에서 세계적으 로 유행하는 팝송이나 각종 문화상품들이 가장 먼저 부산을 통해 한국으 로 유입되는 등 부산은 오랫동안 국제도시로서의 면모를 유지하였다.

세계사의 전환기와 부산

이제 부산은 다시 한 번, 기회와 도전을 맞이하고 있다. 중국정부의 무리한 패권확장으로 인해 동북아 질서가 위협받고 있고, 특히 홍콩과 대만의 안보 및 정정상황이 위협을 받고 있는 가운데 동북아 질서의 재편에 따른 위기는 부산에 역사상 가장 큰 기회가 될 수 있다. 항상 세계질서는 먼 거리에 있는 나라에 의해 역내 국가들의 위기가 결정되지는 않는다. 역내 국가들의 역학구조에 따라 결정되는 것이다. 지금 한국은 미증유(未曾有)의 상황이 바로 눈앞에 터지고 있다. 문제는 현 정권의 시각에서 보면, 어떤 위기나 기회도 없다는 것이다. 하지만 이쪽에서 보면 중국정권도 무너지게 할 정도의 기회가 온 것이다. 따라서 이를 위해서는 국내정치의 상황변화가 너무나도 절실하다.

02

태평양 도시국가 부산

항구를 중심으로 더 밝게 빛나는 야경

01

태평양 국가도시를 꿈꾸며

아시아태평양의 도시들은 가장 역동적인 성장을 하고 있다

2020년, 재편되는 역사 속 과제

세계사는 2020년을 한 분기점으로 기록할 것이다. Covid-19 때문이다. 사회학자들조차도 현 시대를 B.C(Before Corona)와 A.C(After Corona)로 나눈다. 그 분수령이 2020년이라는 것이다. 코로나는 제4차 산업혁명을 앞당기는 촉매제가 되고 있다. 어떤 이는 말하길 진정한 의미의 21세기는 2020년부터 시작되었다고 말하기도 한다. 21세기는 전 세기에서 늘 말해 왔듯이 IT와 BT가 급속도로 발전하고 상호 접목하여 드디어 인간이 노동에서 해방되고 질병에서 자유로워진다고 예언하였다. 하지만 생각보다 그 속도는 느렸다. 왜냐면 대다수의 사람들은 획기적인 그런 시대를 갈망하지 않았기 때문이다. 그 이유는 막연한 두려움 때문이었다. 하지만 이제 전 세계를 강타한 팬데믹 때문에, 사람들은 적극적 대면(contact)을 거리끼게 되었고 비대면(un-contact)이 일상화되고 있다.

요즘 '언택트'라는 말을 자주 쓰는데 이 단어는 언-컨택트의 줄임말이다. 하지만 한국 토종 '콩글리시'다. 그런데 이 언택트가 산업의 트렌드로 자리 잡아가고 있다. 구시대는 이렇게 우연찮은 일의 발생으로 전혀 다른 양상으로 전개된다.

청일전쟁이 동아시아 구질서의 몰락을 의미한다면 러일전쟁은 새로운 질서의 형성을 뜻했다. 러일전쟁은 결과적으로 일본인들의 활동범위를 넓혀주었다. 이는 중화적 동아시아 지역질서가 붕괴되는 것을 의미한다. 일본은 먼저 개항했다는 이유 때문에 서양의 조약체제를 이용해 발 빠르게 동아시아를 석권한다. 일본의 전략적인 접근이 대단히 주효했음을 알려준다. 물론 일본의 근대화도 결코 순탄한 것만은 아니었다. 일일이 얘기하긴 어려우나 무엇보다 일본이 세계사적 행운을 거머쥔 것은 분명하다.[27] 이는 일본이 대륙 지향적 국가전략에서 태평양 중심적 국가전략으로 바꾼 결과라 할 수 있을 것이다.

역설적이게도 그 세계사적 행운, 즉 태평양으로 향해 나아갈 수 있는 기회가 우리에게 오고 있다. 이미 싱가포르는 속으로 쾌재를 부르며 만반의 준비를 갖추어가고 있다. 그 놀라운 변화는 다름 아닌 핵시트이다. 홍콩이 대륙에 붙어 있었을 때는 작은 포구에 지나지 않았지만 영국과 미국과 더불어 해양으로 나아가고자 했을 때, 그들은 100년간의 영화를 누릴 수 있었다. 그것도 영미(英美)의 보호아래 말이다.

태평양 중심 도시로

일제하에서 출발한 부산은 기존의 틀에서 크게 벗어나지 못했다. 다만 반도의 끝이었던 포구는 일본으로 인해 해양의 관문이 되었다. 이것이 부산의 기회요, 미래가 되었다.

물론 일본제국주의의 도시화 과정과 해양으로의 진출은 쉽지 않았다. 많은 준비를 거쳤고 더 많은 시행착오를 거쳤다. 물론 내재적으로는 개발

코로나가 바꿔버린 일상을 묘사한 연합뉴스 그래픽

도상국들이 겪는 도시화 특징을 다 겪었다. 수도로의 집중, 과잉도시화, 도시 비공식 부문의 존재 등이다. 그런데 이러한 현상은 이미 일본의 식민지 도시 속에 나타난 공통된 현상이다.[28]

일본 식민시대 부산의 발전과정은 개항과 더불어 몇 단계를 거쳐 변화한다. 해방 이후 귀국인파의 수용, 한국전쟁기 피난민의 정착 등으로 부산은 식민도시의 유산을 확대 재생산한다. 도시 과잉화와 비공식부문의 확대는 피할 수 없는 상황이 되는 것이다. 이러한 과정에서 도시공간의 왜곡현상이 나타나는 것은 필연적이다. 한 마디로 부산은 지난 70년간 주류세력이 아닌 주변부에 머무는 한계를 늘 유지해 왔다. 전쟁 후 근대화 과정 역시, 항만과 공단이 확대 재생산되는 과정으로 나타난다. 한 마디로 해양의 주체세력이 아닌 항만물동의 잡역기능으로서만 그 기능을 감당했기에 가까운 울산이나 창원 마산보다 못한 공업의 발달을 가져왔다

일제가 형성한 부산진 공단이 사상을 거쳐 장림으로 확대되고, 결국 이제는 녹산과 김해로 옮겨갔다. 냉전체제는 남한을 섬으로 만듦과 동시에 부산의 위상을 항만물류와 작은 공업단지의 형성으로 만족하게 했다. 수출주도형 경제성장정책에서 부산은 서울에 종속된 도시가 되고 말았다. 얼마든지 독자적인 생존과 번영이 가능했음에도 불구하고 항상 언저리를 맴돌았다. 이 도시는 고밀도, 무계획, 이종혼재가 장기존속으로 급속히 가속화되었다. 이러한 도시에서 도시정체성을 찾긴 힘들다. 이보다 혼란스러운 잡다함과 만나게 되는 것의 과정을 거쳤다.[29]

봉일범의 글대로 "부산은 이러한 누적도시의 전형이다." 재개발과 지구단위 개발이라는 국지적인 수정과 개입만을 반복하고 있을 따름이다. 냉전체제 와해 이후 중국과의 교역 확대는 인천에게는 일정한 역할을 위임했다.[30] 중국특수는 부산에 큰 영향을 주지 못했다는 말이다. 앞으로 이를 타개할 수 있는 가장 탁월한 방법은 부산만이 가지고 있는 특장점을 살리는 것이다. 그래야 지방분권 시대에 걸 맞는 독자적인 발전을 모색할 수 있다.

중앙정부는 권한을 이양해야

필자가 서문에서도 밝혔듯이 경제, 무역, 인구 면에서 월등했던 중국과

일본이 근대사에서 서구의 식민지 정책에서 소외되고 낙후되었던 것은 역설적이게도 강력한 중앙집권적 봉건체제였기 때문이다. 조금 도발적이긴 하지만 부산을 차라리 독립된 도시국가로 선포해야 할지도 모르겠다. 산업의 분산과 왜곡으로 인해 부산은 상대적으로 손해를 보고 있다. 조선과 자동차 산업은 울산으로 전자와 반도체는 경북으로 빼앗긴 상태에서 오직 해운 항만 한 가지로, 부산의 경제적 능력을 확대한다는 것은 참으로 요원하다.

거기에다 국제정세는 어떤가? 지금 한반도를 둘러싼 국제질서는 심각할 정도의 위기를 맞고 있다. 현(現) 정권만이 '아! 몰라(?)'로 외면하고 있을 뿐이다. 백 몇 십 년만 거슬러 올라가보면 지금 일어나고 있는 동북아의 지형변화가 읽혀진다.[31] 분명 세기적인 변화가 일어나고 있음에도 불구하고 지방정부로서 할 수 있는 일이 거의 없다. 하지만 행인지 불행인지, 지금 한반도 주변은 중국의 도발로 인한 새로운 패권다툼이 일어나고 있다. 동지나해와 남지나해를 중심으로 벌어지고 있는 영유권 다툼은 미·일·중의 분쟁에 있어 일부일 뿐이다. 여기 전 세계의 패권을 노리는 중국공산당의 야욕이 숨어 있다. 그래서 지금 새로운 의미의 청일전쟁과 새로운 의미의 태평양전쟁이 발발직전까지 이르렀다고 말할 수 있다. 이러한 때 부산은 독자적으로라도 시대의 흐름에 대처해야 한다. 그렇게 하려면 부산독립은 아니더라도 부산특별자치시의 특별한 지위가 필요하다.

현재 한국의 모든 정치적 상황은 동북아 특히 한국과 홍콩, 그리고 대만을 중심으로 벌이고 있는 중국의 패권적 야욕의 결과 때문에 생긴 것이다. 이러한 때 부산은 새로운 기회를 잡아야 한다. 기회를 잘 잡아 선용해야 한다. 이 기회를 놓치게 된다면 여전히 부산은 쇠퇴의 길을 걷다가 조용히 역사 속으로 사라져 갈 것이다.

부산이 가지고 있는 최대의 특장점인 해양으로 전진하여, 4차 산업혁명과 함께 불어오는 4차 개항을 온몸으로 받아들여야 한다. 그러면 생각지도 않은 기회를 잡을 수 있다. 반면, 준비 없이, 기대감 없이 정쟁(政爭)의 소용돌이에 빠져 하릴없이 세월만 낭비한다면 머지않은 미래에 후손들로부터 비난을 면키 어려울 것이다.

부산에 핀(PIN)이 있다.

부산을 규정하는 해양수도, 세계도시, 영상산업도시 등은 이제 좀 진부한 면이 있다. 따라서 이제 새로운 부산의 전략을 세워야 할 때가 되었다. 현재 부산이 최상위 계층에 있는 세계도시 축에 끼지도 못한다. 홍콩이나 싱가포르가 1차 세계도시로 분류된다. 서울은 이들에 비해 2차 세계도시이다. 이제 목표는 부산이 세계도시가 되는 것이다. 그렇게 하려면 서울 예속에서 벗어나 스스로 도약하겠다는 의지를 가져야 한다. 그렇게 하려면 획기적인 전환을 맞아야 한다. 혁명적 발상이 필요하다는 것이다.

그러면 세계도시가 되기 위해 부산은 어떠한 도시 전략을 수립해야 할

|그림 32| 부산국제영화제 포스터

까? 기존의 서구의 공업도시 쇠퇴기 극복 방안으로 제기된 문화도시 전략만으로는 불가능하다. 기존의 이미지에 조금 더 덧대는 방식으로는 근본적인 해결책이 나올 수 없기 때문이다. 무엇보다 부산은 주력 산업으로 관광컨벤션 산업과 두바이식의 매립과 자유경제지역, 케이맨제도와 같은 조세피난처형 면세 혹은 감세형 신국제도시를 만들어 줄 필요가 있다. 그 지역은 기존의 상업, 금융, 무역 지역이 아니라 영종도와 같은 대단위 매립, 혹은 부유식 메가플로팅 건설을 통한 부지 확보와 신도시 건설을 할 필요가 있다.

우리의 아이디어에 하나의 힌트를 주는 도시가 있으니 바로 두바이다. 두바이는 도시일까? 국가일까? 둘 다 정답이다. 독립된 통치자인 국왕이 있고 자치가 이뤄지기 때문에 국가다. 하지만 UN에 두바이란 나라는 없다. 월드컵과 같은 국제대회에도 두바이를 찾기란 불가능하다. 두바이는 아랍에미리트연방(UAE)을 구성하는 7개 토후국(이슬람 문화권에서 아미르가 통치하는 나라 또는 지역) 중의 하나인 두바이 토후국의 수도이다. 두바이 인구는 약 220만 명(2019년)이다. 두바이는 중동과 페르시아 지역의 중심지로 성장하고 있고 세계적인 대도시로 발전하고 있다. 많은 방송 뉴스를 통해 들어 알고 있지만, 혁신과 신기술의 첨단을 만들어 달리고 있다. 거기에다 혁신적인 프로젝트와 대형 스포츠 행사, 두바이 엑스포로 주목받고 있다. 이 도시는 지금 모든 실현 가능한 실험들을 도시건설을 통해 이루어내고 있다. 보기만 해도 아찔한 빌딩과 타워, 그리고 예술적으로 바다를 매립하여 분양하는 기상천외한 아이디어로 세계를 놀라게 하는데, 우리도 이러한 발상의 전환을 이루어 내어야 한다.

두바이의 상상력을 뛰어넘어라

지금도 두바이는 살아있는 생명체처럼 끊임없이 변하고 있다. 한 마디로 말해 두바이의 실험은 성공했고, 끊임없이 성장하고 변화하고 있다는 것이다. 석유고갈에 대비해 적극적 개방정책으로 산업구조 개편을 시도한 두바이의 실험이 지금도 계속되고 있다는 점이 중요하다. 금융·관광·무역허브 등을 중심으로 한 대규모 개발 프로젝트는 초고층 빌딩인 버즈칼리파, 야자수 인공섬 팜 쥬메이라, 실내 스키장 등 관광 인프라를 탄생시켰다. 규제완화로 대표되는 경제자유구역 지정으로 해외기업 유치에 성공했으며 두바이 인터넷 시티, 미디어 시티, 헬스 시티 등 특구를 조성하고 있다.

아직도 계속해서 두바이 운하(Dubai Canal), 여전히 진행 중인 알라딘 시티(Aladdin City), 세계 최대 관람차 두바이 아이(Dubai Eye) 등이 두바이를 새롭게 바꾸어 가고 있다. 이러한 초대형 프로젝트는 당초의 계획대로 두바이 국내총생산(GDP)에서 석유관련 의존도를 낮춰 가려는 노력 중의 하나인데 이것은 상당히 성취되었다고 할 것이다.

역사는 머무는 자에 대해 기록하지 않는다. 상상하고 개척하고 투자하며 진취적으로 나아가는 자를 기록한다. 도시도 마찬가지이다. 가만히 머물면 그것은 안정이 아니라 도태를 가져온다. 한 도시 내에서도 도심공동화 현상이 생기는 것처럼, 부산이 아무 것도 시도하지 않으면 아무 것도 얻을 수 없다.

역사는 만드는 자의 몫

두바이 프로젝트의 경이로움은 '세계 최대 규모'에만 있는 것이 아니다. 테슬라모터스의 CEO인 엘론 머스크(Elon Musk)의 우주여행 프로젝트(SPACE X), 초고속 진공열차(하이퍼 루프)와 같이 우리의 삶을 바꾸어 놓는 새로운 패러다임을 추구하고 있다는 점은 우리의 상상을 뛰어넘고 있다.

재밌는 것은 부산시의 자매도시가 두바이의 인공섬 팜 쥬메이라라는 점이다. 두바이는 사막의 도시 중동에 '실내 스키장'을 만드는 것을 시작으로 그 상상을 실현하더니 완전한 인공섬을 만들었다. 무수히 많은 프로젝트를 실현해 가는 것에 머물지 않고 새로운 시도도 이루고 있다. 대표적으로 현재 건설 중인 '월드 두바이 몰(Dubai Mall of the World)'은 열고 닫히는 돔으로 실내외를 모두 즐길 수 있다. 두바이와 아부다비를 단 12분 만에 오갈 수 있는 진공열차도 계획 중에 있다고 하니 그들의 기술적 시도의 끝은 상상하기 어려울 정도이다.

두바이 프로젝트의 또 다른 놀라움은 바로 천일야화와 같은 다채로운 이야기와 인간의 꿈이 고스란히 녹아 있다는 점이다. 팜쥬메이라를 관통하는 모노레일의 종점은 전설의 섬 아틀란티스와 같은 이름을 가진 꿈의 호텔 아틀란티스이다. 두바이를 마치 사진 액자처럼 담은 '두바이 프레임(Dubai Frame) 프로젝트'는 가운데가 뚫려있는 초고층의 건물 사이로 한 쪽으로는 올드 두바이, 다른 한쪽으로는 현대적인 두바이의 모습을 서로 볼 수 있는 놀라운 상상력을 보여줬다. 두바이 운하에 함께 조성된 수상 주택은 완전히 물에 떠있어 보트나 산책로를 통해 들어갈 수 있다. 세계 최고의 빌딩인 버즈칼리파 건물 전체에서 펼쳐지는 LED쇼는 기계적 아름다움의 극치를 보여준다. 다양한 스토리의 쇼를 통해 왜 두바이가 세계 최고의 도시가 되고 있는지를 확인할 수 있다.

미래도시적인 박물관이라는 이미지 외에 과거의 전통체험이라는 요소

|그림 33| 두바이에 건설되고 있는 하이퍼 루프 개념도

를 그대로 배치하고 있다는 점도 부산이 배워야 할 청사진이다. 아라비아의 전통시장인 '수크(Souk)'는 쇼핑은 물론 두바이를 이해하는데 중요한 부분이다. 과거 유목생활을 하던 카라반이 이동하는 지역에서 열리던 야외시장을 의미하는 수크는 전통시장과 마켓 등을 통칭해서 사용되기도 한다. 두바이의 수크에서는 독특한 정감을 느낄 수 있는데 화려한 금, 수공예직물, 향신료 등 아름답고 다양한 제품을 볼 수 있다.

두바이의 대표 수크는 아랍 최대의 금시장인 '골드 수크'와 향신료, 허브 등을 파는 '스파이스 수크', 수공예 직물, 기념품 등을 판매하는 '올드 수크' 등이다. 독창적이고 개성 넘치는 아라비아 디자인의 귀금속을 판매하는 '골드 수크'는 '데이라 골드 수크'를 비롯해 도심 곳곳에서 만날 수 있다.

오랫동안 아랍의 무역품이었던 향신료 시장도 그냥 지나쳐서는 안되는 곳이다. 전통시장인 수크의 독특한 원형이 보존돼 있는 곳도 있지만 관광 상품화를 위해 세련되게 변신한 수크들도 관광객의 눈을 사로잡고 있다. 부산의 자갈치시장과 부평동 깡통시장, 영화에도 나왔던 국제시장을 세계 적 시장으로 키우려면 사람이 몰려드는 도시로 만들어야 한다. 한 마디로 하나가 여러 개를 변화시킨다.

활력 넘치는 두바이는 많은 볼거리 외에도 도시의 매력을 느낄 수 있는 즐길 거리도 풍부하다. 그중에서도 차로 드넓은 사막을 달리는 체험은 세 계에서도 몇 곳만 가능해서 두바이 방문자에게는 필수 코스다. 하나가 제 대로 먹히면 자연스럽게 모든 연관 산업이나 문화가 꽃을 피우게 된다. 부 산 해상신도시 프로젝트는 거대한 변화를 일으키는 위대한 나비의 날갯 짓이 될 것이다.

02

홍콩 핵시트와 부산의 기회

홍콩 보안법 후폭풍

헥시트 현실화

핵시트의 현실을 알리는 YTN의 유튜브기사

자유도시 홍콩에서 국가도시 홍콩으로

홍콩은 동북아시아에서 영국의 강력한 보호아래 국가도시의 지위를 누려왔다. 하지만 이제 그 지위가 위협받고 있다. 그들은 어떤 경우에도 중국에 예속되지 않으려고 할 것이다. 물론 자본과 특별한 해외연고가 없는 일부는 중국당국의 일국일제 원칙에 순응하겠지만, 국가적 차원(여권, 화폐, 언어 등)의 조건들을 누려온 그들이 하루아침에 굴종적인 지배를 받지는 않으려 할 것이다. 그렇게 된다면 상당히 많은 수의 시민들이 탈출을 하려고 할 것이다. 이미 그 조짐은 나타나고 있다. 나는 여기에 부산 해상신도시의 역할과 위치가 있다고 생각한다. 사실 이 글을 쓰기 시작한 가장 큰 이유도 자유로운 시민들의 안식처, 즉 그들이 피난오기에 너무나도 좋은 지리적, 정치적, 그리고 정서적 장소가 되어주면 어떨까 하는 것 때문이었다.

홍콩은 한 때 면세지역이라서 조세피난처로 각광받기도 했다. 하지만 돈세탁 및 조세피난을 막기 위해 영국령 시절부터 계좌 개설이 아주 까다로웠다. 몇몇 시중은행은 아예 외국인을 안 받는다. 확실하게 홍콩의 HKID카드와 일정한 주소를 요구하며 몇몇 은행은 아예 홍콩인만 고객으로 받고 외국인의 계좌 개설을 금지하고 있다. 그리고 돈세탁 방지를 목적으로 은행에서는 조사관을 고용해 홍콩 경찰, 염정공서(홍콩의 반부패 수사기구 ICAC)와 연계하기도 한다. 1974년 이전까지는 물론 홍콩에서의 돈세탁 및 조세 포탈이 심각한 부정부패와 연동되어 매우 성행했으나 1974년 염정

공서 출범, 부패방지 3륜법 제정 등에 의해 1980년도부터는 돈세탁 및 조세피난 목적의 외국인 예금자들이 완전히 퇴출당했다.

그럼에도 불구하고 자본들이 몰려왔던 것은 홍콩이 금융강국이었던 영국의 시스템을 그대로 적용했기 때문이다. 그 일례로 중국은 자본이 없는 공산주의 국가다. 공업화를 이루고 경제발전을 이루려면 자본과 기술, 그리고 사람이 필요한데 사람은 넘치지만 자본과 기술이 부족했다. 중국은 사회주의를 실험한답시고 모택동이 대약진운동을 하면서 2차 대전으로 사망한 군인의 수보다 더 많은 인구를 아사시켰다. 그뿐인가? 그 뒷막음한다고 문화대혁명을 벌여 10년간 중국을 암흑천지로 만들었다. 그리고 최후로 선택한 것이 개혁개방이었다. 하지만 국가주도의 국가자본주의는 세계의 지탄을 받으며 몰락하고 있다. 마지막 수단으로 홍콩 장악을 통한 위기 모면을 꾀하고 있다.

홍콩에 드리운 검은 그림자

역사는 되풀이 된다. 공산주의 국가들에게 이 말이 더 잘 들어맞는다. 1978년 등소평은 사회주의 실험을 중단하고 "중국 특색의 사회주의 시장경제"라는 표현을 써가며 자본주의 체제를 도입했다. 그로부터 40년 중국은 미국 다음의 세계 2위의 경제규모를 이루게 되었다.

당시 자본의 내부축적이 없었던 중국은 필요한 자금을 해외로부터 유치했다. 1983년 이후 2018년까지 중국의 해외자본유치, FDI는 2.2조 달러에 달했다. 그런데 이들 자금의 46%인 1조 달러가 홍콩을 통해서 들어왔다. 2018년 기준으로는 67%가 홍콩을 통해 유입된 것이다.

홍콩은 중국에 있어 외자유치의 가장 중요한 전초기지 역할을 했다. 이 때문에 중국의 해외투자(ODI)는 이미 2013년부터 FDI를 넘어섰다. 중국은 자본수입국이 아니라 자본수출국이 된 것이다.

그래서 홍콩은 과거 자금부족시대 중국의 자금조달 창구로서의 중요성은 낮아졌고 오히려 지금은 중국자본의 해외진출 창구의 역할을 많이 하고 있다. 또 홍콩 증시는 세계 7대 시장에 들어갔다. 그러나 상장사 시총의 68%가 중국 본토기업이라는 것도 특기할 만하다.

지금 중국은 포춘 500대 기업의 기업체 수에서 미국을 제치고 세계 1위다. 그런데 사회주의 국가의 최대의 약점은 금융 레버리지가 없다는 것이다. "파이 나누기"는 강할지 몰라도 금융을 통한 "파이 키우기"는 젬병이다. 그래서 중국의 제조업은 세계최강의 호황을 구가하지만 금융은 취약하기 그지없다.

전체 기업자금의 80~90%가 은행을 통해 조달되기 때문에 세계 주요 경제대국 중 기업부채비율이 가장 높다. 중국에서의 자본시장의 역사는 1990년에 겨우 시작됐기 때문에 모험자본의 활용이 애초부터 약했다. 그래서 자본주의의 꽃인 자본시장의 발전이 부러웠다. 그러던 차에 1997년 홍콩을 반환받고 쾌재를 불렀다. 홍콩이 중국기업의 자금조달 창구가 되어

준 것이다. 덕분에 홍콩증시는 국가별로는 시총 기준 세계 4위이고 거래소 기준으로는 세계 7위로 올라서게 되었다. 중국은 홍콩증시 상장을 통해 투자자금을 끌어 모았다. 중국의 전력, 통신, 금융 등 기초산업들도 모조리 홍콩에 상장하면서 거대한 자금을 빨아들였다. 그래서 홍콩시장은 세계 7위의 시장이지만 정작 홍콩기업보다는 중국 본토기업이 주류를 이루고 있는 것이다. 2018년 기준으로 홍콩시장에 중국 본토기업은 기업 수 기준으로 50%, 시가총액 기준으로는 68%를 차지했다. 금융 강국 영국의 지배 하에서 홍콩은 자유무역과 개방정책을 그대로 금융에 적용한 덕분에 서방 자본의 대중국 진출의 교두보 역할로 돈을 챙겼다. 그리고 중국 본토기업의 홍콩증시 상장을 통한 자금조달 창구로 또 돈을 챙겨왔다. 하지만 황금알을 낳는 거위의 배를 가르는 악수(惡手)를 두고 말았다.

홍콩의 시대는 지나가고 있다

아쉽게도 그렇게 호황을 누리던 홍콩의 시대는 이제 역사 속으로 사라질 운명에 놓였다. 중국공산당 정부가 망하지 않는 이상, 홍콩은 민주주의가 사라지고, 자유시장경제체제가 상당부분 와해될 것이다. 그 동안 홍콩은 사회주의 국가 중국에 대한 투자를 꺼리는 서방자본에게는 세금 천국, 규제 없는 자유 금융시장으로서 중국에 간접 투자함에 있어 최적의 시장이었다. 하지만 황금알을 다 챙기려고 거위의 배를 가르고 있다.

이제 그 역할을 부산이 가져와야 한다. 특히 홍콩 달러화를 미국 달러화에 고정시킨 "달러 페그" 덕분에 외국인들 입장에서는 환리스크 없는 좋은 시장이었다. 그래서 홍콩은 아시아에서 외국인투자의 천국이 되었다. 현물. 선물. 파생 할 것 없이 최고의 시장이 되었다. 이제 홍콩 탈출 러시가 일어나면 대규모의 기업과 자본, 그리고 인구의 이동이 일어날 가능성이 높아졌다.

그러면 왜 중국이 홍콩흡수의 무리수를 둘까? 그 이유는 간단하다. 홍콩을 반환받은 중국의 입장에서 보면 이곳이 중국의 "통화주권"이 미치지 않는 치외법권지역이기 때문이다. 홍콩은 인민은행의 금리인상과 인하에 영향 받는 것이 아니라 미국 연준의 금리정책에 좌우되는 시장이다. 또한 위안화 역외거래를 통해 글로벌 헤지펀드들이 위안화의 환율조작 시도를 하지만 중국 입장에서는 마땅한 대처수단이 없다. 중국으로서는 자존심도 상하고 분통이 터지는 상황이다. 하지만 금융 약소국의 설움을 피할 수 없었다. 더더구나 최근 중국에서의 서방기업 탈출 러시가 이어지자 중국의 외환보유고는 급격히 떨어지고 있다. 또한 일대일로 사업으로 해외에 차관으로 빌려준 돈이 많아 외환금융당국을 긴장시키기에 이르렀다. 그뿐인가? 6,000만 세대가 넘는 미분양 주택은 중국의 신용에 빨간불을 켜게 했다. 그래서 나온 전략이 조기에 홍콩을 흡수해 버리는 것이다.

홍콩을 반환받은 것처럼, 홍콩자본시장을 인수해 버리고 홍콩달러의 달러 페그를 풀고 위안화와 연동시키면 속이 시원하겠지만 그러는 사이 홍콩에 들어온 외국자본은 모두 도망갈 가능성이 크다. 그러면 당장 중국기업의 자금조달에 문제가 생기고 홍콩상장 중국 국유기업의 자산가치가 반토막 날 가능성도 배제 못한다. G2중국이지만 금융 약소국의 설움을 톡톡히 받고 있는 셈이다. 그렇다고 손 놓고 있을 중국이 물론 아니다. 중국은 달러에 대항할 "위안화 국제화"와 홍콩을 대신할 자국내 "국제금융시장 건설"을 추진하고 있다. 하지만 이마저 미국의 견제를 받고 있다. 2019년 미중 무역전쟁과 홍콩시위사태의 와중에 2단계로 120㎢ 규모인 상하이 1단계 자유무역구 외에 린강(臨港)신도시 자유무역지구 119㎢를 추가 건설하는 계획을 발표했다. 이것이 성공할지는 아무도 장담할 수 없다. 여기에 부산의 제 4의 개항 가능성과 성공을 도모할 수 있다.

서방기업의 탈출과 홍콩

상하이 남동쪽 끝에 있는 린강 지역은 미국의 전기차 메이커 테슬라의 해외 공장이 들어서는 곳이다. 중국국무원은 린강 신도시 지역에 대한 대대적인 투자 및 세금 우대 정책을 발표했다.

반도체·인공지능·바이오 분야 기업에 대해서는 5년간 법인세 15% 감면 혜택을 주고 외국인 등에게는 주택 구매 때 혜택도 주기로 했다. 여기에 관세 면제, 해외 인터넷 우회접속 특권까지 허용한다는 대대적인 개발 청사진을 발표했다. 중국의 대외 창구 지위를 놓고 홍콩과 상하이 간 경쟁이 치열한 가운데 앞으로 린강신도시를 미니 홍콩으로 육성하겠다는 것이다.

해상신도시에 홍콩의 지위를 부여하자

왜 우리는 이러한 기상천외한 발상이 보이지 않는가? 한 마디로 상상력의 부족 때문이다. 상상력의 한계를 뛰어넘어야 역발상도 가능하고 혁명도 가능한 것이다. 2019년 8월18일 중국당국은 선전을 "중국특색 사회주의 선행 시범지구"로 건설하는 계획으로 포장해 발표했다. 중국 내 IT(정보기술) 기업이 몰린 선전을 특별경제구역으로 지정해 5G, 과학기술, 바이오 등의 산업을 육성하고 2025년까지 선전을 경제규모, 생활환경, 공공서비스 등에서 선진국 도시와 경쟁하는 세계적인 수준으로 육성하고, 2035년에는 중국을 넘어 세계를 선도하는 일류도시로 발전시키겠다는 목표를 제시한 것이다.

또한 글로벌 인재 유치와 특히 금융 분야에서 선전의 창업반 시장에 신기술기업 상장을 지원하고, 리파이낸싱, M&A 제도 등도 대대적인 개혁을 할 예정이란다.

중국정부는 이번 계획을 통해 선전을 홍콩 이상의 국제적인 도시로 키우겠다는 의도를 내비추었고 홍콩 자본시장을 뛰어넘는 금융 산업 육성을 계획하고 있다. 하지만 그것도 미국의 무역전쟁, 관세제재가 없을 때 이야기다. 지금 중국이 잦은 시위로 골치 아픈 홍콩을 삼키려고 하는 이유는 야심차게 내세운 프로젝트들이 미국의 유무형 제재로 지지부진하기 때문이다.

조세문제는 획기적인 세율이나 규제완화로 절세할 수 있는 제도를 마련한다면 새로운 홍콩의 탄생이 얼마든지 가능하다고 본다. 자유시장경제 체제 안에서는 누구든지 전 세계 어디에든 자신의 회사를 세울 권리가 있고, 각 법인은 자신이 등기된 국가에 납세의 의무가 있기 때문이다. A국의 국민이 B국에 설립한 법인은 A국에 납세의 의무가 생기지는 않는다. 왜냐하면 법적으로 법인을 설립자와는 독립된 별개의 존재로 간주하기 때문이다.

개인이 이민의 자유가 있는 것처럼, 법인도 이전의 자유가 있기 때문에 세율이 낮은 지역으로 이전하는 것이 법적으로 문제가 되는 일은 아니다. 조세 피난처를 불법적인 탈세에 악용하는 사람들이 나쁘지, 조세 피난처에 법인을 설립하는 행위 자체가 불법은 아니다. 구글과 애플 등 글로벌 기업들도 합법적으로 조세 피난처를 이용한다.

'피난'이라는 용어가 마치 무고한 양민이 전란이나 재난을 피해 도망친 것 같은 뉘앙스를 풍기기 때문에, 조세를 피하는 행위의 편법성·불법성을 희석시킬 수 있으므로 부적절하다는 의견도 있다. 그래서 조세 피난처라는 용어를 부적절하게 여기고 있다.

한국 기업들은 세계에서 3번째로 많은 자금을 조세 피난처에 맡기고 있다는 통계가 있다. 이것은 일정 기간에 유출된 검은 돈을 유추한 것인데 일단 선진국들은 모두 제외했고 이 순위에 나온 특정 나라들은 20년 정도의 기간을 따졌다. 예를 들어서 동유럽 국가들은 소련 해체 후 시간이 좀 흐르고 나서 추산한 것이지만 한국은 1970년대 이후부터 추산한 것이다. 하지만 한국의 경우는 탈세를 한 사람들 숫자가 그렇게까지 많지 않다.

대놓고 나라 콘셉트가 조세 피난처인 나라도 없지는 않다. 아일랜드는 법인세가 일반기업 12.5%, 첨단 기술기업 6.25%로 어마어마하게 싸기 때문에 구글, 애플, 화이자, 마이크로소프트 등의 유럽 본사는 전부 다 아일랜드에 있다. 그리고 아일랜드는 6.25% 법인세를 적용받으려면 5,000명 이상을 고용해야 한다고 의무화해 놓았기 때문에 구글, 애플, 화이자, 마이크로소프트 등의 사업장도 죄다 아일랜드에 있다.

이렇게 다양한 아이디어와 해외기업의 유치, 더 나아가 정주권과 독립적 자주권까지 제공하는 발상의 전환은 부산경제의 활성화를 위해서도 중요한 사항이다.

시중에는 4차산업혁명을 이야기하는 책들이 봇물같이 쏟아져 나오며 정치권에 경고하고 있다.

03

부산 시민을 세계시민으로
- 해상신도시 -

세계로 나아갈 길이 태평양에 열려있다

역사의 흐름을 이해하지 못하면 역사는 기다려주지 않고 먼저 가버린다. 흐름에 도태되는 나라나 민족 그리고 기업과 개인은 역사의 황혼 속으로 사라져 더 이상 기억하는 사람이 없게 된다. 마찬가지로 오늘을 살아가는 우리들이 깨달아야 할 사실은, 첫째로 철저하게 역사적인 흐름을 배워야 한다는 것이다. 온고이지신(溫故而知新)이란 말이 있다. 옛 것에서 새로운 지식을 배우는 공부, 지금은 그런 공부를 인문학적인 공부라고 하는데 이러한 인문학적인 공부는 AI시대가 와도 결코 인공지능이 따라올 수 없다. 독서를 통한 공부는 지혜가 되어 미래를 열어가는 아주 중요한 지표가 된다.

지금 부산 앞바다에는 100년 만에 올까 말까하는 기회가 와 있다. 100년 아성을 자랑하던 홍콩이 사라질 위기에 놓인 것이다. 그렇다면 홍콩의 행보는 무엇일까? 첫째는 중국의 지배에 들어가 일시적으로 반짝 중국특수를 누리겠지만, 결국 국제자유시장경제 질서에서는 도태될 것이다. 둘째는 항거를 통하여 미영체제에 속하는 길이다. 이 길은 결국 전쟁이 아니고서는 얻을 수 없는 길이다. 셋째는 부산이 제공하는 대체재를 찾아 일단 자본의 이동을 하고 세계질서가 재편되기를 기다렸다가 다시 홍콩으로 복귀하는 것이다. 세 번째 안이 가장 합리적인 것은 시간을 벌 수 있다는 장점이 있고, 제2의 피난처로서 부산의 해상신도시 특구가 홍콩에게 새로운 기회의 땅이 될 수 있기 때문이다.

역사의 흐름을 잘 읽으면 다음의 역사가 어떤 방향으로 흘러갈지를 알게 되는데, 이때 직관과 지혜로 잘 선택하여 그 방향으로 가야한다. 그런데 그 변화를 읽지 못하고, 거저 남이 차려주는 밥상이나 받아먹겠다는 생각을 가지고 안일하게 공부하거나 정치하면 안된다. 그러면 지나간 버스 손흔드는 형국이 되어 땅을 치고 후회하게 된다.

개혁과 진보의 상징 항구도시

부산은 그 지리적 특성상, 항상 개항과 더불어 개혁의 파고를 가장 먼저 받아들여야 했다. 이 점은 부산의 형성과 발전에 긍정적인 요소로 작용했고, 거꾸로 철 지난 해수욕장처럼 모든 공을 수도권으로 넘겨준 채 끈 떨어진 연 신세로 전락하기도 했다. 3번의 개항이 그러했고 2번의 임시수도 경험이 그러하다.

이제 부산은 또 한 번 세찬 혁명의 바람과 파고를 끌어 들여와야 한다. 그래야 부산에게 기회가 열리고 국가에 봉사할 기회를 한 번 더 얻게 되는 것이다. 그러한 측면에서 부산을 부흥시키는 리더가 한국을 부흥시킬 수 있다고 감히 말하는 것이다.

19세기만 하더라도 도시에 사는 인구는 세계인구의 10%에 불과했다. 그러던 것이 20세기에 이르러 전 세계인구의 절반인 30억이 도시에 거주하고 있다. 아울러 다가오는 2030년대에 가면 도시인구가 전체 인구의

70% 가까이 이를 것으로 예측된다. 우리나라의 경우를 보면 과히 틀린 말은 아니다. 현실은 도시르네상스, 도시혁명의 시대다. 무분별한 개발과 확장으로 환경오염과 무질서와 혼잡이 심화되고 지역간, 계층간 격차가 커지고 있는 것은 사실이다. 이로 인해 도로건설, 자동차 보급의 확대가 도시를 고층화하고 거대화하게 했다. 그러면서 또 도시 중심부 모순을 주변부로 해소하는 교외화 현상이 심화되면서 기존 도심의 슬럼화 공동화라는 도시공통의 숙제를 안게 되었다. 부산 역시 그러하다.

한때 부산을 상징하는 거리는 60년대까지만 해도 전차가 다니는 길이 전부였다. 부산 대신동 구덕운동장 앞에서 출발하여 영도로 들어가던 1호선 전차와 동래까지 이어진 2호선 전차의 반경 안에 들어 있는 곳만이 시내였다. 그 외는 변방이었고 여전히 시골이었다. 그러다가 서면 부도심개발과 사직동으로 종합운동장이 옮겨가고 수영만이 개발되면서 부산은 급격히 북동쪽으로 그 중심축이 이동하였다. 뒤늦게 서부권의 소외현상을 해결하기 위한 방안들이 시도되었으나 낙동강 문화재 보호구역이라는 장벽에 막혀 여전히 그 숙제를 풀지 못하고 구도심은 점점 쇠락과 공동화현상의 진원지가 되고 있다.

도시는 정치, 경제, 사회, 문화, 환경 등 다양한 층위가 중층적으로 얽혀 있는 공간이다. 그래서 도시에 대한 인식의 변화를 도시 문제의 극복이라는 차원에서 확산시켜 나가야 한다. 더더구나 21세기에 이르러 과학기술과 발달과 세계화 현상에 따라 도시 패러다임의 근본적인 전환이라는 요청에 직면하고 있기 때문이다.

문제가 비전이 된다

부산이라는 도시가 안고 있는 3가지 문제가 있다. ①항구를 중심으로 더이상 확대될 곳이 없는 공간의 문제, ②기존 도심을 중심으로 심화되고 있는 공동화와 주민 이탈문제, ③먹거리를 더 이상 창출해 낼 수 없는 부산의 산업문제이다. 이의 해결을 위한 3가지 대안을 제시하여야만 한다. 그리고 가장 중요한 것은 이러한 프로젝트를 이끌어 낼 수 있는 자본의 준비가 있어야 한다. 어떻게 천문학적인 자본이 들어가는 해상신도시를 세울 것인가? 이에 대한 해답을 손정의와 크라우드 펀딩이 갖고 있다. 우리가 잘 알 듯 손정의, 재일한국인이라는 핸디캡을 극복하고 일본 사회의 벽과 싸워 이긴 소프트뱅크의 사장 손정의는 앞으로의 세계가 디지털이라는 패러다임에 의해 바뀔 것이라는 확실한 전망을 가지고 인터넷에 도전, 아시아 최고의 억만장자가 되었다. 그는 중국 알리바바의 마윈을 알아보고 투자하는 등, 유망한 미래 사업에 공격적으로 투자하여 본인뿐 아니라 4차 산업 생태계를 조성하는 일에 큰 몫을 했다.

가덕도신공항 저 너머 새롭게 세워질 미래 해상신도시는 제4차 산업혁명 시대의 신대륙이다. 인도로 가기 위해 모두가 아프리카 희망봉을 지나 말라카 해협으로 갈 때, 콜럼버스는 대서양을 횡단하기로 했다. 지구는 둥

글기 때문에 반대편으로 가면 반드시 인도가 나오리라 믿었기에 그는 신대륙의 분봉(分封) 왕으로 임명을 받을 수 있었다. 신대륙에서 얻은 부의 절반은 그의 것이 된 것이다.

오늘 부산 앞 바다에 그러한 신대륙이 있다. 공상과학영화에서 나올법한 그런 미래첨단 도시를 만들면 그곳이 제4의 개항지가 되는 것이고, 태평양을 중심으로 만들어지는 싱가포르, 대만, 홍콩, 두바이와 같은 도시국가가 되는 것이다. 부산을 새롭게 발견하는 그 사람이 대한민국을 새롭게 할 그 사람이 될 것이다.

아픔이 기회가 된 도시 부산

부산은 기회의 땅이다. ①내륙이 아닌 드넓은 해양으로 열려 있는 지형을 갖고 있기 때문이다. 그리고 ②해양으로부터 불어온 파고와 태풍을 잘 이겨낸 역사적 경험을 갖고 있기 때문이다. 뿐만 아니라 ③해양기질 특유의 수용성을 가진 심리적 기질 때문이다. 부산 인구의 상당수는 오래전부터 해양선원, 무역업, 개항에 따른 외국인들에 대한 관대함을 몸으로 익혀온 경험이 있다. 그렇기 때문에 글로벌화에 대한 이해를 넘어 세계시민의 소양을 갖추고 있다.

그리고 부산은 해양을 기반으로 하고 있기 때문에 중앙과 접경지역으로 가장 멀리 떨어진 곳 중의 하나이다. 그래서 정보기술의 발달에 따른 산업

부산! 독립선언

형태의 변화로 지식기반산업인 생명공학, 드론항공과 관련된 드론 택배, 드론 교통이동수단의 발전과 활용, 산복도로를 활용한 모노레일, 모노레일의 정거장마다 테마 마을을 조성하는 문화산업(문화콘텐츠 산업), 이에 따른 관광·레저산업 등등이 새로운 대안으로 떠오를 수 있다. 제4차 산업혁명 시대의 제조업에만 노동력을 제공하는 것이 아니라 새로운 산업에 창조적 활력을 부여하기에 매우 적합한 환경을 가지고 있다는 뜻이다.

기실, 세계화의 물결은 국가보다 도시의 위상을 높이고 있다. 도시가 국가의 부와 국가의 경쟁력을 창출하는 발전소가 되고 있다는 뜻이다. 그런 나라 중엔 싱가포르, 홍콩과 같은 도시국가도 존재하는 시대이다. 마치 고대 그리스 시대의 아테네와 같은 폴리스처럼 말이다. 이제 다시 진정한 의미에서의 도시브랜드 가치가 떠오르고 있다. 몇 년 전부터 떠오르는 화두인 지속가능한 개발 개념이 필요한 곳이 부산이다. 성장위주의 도시 개발은 하구둑 하류 다대포 앞 바다를 통해 두바이와 같은 새로운 도시를 만들어 주고 구도심은 환경과 조화를 이루는 도시 재생과 볼거리 먹거리 추억거리를 중심으로 하는 관광레저의 지속가능한 개발을 해야 한다. 그렇게 하면 오히려 무분별한 재개발로 인한 흉물스러운 고층아파트 건설이 항구도시의 미관을 해치지 않고도 얼마든지 지속가능한 발전과 성장을 이루어 낼 수 있다. 그중 가장 중요한 것이 가덕도 신공항 예정지 인근에 두바이식 해상신도시를 건설하는 것이다. 이름하여 "미래 해상신도시".

해상신도시가 미래의 산업이 된다

해상신도시 플랜트 사업은 잘만하면 미래의 산업이 될 수 있다. 홍콩과 같이 체제변화의 위협에 놓인 국가나, 일본과 같이 자연재해가 끊이지 않는 나라, 대만과 같이 늘어나는 인구에 비해 국토가 좁은 나라들 그리고 이미 두바이에서 보여준 것처럼 새롭고 창조적이며 혁신적인 도시를 디자인하려고 할 때 해상신도시는 분명 매력이 있다.

네덜란드 해양연구소에서는 축조된 인공섬을 활용해 해상도시를 건설하기 위한 시도를 계속하고 있다. 거대한 삼각형 모양의 플로팅모듈 87개를 연결한 이 인공섬은 지름이 약 5.1km인 인공섬을 가정하여 만들어졌다. 그렇다면 왜 하나의 큰 섬이 아닌 작은 섬 여러 개를 연결한 것일까? 이는 섬이 파도와 함께 움직이게 하기 위해서다. 하나로 만들 경우 잔잔한 파도 위에서 움직임은 적지만 큰 힘이 가해질 때마다 섬 자체가 받는 힘이 커지게 된다. 그래서 폭풍이나 파도가 거세게 몰아치면 인공섬의 안전 문제를 보장할 수 없다.

삼각형인 이유 역시 대각선이나 여러 방향의 파도에 휩쓸릴 수밖에 없는 사각형과 달리, 삼각형은 예측할 수 없는 바다 환경에서도 유연하게 움직일 수 있다는 점 때문이다. 또한 이 섬들의 크기가 움직임에 얼마나 영향을 미치는지 알아보기 위한 실험도 계속되고 있다. 이 실험에 따르면 모듈의 위치와 크기에 따라 흔들리는 움직임이 다르다. 파도를 받는 모듈이 충격을 흡수하면서 안쪽으로 들어갈수록 움직임이 훨씬 적어지기 때문이다.

수많은 연구 끝에 충격을 흡수할 수 있는 작은 섬들을 여러 겹으로 배치하면 중심부의 가장 큰 섬은 사람이 살기에 아주 적합할 것이라고 말한다. 아마 이 곳에는 큰 빌딩이 세워지지 않을까?[32] 외곽에는 파도의 충격을 흡수할 수 있는 항구나 에너지 허브, 어류양식장을 건설하고 중심부로 갈수록 인간의 주거지와 생활공간이 들어서는 날이 머지않은 것 같다.

해상신도시 플랜트산업의 메카 부산

우리나라 역시 대표적인 인공섬이 있다. 바로 2011년 한강에 부유체를 띄워 시공한 플로팅 형태 건축물 '세빛섬'은 현재 멀티미디어 아트 갤러리로 활용되고 있다. 이제 바다 위에 둥둥 떠다니는 도시를 만나는 것이 생각보다 가까운 미래가 될 수도 있다. 만약 그것이 실현된다면 그것은 부산 가덕도 앞바다 "미래해상신도시"일 것이다. 2050년까지 100억 인구가 안정적인 생활을 하기 위해서는 해수면의 피해를 받지 않는 새로운 공간이 필요하다. 그때를 위해 기술의 축적을 위해서도 반드시 필요한 것이 실험적 해상신도시 건설이다. 이를 위해 국내의 상황에 따라 적합한 해양공간의 기술 개발이 확립되어야 하는데, 가장 좋은 모델은 실제로 만들어보는 것이다.

20여 년 전에 부산엔 해상신도시 계획이 있었다. 부산광역시의 토지 면

적을 늘리고 1998년 만국박람회의 개최를 위해서 제안된 신도시 계획이
었다.

부산광역시는 지형 특성상 평지가 많이 없어서 시가지 개발에 제약이
따랐기 때문에 1989년에 해결책으로 당시 부산시장과 도시계획국장이 남
항 앞바다, 그러니까 영도와 송도 사이의 바다에 인공섬을 만들어 토지를
확장할 계획을 수립해 제1차 공유수면매립기본계획(안)을 제출해 건설부
의 승인을 받았다. 면적은 185만 평 정도로, 상주인구 4만 명과 유동인구
24만 명을 수용할 수 있는 규모이며, 인공섬 조성에 필요한 토석은 영도와
송도 일원에서 채취하려고 했다.[33] 규모가 규모인 만큼 만국박람회 개최
를 위한 시설과 주거시설을 비롯해 각종 공공기관과 관광시설, 상업시설,
또한 감천항 동편부두와 서편부두를 잇는 다리도 건설할 계획이었다. 항
만시설 등등 사실상 일개 광역시급의 인프라를 조성하려고 했다.

교통시설로는 남항대교를 통해 육지와 연결하며 버스 터미널도 계획에 포
함되어 있었다. 또한 도시철도 3호선을 통해 부산역이나 자갈치시장 일대와
영주동, 대청동, 남포동 일대를 순환하는 형태로 연결할 계획도 있었다.

부족한 토지문제를 해결하기 위한 대책이며, 경전철을 통해 육지와 연
결한다는 점을 봤을 때는 아무래도 일본을 모티브로 한 것 같다. 부산 해
상신도시도 컨벤션 센터를 비롯한 상업시설이 여럿 들어설 계획이었던 만
큼 계획대로 지어졌더라면 지금쯤은 각광을 받았을 것이다.

그러나 바다를 매립하는 것에 대해 환경 전문가들의 비판도 줄줄이 이

어졌고 그보다 더 큰 문제는 역시 재원이었다. 조 단위의 예산이 소요되는 사업임에도 착공 4개월 전까지 재원 조달 방안이 뚜렷이 없었던지라 사업 추진도 어려웠고, 1994년 무기한 연기라고 보도된 이후로 해상신도시에 대한 소식은 자취를 감췄다. 공식적으로 확인된 것은 아니지만 1997년 외환위기가 비수를 제대로 꽂은 것으로 보인다.

이후 이 인공섬을 연결하기 위해 계획된 남항대교는 급하게 설계변경을 하느라 부산항대교보다 밋밋한 형태가 되었다. 시대를 잘못 타고난 비운의 계획으로 회자되고 있다. 이후 2000년, 부산시에서 제2차 공유수면매립기본계획안을 제출하면서 재추진이 시도되는 듯하였으나 2001년 해양수산부는 수용하지 않았고 확실히 무산되었다. 마산도 비슷한 사업을 추진하여 매립단계까지는 왔다. 하지만 정확한 비전이나 계획 없이 졸속으로 추진하다보니 애물단지로 전락하고 말았다.[34] 사업부지 매각 및 사업재원 확보가 지연될 경우 연간 68억 원의 사업비 증가가 우려되고 있다.

지난해 창원시는 추경예산으로 마산해양신도시 개발사업 민간자본 PF(프로젝트 파이낸싱) 대출 1,244억의 일부인 250억 원을 상환하고 나머지 대출금은 재 대출을 통해 상환할 계획이었다. 시 관계자는 월드컨벤션, 정원문화, 한류문화, 아트미디어 등을 포함한 여러 가지 방향을 고민 중이라고 밝혔다. 문제는 사업성이냐 공공성이냐를 놓고 갈등이 지속되고 있다는 것이다. 마산해양신도시 조성에 따른 사업비를 회수하려면 인공섬의 땅을 민간기업에 파는 방법으로 개발을 할 수밖에 없지만 난개발 우려가

지속적으로 제기되면서 공영개발 목소리가 높아진 것이다.

이런 문제 등으로 2015년부터 3년 동안 3차례에 걸쳐 복합개발을 위한 시행자를 공모했으나 주거상업 위주 개발, 신용도 미충족, 심의점수 미달 등으로 번번이 사업자 선정이 무산되었다. 민간사업자의 일괄계획·개발 방식으로는 민간이 추구하는 수익성과 시민이 원하는 공익성 확보에 공감 대가 형성되지 않자 창원시는 결국 새로운 개발방향으로 토지이용계획을 재수립 중이다.

실패는 힌트를 준다

왜 이런 실패사례들이 나오는가? 그것은 한국이라는 특수상황에서만 프로젝트를 구상하고 추진하기 때문이다. 발상의 전환이 필요한데 말이다. 그 발상의 전환이란 내수와 국내용만으로 개발해서는 어떤 소득도 얻을 수 없다는 것이다. 제 3의 개항이라고 할 만큼, 원하는 국가나 개인에게, 조차(租借)해 준다고 할 만큼 파격적으로 외자를 유치하여야 한다. 그렇게 하지 않고 국내의 자본력과 인프라만으로 구성하게 되면 아파트 부지만도 못한 구실을 하게 된다.

가덕도 앞 해상에 건설하고자 하는 미래형 해상신도시는 적어도 홍콩과 같은 법적 지리적 특혜를 부여해야만 한다. 그래야 외국, 특히 홍콩의 자본들과 고급인력들이 들어올 수 있다. 홍콩의 자본들이 몰려 들어오는 순간 영국과 캐나다의 자본과 시스템이 같이 들어 올 수 있는 것이다.

이를 위하여 시차차원에서 계획을 입안하고 전문가그룹의 연구와 적용 가능한 기술들을 수집한 뒤, 국가적 차원의 입법을 해야만 한다. 그런 다음 외국의 자본들과 펀드들을 대상으로 먼저 MOU를 체결하고 대단위 발족을 해야 한다. 그렇게 되어야 꿈의 해상신도시를 만들 수가 있다. 국책사업 이상의 성격을 가져야만 성공할 수 있는 프로젝트이다.

04
네트워크에서 초연결사회로

5G 초연결시대

선도국가
진입을 위한
필독서

초연결사회가 도래하는 것을 알리는 도서가 쏟아지고 있다.

정보가 미래를 지배한다

정보가 미래를 지배한다는 사회에서 이제 빅데이터가 빅브라더가 되는 사회가 도래하고 있다.

이메일을 처음 발명한 사람이 누군지 아는가? 15살 인도의 소년인 시바 아야두라이(V.A. Shiva Ayyadurai)다. 그가 1978년 최초로 창시했다. 사람들은 이메일 발명가가 레이 톰린슨(Ray Tomlinson)이라 생각하지만 실상은 15세의 천재 소년이란 것이 정설이다.

이메일이 대중화된 것은 1990년대 쯤이었을 것이다. 그런데 요즘은 별로 이메일을 사용하지 않고 주로 SNS라는 메신저를 사용하여 거의 모든 소식과 정보를 주고받는다. 심지어 원고도 SNS의 파일 첨부 기능을 통하여 보내니 얼마나 간편한지 모른다.

보통은 출판사와 원고를 주고받고 수정을 할 때에는 바깥에 있으면 근처의 PC방을 찾아가 컴퓨터를 열고 인터넷에 접속해 이메일을 보내야 했던 시절이 있다. 그런데 또 데이터 용량제한이 있어 사진이나 그림이 포함된 원고파일은 보내다가 끊어져 다시 보내는 일을 수십 번씩 반복해야 할 때도 있었다. 그러나 지금은 백과사전 한 권의 파일이 10초면 전송이 끝난다. 그렇게 진화에 진화를 거듭한 다음이나 네이버는 인터넷기반의 포털에 머물지 않고 발빠르게 카톡이나 라인과 같은 SNS으로의 서비스를 확대했다.

하지만 이제는 정보가 통째로(클라우드) 이동한다. 정보의 양과 질이 결국 세상을 통치하는 힘이 된다. 역사를 자세히 살펴보면 정보를 많이 가진 국가나 개인이 항상 앞서갔다. 로마 황제 율리우스(*영어식으로 일관되게 표기하려면 줄리어스 시이저) 카이사르는 전쟁의 중요한 결정을 내리는 일에 누구보다 속도를 중요시 했다. 이것은 정보, 즉 객관적인 지식의 중요성을 일찍이 깨달았단 뜻이 된다. 그는 정보의 중요성을 알고 자신의 정치에 이용한 사람이 되었다. 여러분도 알 것이다. 로마는 사통팔달의 도로망을 건설해 세계를 제패했다는 것을, '모든 길은 로마로 통한다'는 격언이 생길 정도였다. 당시 로마가 건설한 도로망은 이탈리아는 물론 유럽, 북아프리카, 중국에까지 뻗어 있었다. 사실 실크로드는 중국과 무역을 위한 교역로였고, 로마의 도로망 건설은 피라미드나 만리장성 건축과 맞먹는 대규모 토목공사였다.

이러한 도로는 결국 중요한 정보의 전달을 원활하게 했고 나아가 제국을 하나로 묶어 통치하는데 중요한 역할을 했다.

지나간 21세기의 초반부는 정보 고속도로라 일컫는 초고속 정보통신망을 지배하는 나라에게 지배권이 돌아갔다고 볼 수 있는 시기였다. 그런 점에서 볼 때 우리는 세계 최고의 정보고속도로를 확보하고 있다. 또 메모리 반도체 생산량에서부터 초고속 인터넷 사용률, 네티즌 참여도 그리고 휴대폰의 사용률과 사용빈도도 단연 세계 1위라고 할 수 있다. 4차산업혁명이 태동할 수 있는 중요한 기술과 인프라를 갖추고 있다. 네트워크와 모바일 연결을 넘어 초연결사회(사람, 사물, 인터넷이 함께 연결되는 사회)가 우리만큼 구현되기 쉬운 나라도 드물다. 정치지도자들은 이것을 잊지 말아야 한다. 특이점이 예상되는 21세기 중반에는 모든 세상 사물이 다 초(超)연결이 되어 흔히 말하는 사물인터넷과 위치추적시스템에 의한 자율주행, 그리고 가상현상의 연결망까지 더해져 상상도 할 수 없는 전혀 다른 시대가 열린다는 것을 잊으면 안 된다.

클라우드를 쥔 자, 천하를 주름잡는다

"과거가 PC 시대, 지금이 스마트폰 시대라면 앞으로 10년은 스마트카 시대다." 지난 해 삼성전자가 세계 1위 전장 업체 하만(HARMAN)을 인수한 이후 기자간담회에서 박종환 삼성전자 전장사업팀 부사장이 강조한 말이다. 한편 가트너의 제임스 하인즈 책임연구원 또한 "커넥티드카는 궁극의 모바일 디바이스로 변모하면서 새로운 형태의 디지털 비즈니스를 전개하고 혁신을 불러일으킬 것"이라고도 했다. 이들의 말처럼 지금의 스마트폰 시장의 성장은 둔화되고 있다. 이제 4차 산업혁명 시대를 앞두고서 많은 BM(Business Model) 중에 스마트카를 두고, 왜 세계적 기업인 삼성, 구글, LG, 네이버, 애플 등이 플랫폼 주도권 싸움을 두고 각축전을 벌이며 혈안이 되어 있을까?

세계가 인터넷이라는 정보망으로 온통 하나가 된다고 했는데 그것도 이제는 옛말이 되었다. 왜냐면 이제는 통신 수단으로서의 연결이 아니라 사람과 사람을 뛰어넘는다. 사람과 사물, 사물과 사물의 초연결시대가 도래했기 때문이다. 이러한 초연결 때문에 다음 시대는 전혀 예측할 수 없는 제4차 산업혁명이 시작된다고 보는 것이다.

단순한 정보의 독점이나 공유를 뛰어넘어 사람과 자동차가 연결되고 자동차는 자율주행을 위해 도로와 모든 지도가 연결이 되어 스스로 갈 길을 가는 시대가 가능하게 된 것이다. 이 놀라운 초연결사회는 기회이지만 위기이기도 하다. 하지만 이 위기와 기회가 공존하는 시기에 또 새로운 도전이 필요하다. 도전에 응전할 것인지 아님 순응할 것인지에 따라 다음 세대의 주인이 되느냐 아님 노예가 될 것이냐가 결정된다는 것을 꼭 기억하기 바란다.

05

조개화폐에서 암호화폐까지

모든 것이 내 손안에 들어온다.

핀(FIN)테크는 판(FANCY)세상을 만들 것이다

이제부터 돈은 어디에도 없고, 어디에도 있는 시대가 될 것이다. 그래서 앞으로의 시대는 블록체인이 대세를 이룰 것이다. 암호화폐(暗號貨幣, 가상화폐: cryptocurrency)는 국가도시 시대의 상징이 될 것이다.

'돈이 변한다?' 그리하여 핀(FIN)테크는 판(FANCY)세상을 만들 것이다. 생각해 보면 인류가 이 땅에서 경제생활을 영위한 이래 돈에 얽힌 에피소드만큼 많은 에피소드도 없다. 보통사람들은 돈이 곧 부(富-재물)라고 생각하고 있다. 그런데 돈의 실체는 항상 존재하지만 신기루처럼 가상으로만 존재하는지도 모를 일(?)이다.

한 물건의 가치는 '얼마나 희귀한가?' 하는 희소성과 '얼마나 다양하게 쓰이는가?' 하는 유용성으로 결정된다. 수천 년 전 아마도 사람들이 물건에 가치를 부여하기 시작했을 무렵에, 사람들은 하루하루 살아가는데 필요한 것 이상으로 축적하려는 충동을 받았을 것이다. 그 이유는 수확하는 시기와 수확한 것을 사용하는 시기가 계절별로 달랐기 때문이다.

시간이 지나면서 가치의 저장수단으로써 화폐의 기능을 했던 다양한 물건들이 있었다. 그중 가장 널리 쓰였던 것이 조개였고 그 외에 스코틀랜드 북서쪽의 헤브리디즈 열도에서는 자리를 펴는 멍석이 화폐의 형태가 되었다. 태평양의 캐롤라인 군도에서는 구멍 뚫린 돌 바퀴가 화폐가 되기도 했었고 알래스카에선 생선, 멕시코에선 코코아씨, 인도에선 쌀, 이집트에선 벽돌, 몽골에선 차(茶)가 돈의 역할을 했었다.

기술의 총아(寵兒), 암호화폐

종이화폐를 넘어 암호화폐(가상화폐)시대가 오고 있다. 바야흐로 인류 역사상 처음으로 현금이 완전 필요 없는 세상이 성큼 다가왔다고 여겨진다. 이른바 전자화폐를 이용한 전자결제로 기존의 상거래는 물론 은행업무 심지어 국가간 결제까지 이뤄지고 있기 때문이다.

중앙은행총재단 회장이었던 한스 티트마이어 독일 분데스방크 총재에 의해서 전자결제를 국제 표준화함으로써 스마트카드 시대가 열렸다. 우리

현재 나와 있는 암호화폐종류

가 흔히 쓰는 신용카드, 직불카드, 신분증 등 여러 기능을 하나로 모은 '스마트카드'가 점점 대중화되고 있다. 스마트카드인 전자화폐가 직불카드와 다른 점은 일반 상거래의 결제 뿐 아니라 국가간 거래 수출대금 지불 등등 모든 거래가 인터넷이나 모바일을 통해 나기 때문에 크게 거래비용이 발생하지 않는다는 장점이 있다. 마음만 먹으면 해커가 전자결제 네트워크에 침투해 혼란을 일으킬 경우 전 세계의 금융망이 마비될 수 있다는 단점도 있다.

전자화폐의 개념을 뛰어넘고 종이화폐나 스마트화폐의 개념을 뛰어넘는 전혀 다른 개념의 화폐가 등장하는데, 요즘 사람들에게 가장 잘 알려진 비트코인과 같은 암호화폐이다. 발행하는 중앙은행도 없고 통용되는 수량도 한정되어 있고 눈으로 보거나 손으로 만질 수 있는 형태도 없는데, 점점 비트코인과 같은 암호화폐가 경제의 형태를 바꾸어 가고 있다.

그러면 암호화폐와 블록체인 기술은 어떤 것인가? 앞으로의 시대는 제4의 산업혁명이라고 부르는 전혀 다른 시대가 도래할 것이라고 보는 전조 중의 하나가 가상화폐의 통용과 보편화이다.

그러면 왜 비트코인을 왜 블록체인이라 부를까? 앞에서 말한 것처럼 매 10분마다 거래내역을 하나의 블록으로 만들어 마지막 블록(거래내역)뒤에 추가하여 붙이는 형태이기 때문에 그 모양이 자전거 체인같은 개념이라서 블록체인이라 부른다.

물론 비트코인 외에도 이더리움과 같은 다양한 암호화폐가 있다. 때문에 앞으로는 가상화폐가 전 세계적으로 활성화될 것이라는 견해가 우세하다. 하지만 초기에는 기존 화폐체계의 반발이 무척 심할 것으로 보인다. 왜냐면 십 세기 이상 흘러온 실물화폐의 경제체제가 자신의 우월적 지위를 쉽게 포기하지 않을 것이기 때문이다. 하지만 로봇사회, 웨어러블 사회, 자율주행차량 시대가 도래하면 기존의 종이 화폐나 신용카드 화폐로는 결제가 점차 어려워지고 스마트카드를 넘어서 전 세계에서 통용이 가능한 암호화폐가 제4차 산업시대에는 더욱 각광받게 될 가능성이 높다.

물론 비트코인이 문제점이 없는 것은 아니다. 비트코인은 국가간 거래, 해외 송금 결제를 하는데 유용하지만 한편 익명성 때문에 마약, 무기 거래, 돈세탁 등의 음성적인 부분으로도 활용되기에 유리하기 때문이다. 거래내역이 모든 이들의 전자지갑에 저장되기 때문에 해킹이 거의 불가능하다는 장점이 있다. 그럼 비트코인의 규모는 얼마나 될까? 2009년부터 140년간 총 2100만 비트코인이 채굴될 예정이라고 한다. 그리고 1비트코인은 소수점 아래 8자리까지 쪼개질 수 있게 설계가 되어있다. 이를 사토시(비트코인 창시자 나카모토 사토시의 이름을 따서)라고 부르는데 즉 1비트 코인은 1억 사토시가 된다. 즉 비트코인 총량은 2,100조 사토시까지 쪼개어 사용할 수 있다는 것이 기본설계이다. 1비트코인이 1,000만원이면 1사토시는 10원이 되는 구조이다. 그리고 비트코인은 132년 후인 2149년에 사용이 정지되게 된다.

전문가들은 제4차 산업혁명 시대에는 가상화폐가 활성화될 것이라고 모두 입을 모았다. 그럼에도 2015년까지 가상화폐를 화폐로 인정하는 나라는 없었다. 지난 2015년 독일이 가상화폐를 화폐로 인정하자 유럽연합에서도 가상화폐에 관심을 가지게 되었다. 2016년 들어 다보스포럼에서 제4차 산업혁명이 크게 이슈가 되고 동전, 현금 없는 사회에 대한 인식이 확산되면서 가상화폐가 주목받기 시작했다. 특히 2017년 들어 일본을 비롯하여 가상화폐를 화폐로 인정하는 나라들이 속속 등장함으로 가상화폐는 우리 생활 깊숙이 들어오기 시작했다.[35]

해외에서는 비트코인을 법정 화폐로 등록하고 이웃 나라 중국의 가장 큰 포털사이트인 '바이두'에서도 비트코인을 이용한 결제가 가능하도록 했다. 암호화폐이지만 현금으로 사고파는 것도 가능해 대학 등록금을 비트코인으로 받는 곳까지 생겨날 정도이다. 비트코인과 같은 암호화폐는 실체가 없는 온라인 화폐이지만 이를 소유한 사람은 '전자지갑'이라는 곳에 담아둘 수 있다. 비트코인은 네이버 '캐시'나 싸이월드 '도토리'와 같지만 사용 범위가 다르고 현금처럼 사용할 수 있다는 점에서 충분히 매력적인 통화 단위라고 여겨진다.

이 암호화폐의 운명은 지금으로서는 미지수다. 하지만 발전에 발전을 거듭하면 어떤 모양으로든지 우리에게 유용하게 쓰일 날이 오지 않을까 전망해 본다. 그리고 새로 만들고자 하는 가덕도 앞 이순신 미래해상신도시는 가상화폐가 실험적으로 완벽하게 구현되는 특구로 만들어 봄직하다.[36]

스마트 항만, 드론 특구

이미 와 있는 미래

BMW, 도요타, 볼보 등 주요 자동차 제조기업을 컨설팅하고 있는 독일의 롤랜드 버거는 4차 산업혁명을 '이미 와 있는 미래'라고 정의하였다.[37] 스마트 공장이 제조업의 생산성을 증가시키고 자율주행차가 새로운 교통 생태계를 창조하고 있다. 또한 로봇, 빅데이터, 클라우드, 3D프린터, IoT(Internet of Things) 등 다양한 신(新)기술이 산업간 영역을 붕괴시키고, 우리 사회 곳곳을 창조적으로 파괴하고 있다.

4차 산업혁명의 핵심 기술의 적용은 물류 분야에도 대대적인 변화를 예고하고 있다. 해운 분야에서는 자율운항선박의 출현이 예상된다. 자율운항선박이란 시스템이 선박 상태 및 주변 환경을 인식하고 스스로 판단하여 제어하는 선박이라고 할 수 있다.[38]

항만 분야에서는 디지털 정보 기술이 항만 운영 전반에 적용되어 정보의 실시간 동기화와 항만의 생산성 제고, 그리고 친환경적 항만 운영을 동시에 실현하는 스마트항만의 출현이 급속도로 진전되고 있다.[39]

우리 정부도 해양수산부 지능정보화 기본계획(2018-2022), 스마트 해상물류 체계 구축전략(2019), 4차 산업혁명 시대 해양수산업 혁신성장을 위한 해양수산 스마트화 추진전략(안) 등을 발표함으로써 스마트 해상물류 체계의 실행 계획을 발표하고 있다. 스마트 해상물류 체계 구축전략에서는 항만·선박 스마트화 가속 및 연계 효율화, 물류 정보 생태계 구축, 미래 해상물류 대비 도전적 R&D(Research and Development) 추진, 스마트 해상물류 관련 업계 지원 등의 내용을 담고 있지만, 세부 내용은 기존 항만 운영 시스템에서 4차 산업혁명 기술이 단기간에 적용될 수 있는 영역을 발굴하는데 초점이 맞추어져 있다.

이러한 문제점을 극복하고자 보다 구체적인 계획인 해양수산 스마트화 추진전략(안)이 2019년 11월 발표되었다. 동 계획에서는 선박·항만 지능화로 스마트 해상물류 실현, 물류 프로세스의 디지털 전환 촉진, 초연결 해상교통 인프라 구축 등의 내용이 담겨있다. 세부과제 중 스마트항만에 해당되는 내용은 자동화·지능화 항만 개발·구축이다. 현재 4대 항만공사의 스마트항만 구축 사업들은 스마트항만이 되기 위한 보다 근본적인 변화를 수반하기엔 역부족이다. 그 이유는 스마트항에 대한 정의가 아직 진행 중이기 때문이다.[40] 이를 다르게 생각하면 이제부터 우리가 만들고 도전하면 표준이 된다는 이야기도 된다.

스마트 부산항! 힘찬 발걸음

'스마트항만이란 디지털항만이다'라는 로테르담 스마트항만 관리자의 간명한 정의가 존재하지만, 최근까지 우리나라 스마트항만의 논의는 항만의 완전자동화와 무인화에 집중되어 있어, 항만 하역노동자의 반발을 샀던 것이 사실이다. 심지어 우리나라 항만의 스마트화 저해 요인으로 노동시장의 유연성을 꼽는 연구도 존재한다. 한국해양수산개발원(2018)과 Botti et al(2017)의 연구 결과에서도 나타나듯이 스마트항만 구축을 위해 항만공급사슬의 구축이 선제되어야 한다. 그리고 항만-해운-항만도시 SCM 내 어떠한 정보의 동기화가 필요하고, 동기화를 위해 필요한 요소를 미시적으로 연구하고 발굴하는 것이 항만의 스마트화를 앞당기는 길이다.

스마트항만의 정의로 디지털항만, 정보화항만, 지능형항만, 고생산성항만, 친환경항만 등 다양한 정의가 있지만 선행연구와 해외 사례를 고려할 때, 디지털항만이나, 정보화·지능형항만이 스마트항만의 정의로 가장 설득력이 있다고 할 수 있다.

2019년 10월에 개최된 항만인프라 혁신 국제세미나에서 '스마트항만은 공유 네트워크를 기반으로 의사결정이 이루어지고 실행하는 항만'이라는 연구 결과가 발표되었다. 이는 항만 자체적으로 의사결정능력을 갖춘 지능화항만이라는 뜻이다. 이를 위해 항만의 정보화와 자동화가 선제되어야 한다. 그렇다면 일부 항만 아니 일부 선석이라도 인공지능과 빅데이터를 도입하고, 최첨단의 자동화 시설을 도입해 스마트항만 스스로 의사결정을 할 수 있도록 테스트 베드 구축이 필요하다. 미래의 항만은 항만 스스로 의사결정을 통해, 현행 항만 개발 계획인 항만 기본 계획을 대체할 수 있을 정도의 지능형항만이 개발되어야 한다. 항만공급사슬 내 참여자와 항만 고객의 요구가 항만 개발과 운영에 직접 전달되어 상호운용성이 높아지는 플랫폼형 스마트항만 건설을 제안한다. 부산은 항만도시라는 관점에서 항만의 스마트화가 추진되어야 한다. 따라서 스마트도시기본계획과 스마트항만계획이 조화롭게 추진될 수 있도록 스마트항만 프로젝트에 도시 전문가를 선임해야 한다.

함부르크는 항만도시의 지속가능성을 높이기 위한 수단으로 스마트항만이 추진되고 있다. 즉, 함부르크는 스마트항만 프로젝트가 추진되기 전부터 항만과 도시의 지속가능성에 대한 고민이 있었고, 항만의 지속가능성 제고와 사회적 책임, 환경문제 저감 차원에서 스마트항만이 추진되었다. 따라서 우리의 스마트항만 도입 배경에 대해서 다시 검토해 볼 필요가 있다. 우리는 아직도 항만의 경쟁력 제고의 수단으로 스마트항만을 추진하고 있다고 할 수 있다. 유행처럼 번져가는 4차 산업혁명 조류에 대한 해양수산부의 대응으로 항만의 스마트화가 추진되고 있다고 해도 과언이 아니다.

논의가 더딤에도 불구하고 글로벌 허브 항만을 지향하는 부산항이 스마트 항만을 향한 힘찬 발걸음을 내딛고 있는 것만은 사실이다. 부산항을 관리·운영하는 글로벌 항만기업 부산항만공사(BPA, 사장 남기찬)는 부산항을 세계 수준의 스마트항만으로 육성하기 위해 미래 지향적 스마트 플랫폼을 구축 중이라고 얼마 전 밝혔다. 해상물류에 4차 산업혁명 기술을 접목하여 해상물류 인프라의 자동화, 운용시스템의 지능화를 통해 해상물류의 효율성, 안전성을 제고하고 물류비용을 절감할 계획이다.

BPA는 또한 생산성 향상과 물류 효율 개선을 위한 지능화와 자동화에 머물지 않고 기술과 인간, 자연과 환경, 물류와 경제가 공존하는 미래 지향적인 스마트항만을 실현하기 위해 노력의 고삐를 늦추지 않고 있다.

스마트항만은 사물인터넷(IoT), 인공지능(AI) 등 정보기술의 혁신으로 자동화, 물류 최적화, 에너지 효율화, 친환경 배후도시와의 연계 등을 강화하는 포괄적인 개념인 것만은 사실이다. 그래서 세계 각국은 발 빠르게 4차 산업혁명 시대가 본격화함에 따라 스마트항만 실현을 위한 종합 로드맵을 수립하고 부문별로 세부 프로젝트를 선정해 추진하고 있는 것이다.

중국은 정부 차원에서 11개 항만을 대상으로 지능형항만 운영, 안전관리 개선, 물류통합, 사업 모델 혁신 등 4개 부문에 대한 스마트항만 구축 시범사업을 추진하고 있다. 유럽 국가와 일본에서도 스마트항만에 대한 세부 계획을 이미 세워놓은 상태다.

로테르담항은 2018년 IBM과 IoT, AI 같은 신기술을 활용해 전체 운영 환경을 디지털화하는 계획을 발표했고, 롱비치항은 완전무인자동화터미널로 개장, 운영 중이며, 싱가포르의 차세대 항만인 TUAS는 65개 선석 모두를 완전무인자동화 항만으로 건설 예정이다.

우리나라도 2018년 '부산항 미래비전 선포식'을 통해 부산항을 자동화항만, 자율운항선박, 초고속 해상통신망 등 스마트항만을 연계한 4차 산업혁명시대의 세계적인 항만모델을 구축, 연간 3,000만 TEU를 처리하는 초대형 터미널로 발전시킨다는 계획을 발표한 바 있다. 최근 해양수산부, 과학기술정보통신부, 국토해양부 등은 관계부처 합동으로 현재 25위에 머물고 있는 우리나라 수출입 물류 경쟁력을 세계 10위까지 끌어올릴 수 있는 4개 전략, 12개 과제가 포함된 '수출입 물류 스마트화 추진방안'을 마련하여 지난 2월 국무총리 주재 제101차 국정현안점검조정회의에서 확정했다.

부산항은 총 컨테이너 처리물량 세계 6위, 환적화물 처리 2위인 글로벌 항만으로 대한민국의 대표 항만이다. 부산항의 경쟁력이 곧 대한민국의 경쟁력이라 해도 과언이 아니다.

부산항은 제4차 산업혁명 도래와 함께 항만산업 패러다임 변화에 맞춰 항만운영 효율과 경쟁력을 제고하기 위해 스마트항만을 향한 다양한 사업을 척척 추진하고 있다.[41]

자동화 항만 크레인(C/C 및 T/C)

2022년 개장을 목표로 공사 중인 부산 신항 서컨테이너 터미널에는 국내 최초로 무인 원격 조종이 가능한 듀얼 트롤리(Dual Trolley) 형식의 안벽 작업용 컨테이너크레인(C/C)이 설치된다. 바다 쪽 트롤리는 무인 원격 조종으로, 육지 쪽은 완전자동화로 설계 중이다. 무인화를 통해 고층 작업의 위험성과 제약을 극복, 생산성 향상을 기대할 수 있다.

부산 북항의 경우 현재 사용 중인 노후화된 컨테이너 장치장 항만시설 장비(RTGC)의 자동화 전환 노력을 기울이고 있는데, 세계 최초로 5G통신을 활용한 원격제어 시스템을 구축, RTGC 자동화를 위한 기술개발을 진

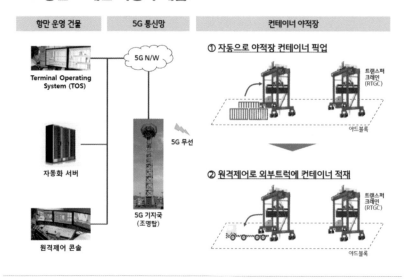

5G 항만 크레인 자동화 개념도

| 항만 운영 건물 | 5G 통신망 | 컨테이너 야적장 |

① 자동으로 야적장 컨테이너 픽업

② 원격제어로 외부트럭에 컨테이너 적재

5G 기반 이동식 컨테이너(RTG, Rubber-Tired Gantry) 크레인 자동화 적용을 통한 '5G 스마트 항만' 구축을 골 자로 한다.(출처 : 테크데일리)

행 중이다. 이를 위해 부산항만공사는 지난해 10월 LGU+, 서호전기, 동부 부산컨테이너터미널, 고등기술연구원과 함께 '5G기반 스마트 항만 구축을 위한 자동화 사업'업무협약을 체결했다.

항만 내 안벽 구간과 장치장 구간의 하역 자동화 기술은 상당한 수준에 이르렀으나 안벽 구간과 장치장을 연결하는 이송 구간의 자동화 기술은 아 직 미흡한 상태이다.

이에 따라 부산항만공사는 항만의 주요 이송장비인 야드트랙터(YT)의 자 율주행화를 위한 연구를 추진 중이다. 이 연구는 해양수산부의 스마트 물류 추진전략과 연계되어 있는데, 인공지능(AI), 사물인터넷(IoT) 등 첨단기술을 적용해 실행력을 확보할 계획이다. 선박~장치장 이송 구간의 자율주행 기술이 적용되면 항만 구역에서의 화물처리의 무인화 기술은 거의 완성된다.

블록체인 기반 터미널 간 환적화물 운송(ITT)

부산항 신항은 다수 터미널 운영체제에서 터미널 간 환적화물 운송(ITT, Inter Terminal Transfer)이 불가피하다. 2022년 서컨테이너터미널이 개장하는 경우 더 많은 ITT가 발생하므로 이를 더 효율적으로 처리하기 위하여 블록체인 기반 ITT 운송 시스템을 구축 중이다. 블록체인 시스템을 통해 부산항 이해 관계자들 간 실시간 정보 공유(ITT를 위한 운송 정보, 컨테이너 정보)로 업무 효율성을 제고하고, 그룹배차 시스템, 복화운송 시스템, 터미널 정보조회 서비스 등을 활용하여 배차시간 단축, 운송효율 및 야드 운영의 효율성을 증대시킬 수 있을 것으로 기대된다.

부산항만공사는 2018년 블록체인 운송시스템 구축 시범 사업을 시작으로 지난해부터 블록체인 운송시스템 확산사업을 진행 중이다. 또 2020년 말까지 부산항(신항, 북항)의 모든 터미널에 블록체인 기반 운송시스템 적용을 목표로 하고 있다.

이와 함께 부산항만공사는 '기술 기반의 안전항 부산항 구현'사업도 진행 중이다. 대표적인 사업으로 야드트랙터 졸음·부주의 예방장치 개발, 보안

강화를 위한 라이다센서 국산화 사업, 항만 안전 및 효율 개선을 위한 비전시스템 개발 등이다.

드론 특구 부산

라이트 형제(Wright brothers)는 미국의 비행기 제작자이자 하늘의 개척자이다. 형 윌버는 1867년, 동생 오빌은 1871년에 태어났다. 그들은 1903년 역사상 처음으로 동력 비행기를 조종하여 지속적인 비행에 성공하였다. 100년이 채 지나지 않아 누구나 하늘을 비행할 수 있는 드론이 발명된다. 이제는 누구나 드론을 통해 비행을 즐기고 또 각종 산업에 비행체를 사용하여 다양한 업무를 볼 수 있게 되었다.

드론은 무선전파로 조종할 수 있는 무인 항공기를 말한다. 카메라, 센서, 통신시스템 등이 탑재돼 있으며 25g부터 1,200kg까지 무게와 크기도 다양하다. 드론은 군사용도로 처음 생겨났지만 최근엔 고공 촬영과 배달 등으로 확대되는 추세다. 게다가 값싼 키덜트 제품으로 재탄생되어 개인도 부담 없이 드론을 구매하는 시대를 맞이했다. 농약을 살포하거나 대기의 상태를 측정하는 일에도 사용되고 있다. 한 마디로 쓰이지 않는 곳이 없다고 보면 된다. 드론이 이렇게 상용화 내지는 보편화된 것은 항공분야의 기술들이 많이 오픈되고 개인에게도 널리 퍼졌기 때문이다. 실로 라이트형제가 짧은 몇 분의 체공시간을 기록하며 수십 미터를 날아간지 백년이 채

되지 않아 우주선을 쏘아 올리는 기술로 발전했을 뿐만 아니라 개개인이 개인용 드론을 날리는 시대로 발전한 것이다. 참으로 놀랍고도 놀라운 발전이 아닐 수 없다.

초창기 드론은 공군의 미사일 폭격 연습 대상으로 적기처럼 사용하려고 만들었다. 그러다가 점점 정찰기와 공격기 용도로 변모되어 갔다. 조종사가 탑승하지도 않고 적군을 파악하고 폭격까지 가할 수 있다는 장점 덕분에, 미국은 2000년대 중반부터 드론을 군사용 무기로 적극 활용했다. 많은 언론이 이를 '드론 전쟁'이라고 부르기도 했다. 미국은 2004년부터 드론을 공격에 활용하기도 했다. 2010년에는 122번 넘게 파키스탄과 예멘에 드론으로 폭격을 가했다. 당시 드론을 통한 공격으로 어린이 등 민간인 수백 명이 목숨을 잃게 되자 드론 공격에 대한 비난이 거세졌다. 드론의 발달에는 이렇게 밝은 면이 있는 반면 어두운 면도 있다.

그런데 드론이 미래 먹거리 산업이 될 수 있다는 것을 부산이 알아야 한다. 구글, 페이스북, 아마존 같은 전 세계에서 내로라 하는 기업들은 최근 몇 년 새 드론기술을 개발하는데 열을 올리고 있다. 아마존은 2013년 12월 '프라임에어'라는 새로운 배송 시스템을 공개했다. 여기서는 택배직원이 했던 일을 드론이 대신하는 유통 서비스를 하고 있다. 아마존은 이를 위해 드론을 개발하는 연구원을 대거 고용했다. 법적인 규제가 풀리는 대로 드론 배달 서비스를 내놓을 예정이라고 한다.

또 구글은 드론 제조업체 타이탄 에어로스페이스를 2014년 4월 인수했다. 타이탄 에어로스페이스는 직원 20여 명을 둔 작은 회사인데, 페이스북도 이 회사를 인수하려고 많은 노력을 했던 것으로 알려졌다.

이렇게 현재 세계 IT산업의 주도권을 쥐고 있는 구글과 페이스북은 드론을 내세워 인터넷 사업을 확장할 심산이다. 구글은 열기구를 이용해 전세계에 무선인터넷을 공급하는 '프로젝트 룬'사업을 진행하고 있다. 구글은 열기구에 더해 드론으로 무선인터넷을 보급할 예정이라고 한다. 페이스북도 '인터넷 닷 오알지(internet.org)' 프로젝트로 저개발 국가에 인터넷 기술을 보급하고 있다. 페이스북은 1만1천여 대의 드론을 띄워서 중계기로 활용할 방법을 모색 중이다.

드론 저널리즘

언론사는 이른바 '드론 저널리즘'을 표방하며 스포츠 중계부터 재해 현장 촬영, 탐사보도까지 드론을 활발히 쓰고 있다. 항공촬영보다 촬영 비용이 더 저렴하다. 영국 도미노피자는 2014년 6월 드론이 피자를 배달하는 모습을 유튜브에 공개하기도 했다.

국내에서는 한국항공우주산업(KAI)과 대한항공이 드론 연구 개발에 적극적이다. 또 방위산업체나 중소기업, 택배업체들도 최근 드론에 관심을 보이고 있다. 한국은 아직 드론을 사용하는데 여러 가지 제약이 있다. 아무래도 남북이 대치되어 전쟁을 할 가능성이 많다보니 안보나 보안상 그런 제약을 두는 것 같다.

하지만 조만간 제도가 정비되고 법이 재정이 될 것이라 기대한다. 그런데 부산은 드론의 제작과 운행에 제약이 적다. 왜냐면 바다를 접하고 있기 때문이다. 또 바다는 드론을 필요로 하는 섬들이 많다. 사실 드론 택배라고 할 때 우리나라처럼 아파트가 많은 곳은 드론 택배가 효율성이 낮다. 하지만 산복도로에 주택이 많은 부산은 드론 택배가 훨씬 더 필요한 곳이다.

드론, 미래주도 산업

지금은 드론 시대이다. 국내에서도 드론 특구 사업이 진행 중이다. 드론 특별자유화구역은 드론을 활용한 서비스모델의 실용화와 상용화 촉진을 위해 비행 허가와 안전성 인증 등 각종 규제를 면제 또는 간소화해 주는 사전 규제완화 제도이다.

국토교통부는 특별자유화구역 신청을 2020년 6월 30일까지 지자체별로 접수받아 서류 및 현장심사와 평가위원회 심의, 부처협의 등을 거쳐 올해 안으로 지정을 완료할 예정이었다. 그중 전남도는 특별자유화구역이 지정되면 시장성과 사업성이 높은 분야별 비즈니스 모델을 발굴해 드론 기업의 혁신성장 기반을 마련한다는 방침이다.

이를 위해 도는 6월 22일 윤병태 정무부지사 주재로 특별자유화구역 공모 준비상황 대책회의를 갖고 전국 최대 규모의 비행시험 공역과 항공센터 등 도가 가진 장점을 최대한 활용해 지정에 총력을 기울이고 있다.

소형 드론은 세계적으로 중국이 시장을 선점하고 있는 추세여서, 전남도는 상대적으로 경쟁력 있는 중대형 상업용 드론시장을 선점하기 위해 그동안 관련기업 지원을 위한 시험평가와 실증 등 인프라 구축에 중점을 두고 기업하기 좋은 최적의 조건을 만들어 가고 있다.

또 고흥은 전국 최대 규모의 비행시험 공역(직경 22km)을 비롯 항공우주연구원의 항공센터, 전남테크노파크 우주항공첨단소재센터가 운영 중에 있으며 유·무인기의 시험과 평가를 위한 국가 종합비행성능시험장을 건설 중에 있다. 전남도는 기존에 구축된 항공인프라를 참여 사업자가 자유롭게 활용해 서비스모델의 상용화와 기업 매출이 이뤄지도록 적극 지원할 계획이다.

이 밖에도 도는 중소벤처기업부가 주관하는 드론 규제자유특구 지정도 추진할 방침이다. 드론 규제자유특구 사업은 오는 7월부터 지정 절차가 진행되며 이르면 11월 결정될 예정이다.

이순신과 드론 산업

이순신 장군이 23전 23승의 경이적인 승전을 할 수 있었던 요인은 다양하다. 그 중 가장 주목받는 것이 철갑선인 거북선의 발명과 운용일 것이다.

거북선이 최첨단 비밀병기인 것을 부정할 사람은 동서고금 어디에도 없을 것이다. 마찬가지로 앞으로 드론이 모든 운송수단의 총아가 될 것이라는 것을 부정할 사람도 없을 것이다.

부산은 지형적 특성상 바다가 절반이며 산이 또 절반이다. 이러한 지형에 가장 어울리는 운송수단은 모노레일과 드론임을 주장할 때 반대할 사람도 그리 많지 않을 것이다.

첫째 부산은 군사 접경 지역인 휴전선과 500km가 떨어져 있다. 따라서 안보상 지리상 문제가 없다. 둘째 해상을 주로 이용함으로써 혹시 있을지 모를 항공 안전사고에 있어서도 상당히 자유롭다. 또한 별도의 낙하산 기능이 첨부될 경우 유실된 드론의 회수도 그 어느 곳보다 쉽다. 셋째는 당장 적용이 가능하다. 앞으로 해상신도시가 가시화될 경우 해상 운항 및 물류 이동에도 가장 적합할 뿐 아니라, 산복도로 중심의 도시환경에서 당장 택배부터 실제 운용이 가능한 이점이 있다. 이에 부산 가덕도 앞 해상 신도시를 드론 운용 특구로 지정해 줄 경우 관련 산업의 유치뿐 아니라 드론 마니아를 비롯한 수많은 드론 관련 스타트업 기업들이 이주해 올 가능성이 많다.

07

스타트업 스케일업 월드

신창업의 메카 인큐베이터

부산에 신산업을 일으키기 위해서는 스타트업 즉 창업기업들이 모여들어야 한다. 창업을 희망하는 인재들이 모여들어야 한다. 해상신도시가 만들어지기 전까지는 북항재개발지역 혹은 문현금융단지 내가 좋을 것이다. 우선 1차적으로 생각해 볼 수 있는 지역은 부산광역시 남구 문현동 1228-1번지 일대이다. 기술보증기금 본사 옆 공지로서 약 5천 평쯤 된다.

그러면 무슨 사업을 할 것인가? 먼저 일반인과 기관투자자, 국내외 관광객을 대상으로 매일 창업경진 대회를 가진다. 일종의 미스터트롯 방식으로 스타트업 등 기업투자의 IR을 개최하는 것이다. 이 자리에는 스타트업, 비상장 유망기업의 주식을 자유롭게 투자하고 유통하는 온·오프라인 크라우드펀딩 플랫폼을 만들어주는 것이다.

가장 빠르게 시작할 수 있는 아이디어는 문현금융단지 내 창업보육센터 기능과 상기 투자유치 기능에 더해 문화예술공연, 한류 대중문화이벤트, 해양관광상품 기능을 접목한 멀티창업타운 시설을 조성하고 특화프로그램 운영하는 것이다. 멀티창업타운은 파이프와 유리외장의 조립식 저층 건축물 또는 합성섬유 신소재의 가변형 조립식 시설물이 되면 좋을 것이다. 프랑스의 퐁피두센터를 참고하면 이해가 쉬울 것이다. 그렇게 구성하면 가변성과 이동성을 확보하게 되고, 친환경적 미관디자인으로 관광자원이 된다.

아이디어가 융합할 때 산업이 된다

현재 부산시에는 구마다 많은 창업보육센터들이 있다. 이렇게 산재해 있는 창업지원 관련 센터와 조금 규모가 있는 공공기관, 예를 들면 창조경제혁신센터, 테크노파크, 디자인센터, 콘텐츠디자인랩, 정보산업진흥원 등을 한 곳에 모아야 한다. 그래야 융합이 일어난다. 이들과 투자회사, 스타트업, 엔젤클럽, 금융사 등이 모두 입주하면 시너지 효과가 매우 커질 것이다. 매주 혹은 매일 일정시간에 전세계로 송출하는 Cable-TV와 유튜브로 실시간 전 세계에 생중계하는 것이 목표다. 그래서 Everyday-IR룸을 중심으로 창업금융생태계를 조성하는 것이 필요하다. 만약 공간만 확보된다면 각 스타트업 약 3,000개 사, 투자사 200개 사 입주가 가능하다. 그러면 소요예산은 어느 정도 들까? 공사비는 300억 원이 들어간다고 계산이 나온다. 만약 의지만 있다면, 국비 80%, 시비 20% 또는 창업투자회사 등 민간자본SPC펀드 조성하여 즉각 실현가능 할 수 있을 것이다.

부산의 특장점을 살리는 창업

만약 기회가 주어진다면, 앞서 말한 해당 부지에 대형 조립식 건축물을 짓고 시설물을 시공한 다음 빠른 시간 안에 시행해 볼 수 있을 것이다. 그리하여 내외국인의 국내외 비상장주식투자와 환매에 대한 규제를 철폐하고 소득공제를 강화하며 이를 위해 부산시에서 스타트업특구로 조례제정을 해 준다면, 그다지 어려운 일은 아닐 듯하다. 향후 스타트업월드 운영사를 선정 5년 내 국내외 스타트업 1만개 사를 유치하고 투자기관도 5백 개 정도 입주하도록 비전과 함께 구체적 실천 방안을 제시할 수 있다. 물론 입주사 모집을 위한 홍보활동을 적극적으로 해야 한단 숙제는 남지만 말이다. 그렇게 오픈이 되면, 주로 초기에는 Everyday-IR의 성공적 론칭과 국내외 유관기관의 참여를 유도하여야 한다. 산업은행 Next Round 제휴도 생각해 볼 수 있을 것이다. 조금 더 아이디어를 내어본다면 수영만 쪽에 크루즈선 전용부두를 확보하여, 동천을 통해 곤돌라(ex.베니스)로 문현금융단지로 이동하는 관광 인프라를 시카고 운하처럼 구축해 볼 수도 있을 것이다. 이때 창업자들은 굳이 4차 산업관련 스타트업이 아니더라도 다양한 부산의 유무형 컨텐츠들을 소개해 볼 수 있을 것이다. 예를 들면 부평도 어묵시장의 경우, 새로운 어묵의 개발과 유통, 수출에 대한 아이디어도 제시해 볼 수 있을 것이고, 바다에 플로팅 기술로 집을 짓는 사업을 해보겠다면, 해상관련 펀드를 만들어 창업보육해 줄 수도 있을 것이다. 그뿐 아니라 앞으로 부산에 유치하고자 하는 산복도로 모노레일이나. 해상일주 도로의 경우도 관련 사업체들이 자금을 조달하는 창구로 활용할 수도 있을 것이다.

실현가능성 및 기대효과

그러면 얼마나 실현가능성이 있을까? 국비와 시비의 지원 및 민간투자 SPC를 통한 사업추진체 구성시 실현가능성이 높다. 이미 용산역세권 재개발의 경우 성공사례로 꼽히고 있다. 트럼프행정부의 H-1B비자 강화정책에 따른 창업인재 탈미국화를 부산으로 흡수 가능한 환경이 일어나고 있다. 또 중국 알리바바, 일본 소프트뱅크의 SPC참여 유치로 한·중·일 협력체제 구축, 킥스타터 등도 입주가 가능할 것이다.

2021년 지방선거 공약 중 경제+인구+관광이 복합된 지역발전 핵심방안으로 부각 시 중앙정부 및 지역주민의 지지를 받아 우호적 여론이 조성되리라 믿는다. 그렇다면 기대효과는 무엇인가? 현재 부산은 전국 최고령·저생산성 인구로서 성장정체를 보인지 오래다. 이제 그 낡은 이미지를 벗고 젊고 혁신적인 글로벌 기업가의 도시로 체질 전환시키는 상징적 프로젝트로 포지셔닝할 수 있다. 우리가 이미 잘 아는 이야기지만 애플, MS 등 성공창업기업 스토리도 허름한 차고garage 등에서 시작하지 않았는가?

현장 소액투자 및 비상장주식 거래가 활발히 일어날 경우, 투자유치를 받기 위해 부산을 기반으로 국내외 창업인재들이 대거 유입될 것이다. 이를 토대로 외국인직접투자(FDI)의 효과도 일어날 것이다. 이것은 후일 해상신도시 사업을 위한 자본 유치에도 아주 큰 디딤돌이 될 것이다 또 멀티창업타운 내에 국제학교 신설로 해외 인재들의 정주율을 높일 수 있는 것도 먼 미래 해상신도시의 실현을 위해 시급히 실현해야할 일이다. 외부 인재들이 한 둘 부산에 정착하기 시작하면 부산 지역의 정체된 혼인율 및 출산율도 증가할 것은 명약관화한 일이다. 한 마디로 장기적인 미래해상신도시의 준비를 위한 인재풀이 점증하게 되는 효과로 말미암아 도시의 장기 지속발전 가능성이 담보되게 된다.

스케일업(Scale up)

부산이 산업도시가 되려면 스타트업도 중요하지만 스케일업도 활발히 일어나는 곳이 되어야 한다, 스케일업(Scale-up)은 사전적으로 규모를 확대하는 것을 뜻한다. 기술, 제품, 서비스, 생산, 기업 등의 규모 확대를 설명할 때 주로 쓰인다. 최근에는 용어의 의미를 확장해 고성장 기업을 가리키는 단어로 사용된다.

퐁피두센터

 일반적으로 스케일업은 직원 수가 10명 이상인 중소기업 중에서 최근 3년 동안 매출이나 고용 연평균 성장률이 20% 이상인 회사를 말한다. 창업한 지 얼마 안 된 스타트업도 이 조건을 만족하면 스케일업이 될 수 있다. 전문가들은 창업 정책이 단순히 새로운 기업을 만드는 것보다 새로운 성장을 만드는 방향으로 변해야 한다는 시각이 대두되면서 스케일업이란 개념이 중요해졌다고 설명한다.

 정부가 야심차게 추진하고 있는 신규 벤처투자 규모 확대는 2022년 연 5조 원으로 늘리는 것으로 확정되었다. 그리고 유니콘 기업(기업가치 1조 원 이상 벤처기업) 20개 창출을 목표로 세웠다. 이를 위해 올해부터 2022년까지

12조 원 규모의 스케일업 전용펀드를 조성해 모태펀드와 성장지원펀드 등을 통해 운영하기로 했다. 서울 연합인포맥스 최욱 기자에 따르면 정부는 벤처투자자(VC)와 스타트업 업계간 협업채널을 구축해 기업은행의 스케일업 지원 기능을 강화할 방침이라고 전했다.

부산 문현 금융센터가 해야할 일이 바로 스케일업이고, 앞으로 해상신도시에 금융허브를 구축하게 될 때에도 부산이 전 세계에서 다섯 손가락 안에 꼽히는 스케일업 월드가 되게해야 할 것이다.

03

4차 산업혁명의
전진기지 부산

부산이 추진중인 에코델타 시티 조감도

01

4차 산업혁명과 부산

메가 플로팅(부유식 해상도시)

4차 산업혁명의 기적을 만들자

뉴욕 맨해튼은 언덕과 하천과 웅덩이로 이루어진 불모지와 다름없는 땅이었다. 이러한 약점을 극복하자고 200년 전에 맨해튼을 계획했다. 현재 160만이 거주하고 그 2배가 넘는 하루 유동인구가 함께 생활하는 세계적인 금융·상업·문화의 중심지가 되었다. 이를 만들어 낸 것은 순전히 상상력이었다. 이것이 오늘의 미국이 있게 한 저력이다.

부산은 산으로 둘러싸여 있어서 부산의 역사는 매립의 역사와 함께한다. 새로운 부산으로 탄생하기 위해 필요한 땅을 또 매립을 통해서 확보할 것인가? 이제는 매립할만한 지역이 많이 남아있지 않고 또 환경을 파괴한다는 저항에 직면하게 된다. 하나의 해결책이 '해상 부유식 플랫폼(Floating Platform)' 즉 '해상 신도시 섬(Floating Island)'이다. 국제적으로도 해상신도시는 시도된 경우가 많았고 부산에서도 외환위기 사태 전에 계획은 있었지만 진행되지 않았다. 이제 이 계획을 새로운 차원과 새로운 규모로 다시 되살려 태평양 도시국가로 나아가는 부산의 교두보로 삼기에 적합한 때이다.

현재 우리나라 조선산업은 중국의 추격을 받고 있지만, 대형화되고 있는 경향과 환경친화적 선박건조가 대세로 굳어지고 있다. 그리고 축적된 기술과 경험으로 아직 선두주자로서의 자리를 지키고 있다. 하지만 열악해져가는 우리나라의 반기업적 노동시장과 정부의 규제는 조선산업의 국제경쟁력을 약화시키고 있고, 중국의 저가 공세와 좁혀진 기술격차는 조

메가 플로팅(부유식 해상도시와 공항 개념도)

부산 내항 해상도시 상상도

선산업의 미래를 낙관할 수 없는 상태로 이끌고 가는 중이다. 우리 사회는
이러한 기업과 산업 환경을 개선하려는 노력과 동시에 조선관련 산업에서
우리의 새로운 상상력을 펼쳐 새로운 영역을 발굴해야한다. 부유식 해양
신도시는 이에 대한 좋은 시도가 될 수 있다.

우리나라 조선산업은 부산, 울산, 거제에 집중되어 있고, 부산 주변에 세계적인 규모의 경쟁력을 갖춘 조선소들이 다 모여 있다. 현재 수주 감량으로 어려움에 빠져있는 조선소에, 해상신도시 건설은 새로운 기회를 제공할 수 있다. 이미 우리나라는 세계 최대의 선박들을 만들어서 진수시킨 많은 경험들을 갖고 있다. 이 경험과 기술로 부유식 해상신도시를 만드는 것은 엔지니어링과 설계와 건조 그리고 운영기술의 측면에서 충분하고 필요한 조건을 갖고 있다고 볼 수 있다. 또 선박이 아닌 초대형 해양구조물의 건조에도 현대중공업, 삼성중공업 그리고 대우조선해양이 가장 경쟁력 있는 회사들이다. 수년째 조선업이 불황에서 빠져나오지 못하고 있고, 내년도 수주량이 40% 정도 급감할 예상이라는 상황에서 이 해상신도시 프로젝트가 시작된다면 대형 조선소뿐 아니라 현재 고사 상황에 빠져있는 많은 조선기자재업체들도 함께 회생하는 기회를 갖게 될 것이다.[42]

원천기술을 가져야 한다

부유식 해상신도시는 태풍에 대비하여 방파제 안쪽 내항에 설치하는 것이 바람직하다. 현 부산부두를 예로 든다면, 현재 내항인 감만부두 앞과, 감천부두 앞이 적합한 장소도 작은 규모의 해상도시는 가능할 것으로 보인다. 아래의 그림에서 보는 해상신도시는 하나의 예시로서 21만평으로 설계를 한 모델이다. 다목적으로 사용할 수 있다.

해상신도시는 추진동력을 갖추지 않은 선박이라 할 수 있다. 따라서 이동

부산 내항을 중심으로 만들어지는 LNG기지 조감도

이 가능하기 때문에 육상에서 적용받는 여러 가지 규제들을 피할 수 있어서, 우리가 상상할 수 있는 여러 가지 새로운 시도들을 해볼 수 있다. 본격적인 100만평의 도시급 매머드 해상신도시를 시도하기에 앞서 선행적으로 만들어 볼 수 있을 것이다. 그곳은 앞으로 부산이 태평양 도시국가가 되기 위해 시도할 수 있는 우리의 상상력이 담길 첫 번째 그릇이 될 것이다.

이러한 해상신도시가 완성되면 인공지능, 빅데이터, 스마트시티, 자율주행 자동차, 자율주행 선박, 로봇공학, 스마트쉽, e-Navigation 등을 취급하는 센터를 둘 수 있고, 이곳을 블록체인 기반의 금융센터와 해운물류시

부산! 독립선언

|그림 59| 세계는 나날이 미래 먹거리를 창출하기 위해 모든 상상력을 동원하고 있다.

스템 센터 등 블록체인과 관련된 산업의 중심으로 만들 수 있다. 또 동북아 LNG Terminal 을 유치한다면 LNG와 더불어 자원 선물시장을 유치하는 것도 이 해상신도시가 있을 때 꿈꿀 수 있다.

방파제 안의 내항이 아니면 방파제를 만드는 예산이 더 필요할 수 있다. 내항 밖에 대형 플랫폼을 두는 것이 가능한지 엔지니어링을 해볼 수 있을 것이다. 어느 지역이 가장 적합한 지역인지, 크기를 어느 정도로 하는 것이 바람직한지 예산과 효용성을 두고 논의할 필요가 있다.

일정 크기의 해상신도시가 만들어지고 성공적으로 운용되면 모듈화된 여러 개의 해상신도시를 연결하여 규모를 크게 할 수도 있다. 또 해상신도시를 만들어 수출도 가능할 것이다. 이때는 부유식 플랫폼(Floating Platform)만 수출하는 것이 아니라, 그 위에 위치하게 될 호텔, 오피스텔, 연구소, 학교, 공연장, 체육시설 뿐만 아니라 발전소 등도 동시에 수출할 수 있다. 필요에 따라 공해상으로 이동할 수도 있고, 육지에 붙여서 토지의 확장으로 사용할 수도 있고, 몇 개의 플랫폼을 붙여서 해상 공항(Floating airport)을 만들 수도 있다.

모노레일 – 교통과 관광의 견인차

슈베베반은 열차가 공중에 설치된 레일에 매달려서 이동하는 형식의 독특한 교통수단으로 부퍼탈의 명물이다. 120년 전 산업화의 영향으로 인구가 급격히 증가하자 부퍼탈시에서는 빠르고 새로운 교통수단이 필요하게 됐다. 하지만 지상에는 레일을 설치할 공간이 없자 당시는 엉뚱한 아이디어였지만 공중에 매달려서 달리는 열차를 계획하게 된 것이다.

부산! 독립선언

공사는 1898년에 시작돼 1901년 3월 1일에 개통했다. 전체 구간은 약 13.3km이며 최고속도는 시속 60km이다. 열차 통과구간은 20개 역으로 운행소요시간은 30분 정도 걸린다.

이 철도는 부퍼탈을 찾는 관광객들이 꼭 타 보고 싶어하는 명물로, 시민과 관광객을 합해 연간 2,300만 명이 탑승하고 있다고 한다.[43]

유치위가 주장하는 대로 하늘 길 대중교통 철도가 건설된다면 부산지역으로의 국내외 관광객 유인효과가 극대화하기 때문에 부산시 등 교통당국도 마다할 이유가 없을 것이다.

결론적으로 도시 르네상스는 도시가 살기 좋은 공간, 아름다운 이야기가 있는 장소로 바뀌는데서 가능하다. 르네상스가 그러했듯 21세기는 도시들이 거듭나는 과정을 보이는 시대이다.

도시는 다양하다. 모든 도시들은 서로 다른 얼굴로 서로 다른 이야기를 한다. 만일 도시들이 말을 할 수 있다면 우리는 파리와 런던과 도쿄와 서울 그리고 부산으로부터 서로 다른 이야기들을 듣게 될 것이다.

모노레일과 테마마을의 조화

부산은 산이 많아 만성적 교통체증에 시달린 지 오래 되었다. 이를 타개할 가장 좋은 방법은 다대포 몰운대에서부터 출발하는 모노레일이다. 1호선은 해안지형을 따라 경관을 감상할 수 있는 수변형 모노레일로 만들고,

2호선은 서구 암남동을 출발하여 남부민동 서대신동과 동대신동, 보수동 등을 연결하여 초량산복도로와 범일동으로 이어지는 스카이라인이다. 산이 장애물이어서 도시발달에 한계가 있었다면 신도심의 기능은 새로 매립될 곳으로 보내고 구도심은 모노레일을 통하여 관광자원화 사업을 통해 내발적 성장을 꾀해야 한다. 그러면 교통난 해소와 관광인프라 구축의 두 마리 토끼를 다 잡을 수 있다.

또한 모노레일을 중심으로 한 14가지 테마마을을 만들어 구도심 전체를 관광상품화해야 구도심의 고령세대들이 자립할 수 있다. 부산은 그 존재 자체만으로도 역사와 이야기를 담고 있는 도시이다. 그래서 구도심을 무분별하게 재개발할 것이 아니라 기존의 그 모습 그대로 보존하면서 관광자원화할 계획을 세워야 다양한 계층이 공존할 수 있다.

그러한 목표를 수용할 가장 좋은 단어는 테마마을 즉 테마파크이다. 이것은 단순한 형태의 공원에서 벗어나 혁신적인 레저공간으로 변모한 것으로써 1955년 미국 캘리포니아의 디즈니랜드에 그 기원을 두고 있다. 요즘의 새로운 경향은 테마파크가 점점 휴양체재형의 확대와 가족중심화의 경향을 보인다는 점이다. 테마파크는 계절변동성이 높고 기후에 좌우되는 1차 산업적인 특성과 일시에 대규모의 첨단과학기술이 접목된 시설과 유지비 및 자본투자가 필요한 장치 산업적 요소가 있는 2차 산업적인 특성, 그리고 고도의 서비스와 운영 노하우가 필요한 3차 산업적인 성격 곧 1차, 2차, 3차 산업이 함께 공존하는 복합적인 종합관광산업이다.

여기에 유비쿼터스와 자율주행의 5G가 복합되면 4차 산업의 선구자가 될 수도 있다. 테마파크는 수요시장의 입지특성이 중요하기 때문에 주로 대도시권에 입지해야 한다. 테마파크는 하드웨어도 중요하지만 전시, 공연, 이벤트 등 빠른 시장 트렌드에 탄력적으로 대응해야 하는 소프트웨어도 중요하기 때문에 감성사업이면서 서비스산업으로서 인적 서비스에 대한 의존도가 매우 높은 산업이다. 모노레일이 정차하는 14개 정차역마다 다음과 같은 테마마을을 구상할 수 있다.

① 조선시대의 동래진 마을

② 왜관을 개장한 시대의 부산포

③ 일제강점기의 부산

④ 6.25 피난시절의 부산 판자촌

⑤ 포로수용소

⑥ 새마을운동시기의 부산

⑦ 고도성장기 부산의 남포동

⑧ 자유화 민주화 운동시기의 부산

⑨ 어린이 놀이동산

⑩ 부산동백꽃수목원

⑪ 부산미래체험관

⑫ 아쿠아리움

⑬ 먹자골목

⑭ 쇼핑센터

테마파크의 수익구조는 방문객의 규모와 소비지출 규모에 의해 결정되기 때문에 고객을 파크에 오래 머물게 하는 것이 또한 중요하다. 더 중요한 것은 일자리 창출이다. 구도심의 경우 대부분이 고령자 내지는 저소득층이기 때문에 이들을 테마파크 내의 주민으로 거주하게 해서 다양한 소득을 창출하게 할 수 있다. 1970년대 시작한 한국 민속촌이 좋은 모델이 될 것이다. 민속촌이긴 하지만 고대의 민속촌이 아닌 근현대사의 민속촌을 만드는 것이다. 세계 50대 테마파크에 우리나라는 에버랜드(9위), 롯데월드 (15위), 서울랜드(47위) 등 3개의 테마파크가 있다는 것도 생각해 볼 일이다.[44]

원도심 대개조 전략

산복도로를 생각하며 가슴이 아픈 기억이 있다. 싱가포르에서 돌아온 후 새로이 사업을 하던 아버지는 외환위기를 맞아 결국 부도가 나고 말았다. 우리 가족은 야반도주를 하여 사하구 신평동 산복도로에 있는 허름한 월세방에 기거하게 되었다. 당시 우리 집엔 오랜 외국생활의 전리품인 고급 외제가구들이 많았다.

하지만 산동네의 월세방에는 그것이 들어갈 여유공간이 없었다. 장마철

산복도로의 과거와 현재(출처 동아일보)

비가오면 집안 곳곳에 곰팡이가 피었다. 비가 새면 세숫대야를 받쳐놓아야 했다. 하지만 그런 고난이 오늘의 강한 나를 만들었다. 사업연수원을 다닐 무렵 부산으로 연수를 왔다. 검찰에서 업무를 마친 후 회식을 하면 간혹 차를 태워주곤 했다. 집 앞까지 데려다준다고 하면 나는 일부러 가락타운 앞에 세워달라고 하고 내렸다. 가락타운 3단이 앞에 내려 차가 사라지는 것을 본 다음 걸어서 집으로 가야했다. 그때 참으로 어려운 주거환경이 부산에 너무 많다는 것을 그때 알았다. 화장실도 공동화장실을 쓰는 동네

도심형 테라스 하우스, '파주 서미힐 테라스' 조감도

도 있었다. 부산항에서 바라보면 낭만적으로 보이는 그 풍경도 알고 보면 너무나도 서러운 우리들의 이면이 아닐까 한다. 이제 이곳을 제대로 개발하여 사람다운 삶을 살 수 있는 원도심을 만들어야 한다.

산복도로(山腹道路)는 사전적으로 풀이하면 산[山]의 중턱[腹]을 지나는 도로를 뜻하지만, 일반적으로는 경사지까지 개발이 이루어지며 가장 위쪽에 자리한 도로를 의미한다. 부산의 산복도로는 부산의 원도심과 개항기부터 시작된 이방인이 모여든 도시 부산의 특성을 반영하는 공간이다. 산지가 많고 평지가 좁은 부산, 특히 원도심 지역은 해안까지 산지가 발달해 있고, 매축(埋築)으로 형성된 토지는 일제 강점기를 거치며 일본인의 구역으로 개발되었다. 때문에 개항기를 거치며 부두 노동자로 일자리를 찾아 들어온 외지인들은 경사진 산지를 따라 올라가며 무허가 판자촌을 짓고 정착하게 되었다.

이후 6·25전쟁을 거치며 부산으로 몰려든 피란민들은 기존 정착지에서 더 위쪽 산지까지 영세한 판자촌 마을을 형성하며, 도심부 부근에 몰려들어 부두 노동자로 도심부 시장의 일꾼으로 생계를 유지하였다. 6·25전쟁이 끝난 후에는 1960년대부터 시작된 산업화로 인해서 몰려든 가난한 이농 인구가 산동네의 정착민으로 자리하게 되었다.

평지가 좁은 부산 도심부로 유입된 대규모의 외지인들에 의해 도시 난개발의 역사를 보여 주는 공간이 부산의 산동네이다. 이 산동네를 연결하는 도로가 산복도로인데, 서울 등 다른 지역에서는 주도로의 교통난을 해소하기 위해, 또는 산 위의 마을까지 연결되는 통로로 산복도로가 형성되지만, 부산에서는 산복도로가 금정 산맥을 따라 길게 이어지며 독특한 형태로 발달돼 있다. 산동네를 따라 길게 이어지는 산복도로는 부산의 도시 공간을 산복도로 위와 아래로 수직적 형태로 구획하고 있다.

산동네들을 연결하는 산복도로는 1964년 현 부산광역시 동구 초량동에서 처음으로 개통되었다. 대중교통이 발달하며, 산 위 마을까지 다니는 노선버스가 생겨나고 산복도로는 산동네 곳곳을 가로지르며 산 위 주거지와 산 아래 생산 활동 공간을 연결하는 통로가 되어 마을을 변화시키게 되었다. 사람들은 가파른 길을 달리는 대형 버스에 몸을 싣고 산 아래 일터로 향했다가 다시 산 위의 집으로 돌아왔다. 산복도로로 대중교통이 등장하게 된 것이다.

대중교통이 산동네까지 등장하며, 산복도로 아래는 더 이상 산동네라는 호칭이 어울리지 않는 반듯한 집과 건물로 대체되며, 산복도로는 위와 아래를 구분하는 경계의 역할을 하게 되었다. 대형 버스까지도 내달리는 산복도로가 부산광역시 동구·중구·서구·사하구까지 이어지며 지역을 변화시키고 점차 산복도로 위로 새로운 산복도로가 형성되기도 하였다.

산복도로의 새로운 주거지

부산의 산복도로는 2012년 12월 말 기준으로 부산광역시 부산진구·동구·중구·서구·사하구·사상구를 기준으로 총 2만 2,229m이다. 이 지역 외에도 부산광역시 영도구 봉래산 기슭, 금정구 금정산 기슭에도 산복도로가 있다. 망양로와 진남로, 엄광로, 천마산 산복도로, 옥녀봉 산복도로가 부산의 대표적인 원도심 산복도로이다. 망양로는 부산광역시 서구 동대신동·중구 보수동·대청동·영주동·동구 초량동·수정동·좌천동·범일동·부산진구 범천동에 이르는 도로로 길이 약 10㎞에 폭 12~15m에 달한다. 부산의 대표적인 산복도로 중 하나로 부산항이 바로 내려다보이는 풍경이 아름답기로 이름나 있다.

이 경치 좋은 곳에 시범지구로 멋진 테라스 하우스들로 리모델링하면 어떨까? 지금 서구 대신동은 지구지정 재개발사업으로 고층아파트가 들

[테라스 하우스] 테라스 하우스 정의와 푸르지오 하임

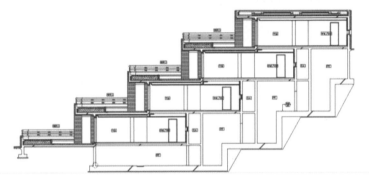

경사면을 이용한 테라스 하우스의 조감도

어서고 있는데, 풍광 좋은 부산의 스카이라인을 다 헤친다는 단점이 있다.

지형을 잘 이용하여 테라스가 있는 타운하우스를 만든다면 세계 그 어디

에 내어놓아도 손색없는 멋진 부산만의 랜드 마크가 될 것이다. 물론 산복

도로 은하철도가 다니는 군데군데 역은 테마파크로 건설하고 그 외 나머

지 지역은 부산항을 바라볼 수 있는 위치에서 테라스가 있는 멋진 타운 하

경사지를 이용한 테라스와 집합건물의 장점을 살린 주거모형

우스로 거듭날 수 있도록 시에서 지원과 법률을 정비할 필요가 있다고 생각한다.

특히 진남로, 엄광로, 천마산 산복도로, 옥녀봉 산복도로는 아주 탁월한 예상후보지가 될 것이다.

2013년부터 시작된 산복도로 르네상스 사업과 원도심 재생 계획이 활발하게 전개되며, 고지대 주민의 생활 불편 해소와 새로운 관광 자원 개발 사업의 하나로 2014년 5월 중구 대청동 4가 부산디지털고등학교 옆 약 80m의 가파른 계단 길에 전국 최초로 주민 복지형 8인승짜리 모노레일이 설치되기도 했다.

또한 산복도로 미니 투어 버스 운영 시범 사업과 산복도로 주변 지역의 재개발 지구 지정 등으로 부산의 산복도로는 개발의 대상인 동시에 부산다움을 상징하는 보존 지역이기도 하다.

02

부산경제혁명의 방향

현대차는 CES 2020에서 인간 중심의 역동적 미래 도시 구현을 위한 혁신적인 미래 모빌리티 비전을 공개했다 (제공: 현대

문화혁명과 경제혁명

　문화혁명이 왜 중요한가? 사사키 마사유키는 "글로벌 도시에서 창조적 도시로"라는 패러다임 전환을 거론한 사람이다. 그에 의하면 오늘날 세계 사회는 "민족국가에서 도시로"사회 범위가 바뀌는 중요한 변화를 겪고 있다. 달리 도시의 세기가 시작되었다는 것이다.

　부산이 콘텐츠 중심의 문화혁명중심 도시가 되려면 세 가지 요소를 결합한 기본 시스템을 갖추어야 한다. 이들 세 가지 기본요소는 생활환경의 기본 토대, 경제사회활동의 기본 토대 그리고 문화예술의 기본 토대이다. 지역정부는 부산을 싱가포르나 홍콩과 같은 세계도시를 지향하고 있는 듯하다. 하지만 시민사회는 전 지구적 자본의 영향권 하에서 불안정한 구조를 지니는 세계도시가 아니라 내발적 발전의 시스템을 갖춘 문화도시, 창조도시, 해양도시를 지향하는 경향이 보인다. 그렇다면 결론은 인구가 많기 때문에 이 두 가지를 다 해결하고 잡아야 한다. 도시에는 생애주기에 따라 서로 다른 세대의 사람들과 사회적 약자나 소수자들이 살기 마련이다. 이 모두를 아우르기 위해 제4의 개항이라는 거대한 담론으로 부산의 전면적인 재창조를 만들어야 해결책과 지속가능한 발전이 가능하다는 것이다.

　세상이 바뀌고 있다는 말이 실감나는 시대이다. 우리들이 태어난 시대는 이제 막 디지털이라는 신대륙의 정착민들이 자리를 잡아가던 시기였

개관을 하는 영상산업센터 조감도출처 : 글로벌뉴스통신GNA(사진제공:부산시)

다. 하지만 지금은 그 신대륙에서 태어난 아이들이 연필을 잡고 종이에 글을 쓰는 것보다 스마트폰의 키보드를 두드리는 것을 더 빨리 배우고 있다.

하지만 우리가 태어나 자라던 시대는 3차 산업혁명도 채 자리를 잡지 못하던 시절이었다. 그래서 가정용 전화도 없는 집이 대부분이었다. 전화기 한 대를 집에 놓으려면 집 한 채 값이 들었기 때문이다. 80년대 초 최초의 386 컴퓨터가 이제 막 보급되기 시작했는데, 그때 컴퓨터 한 대의 값은 자동차 한 대 값과 맞먹었다.

그렇게 여명이 밝아온 디지털시대가 40년을 넘기기도 전에 모바일시대를 넘어 인공지능을 탑재한 "초연결사회"라는 새로운 대륙으로 역사의 무대를 옮겨가고 있다. 누군가는 이 신대륙을 발견하여 옮겨가는 사람도 있고, 누군가는 저물어가는 구대륙에서 사라져가는 역사를 구경하며 자리를 양보해야 할지도 모를 그런 선택의 시대에 우리들이 있다는 것이다.

우리는 패러다임의 변화를 이해할 때 미래가 보인다는 것을 안다. 새로운 시대가 온다. 새로운 물결이 쓰나미처럼 온다고 할 때 막연한 두려움이나 고민이 없을 수는 없다. 하지만 우리는 장래를 예측할 수 있는 좋은 선례가 있다. 그것을 역사라고 부른다. 즉 역사를 돌이켜 잘 음미해보면 역사가 바뀌고 시대가 바뀌는 것이 일정한 흐름을 따르고 있음을 알 수 있다. '제4의 물결'을 이해하려면 '제2의 물결', '제3의 물결'을 잘 이해하면 된다. 그러면 '제4의 물결'도 이해가 되고 준비할 수 있다. 더 나아가 '제5의 물결'도 예측해 볼 수 있다. 그렇게 흐름을 읽게 되면 우리의 선택이 어떠해야 할지 알게 되고 또 준비하여 응전할 수 있는 법이다.[45]

지금부터 전개되는 제4차 산업혁명에 대한 준비를 소홀히 하면, 다시 한 번 역사의 흐름에 뒤처져서 오늘의 영광이 역사의 유물로 남을 수 있다는 생각을 가지고 이 거대한 혁명적 쓰나미를 파악하여 지금부터 잘 준비하여야 할 것이다.

결론적으로 말해 선택하고 집중하는 것은 역사의 교훈이다.[46] 선택이 때로는 희생을 요구한다고 해도 그 희생을 감수하겠다는 용기와 또 용기를 응원하는 위대한 지도자를 만날 때, 역사는 바뀌고 물결은 누군가에게 지름길을 만들어준다. 하지만 도태되는 누군가는 함몰되어 존재조차 없이 사라지고 마는 것이 역사이다.

영상산업도 4차 산업혁명의 범주 안에서

부산은 영화의 도시이다. 하지만 영화사가 하나도 없다. 스스로 영화의 도시라고 표방하고 있지만 영화 세트장도 영화제작 관련 시설도 없다.

작년에 부산시는 창립 20주년을 맞이하여 부산영상위원회의 성과와 문제점을 진단하고 부산 영화산업의 새로운 패러다임을 제시하기 위해 내년도 부산영상위원회 발전계획을 발표했다.

국내 최초의 영화촬영 지원기구인 부산영상위원회는 〈신과 함께〉 〈부산행〉 〈해운대〉 〈변호인〉 등 국내 천만 관객의 영화 11편을 포함해서 총 1,303편의 영화 촬영을 지원하고 특히 2017년에는 할리우드 블록버스터 영화 〈블랙 팬서〉를 유치하는 등 지역의 경제효과 창출과 관광산업 활성화에 큰 역할을 하였다.

그러나 영화의 기획에서 극장 상영까지 수익을 창출하는 영화산업의 선순환 구조가 없어 실질적인 영화산업의 발전이 더뎌왔다. 따라서 부산시의 지원과 투자가 부산 영화산업의 실질적 효과로 이어져 끊임없이 수익을 창출할 수 있는 선순환 구조적 방안을 모색하고, 지역 영화산업의 허브로서 부산영상위원회의 기능을 강화하기 위한 비전과 전략이 담긴 마스터플랜이 필요했다는 것이 부산시의 설명이다.

부산영상위원회는 부산영상산업 컨트롤타워로서 산업적 생태계 활성화를 위해 2019년부터 5개 분야 20개 세부실천과제를 중점적으로 추진할 예정이라고 한다. 그간 장편 상업영화 시나리오 부족으로 장편 극영화 제작성과가 정체되었으나「한국시나리오작가조합」을 유치하여 풍부한 창작·기획 인력과 지역내 양질의 상업영화 시나리오 확보를 통해 스토리콘텐츠 산업의 미래역량을 강화한다는 것이다.

그리고 대중장르 영화·웹드라마 지원으로 지역영화 제작 다양화, 부산 프로젝트의 대중화에 기여하겠다는 포부를 밝혔다. 즉 다양한 상영 플랫폼의 등장에 따라 장르영화와 웹드라마 등 대중성과 상업성에 바탕을 둔 영화·영상물 제작을 활성화하여 프로젝트의 대중화에 기여한다는 것이다. 그리하여 영화·영상 관련 기업육성 및 지역인력 양성을 위한 일자리를 창출하겠다는 전략이다. 1:1 기업 맞춤형 인력양성 사업 지원, 아시아 영화학교 맞춤형 영화·영상 전문인력 양성 교육 확대, 부산 영화·영상산업 허브로서 영상산업센터의 거점역할 강화 등 영화·영상 기업을 육성하고 일자리를 창출한다고 한다. 더 나아가 로케이션 유치, 영화제작 및 배급 활성화를 통해 영화산업의 선순환적 구조를 정착한다는 것이다.

지자체별로 촬영유치 경쟁이 치열한 상황에서 수도권 영화제작사 부산 이주 및 지사 설립 추진, 제작사 영화 배급 활성화, 촬영시설 건립 및 인센티브 개발 등 '맞춤형 로케이션 유치계획'을 수립한다고 한다.

결론적으로 플랫폼 환경변화의 적극대응 및 네트워크 구축을 통해 영화·영상산업을 주도하겠다는 것이 부산의 야심찬 포부다. 즉 영화산업 생태계 변화(문화 및 산업간 융·복합)에 따라 최신 산업동향을 반영하고, 새로운 영화 유통 시스템 및 융·복합 콘텐츠 지원체계를 구축하여 부산만의 영화·영상산업을 주도해 나갈 계획이다.

보도 자료에 따르면 부산시 관계자는 "부산영상위원회 발전계획을 통하여 지자체간 영화산업의 치열한 경쟁구도에서 우리시의 생존 전략과 미래 비전을 강구하여 영화·영상 산업의 주도권을 확보할 것"이라며 "부산시가 아시아 최초 유네스코 영화 창의도시로 선정된 만큼 아시아의 중심영화도시라는 국제적 위상과 상징적 이미지를 제고해 나갈 것"이라고 밝혔다.

원론적으로 말은 하나도 틀린 것이 없지만 이 역시 장기적인 미래비전이나 기술의 변화에 따른 행동지침이 약하다. 영화산업은 넷플릭스처럼 다량 다품종, 다장르로 급격하게 양산체제화 되어가고 있다. 더더구나 코로나19 이후 다중밀집지역인 영화관 대신 집에서 대형화면으로 영화를 보는 세대가 늘어가고 있다. 거기에다 유튜브의 속도전에 영상산업이 따라가지를 못하고 있다. 이에 대한 대책이 나와야 부산을 영상산업의 메카로 만들 수 있다. 이를 위해 새로 생기는 해상신도시에는 영화의 제작과 편집 그리고 배급과 송출을 위한 완벽한 꿈의 영상제작 도시를 만들어야 한다. 과거 홍콩이 영화산업의 메카로 자리 잡았듯이 해상신도시를 미래 영상산업의 신메카로 만들기 위한 청사진이 준비되어야 한다.

상상이 문화가 되는 시대

요즘은 영화감독이 아닌 사람이 없다는 말이 있다. 즉 누구나 동영상을 만들어 사람들에게 보여줄 수 있기 때문이다. UCC(User Created Contents)는 만인에 의한 만인의 콘텐츠다.

"이제는 유튜브 퍼스트(YouTube First) 세대의 시대다. 유튜브를 통해 공부하고 놀며 자란 이들이 콘텐츠 시장을 뒤흔들고 있다." 이 말은 올해로 서비스 시작 10주년을 맞은 글로벌 동영상 플랫폼 유튜브가 '유튜브 퍼스트 세대'를 강조하며 선포한 말이다. 전 세계는 이제 태어난 아이들이 유튜브 애니메이션이나 드라마를 보면서 자라고 있다. 이러한 유튜브 퍼스트 세대들이 언어적 · 지리적 한계를 뛰어넘어 새로운 방식으로 소통을 하고 있다. 그것이 가능하게 된 이유는 용량 제한이 없이 동영상을 만들어 무료로 저장할 수 있게 한 유튜브 때문이다. 이 유튜브에 있어 가장 중요한 것이 무엇일까? 그것은 서버이다. 이 서버를 자연재해나 해수면상승과 같은 물리적 재난으로부터 가장 안전한 곳에 설치하는 것은 이 시대의 또 다른 숙제이다. 그 안전한 장소가 "미래해상신도시"가 되어야 한다.

앞에서도 말했듯이, 사람들은 우리시대를 '자본주의(資本主義) 시대'라고 하는데 그 말은 잘못 되었다. 지금은 '뇌본주의(腦本主義) 시대'다. 즉 사람의 머리에서 나오는 아이디어와 기술 그리고 발명이 중심이 되는 사회라는 것이다. 이전에는 돈을 가진 사람이 어떤 장사를 하면 잘될까 고민했지만 지금은 아이디어만 좋으면 투자하겠다는 사람들이 줄을 서기 때문이다. 그래서 사람의 머리가 중심이 된 시대라고 해서 뇌본주의라고 한다. 정보화 사회란 말이 곧 뇌본주의 사회라는 말이다. 4차 산업혁명의 근원을 설명하는 말이 바로 뇌본주의가 아닐까 한다.

옛날엔 문화와 산업에 차별이 있었다. 문화란 영화, 음악, 미술 등 예술 분야를 말하는 것인데 지금은 문화와 예술이 곧 산업이고 더 나아가 기업이 될 수 있다. 사람들은 문화가 지니는 경제적 힘에 대해서 스필버그 감독의 예를 자주 든다. 그가 '쥐라기 공원'이란 제목의 영화 한 편으로 엄청난 수익을 올렸기 때문이다. 우리나라가 해외에 수출하는 자동차 몇십 만 대보다 이익을 더 많이 냈다.

제4차 산업혁명의 시대에 문화가 중요한 이유는 4차 산업혁명에서 인공지능이 따라오기 가장 힘든 분야가 창조력과 상상력이기 때문이다. 주목할 분야는 영화나 영상 콘텐츠 중의 하나이다. 이것은 사회에 대해 그 어느 예술 매체보다도 강력한 영향력을 가지고 있다. 그것은 영화가 시각적이면서 청각적인 매체일 뿐 아니라 한 장소에서 많은 사람을 집단적으로 감동시킬 수 있는 막강한 전달력을 지니고 있기 때문이다. 그래서 잘 만든 영화 1편으로 수백억 달러를 벌어들인다. 유튜브를 창조했던 스티브 첸은 이렇게 말했다.

"꼭 필요한 아이디어였고, 그래서 덤볐고, 그래서 해냈던 것입니다."

그는 자신이 일군 기업을 구글에 자그마치 16억 5천만 달러에 매각하여 일약 억만장자가 된다. "동영상이 뭔지도 모르고 유튜브를 시작했다."고 그는 말했다. 모두 다 갖춰서 시작한다는 것은 이미 시작이 아니란 이야기다. 다 준비하고 나서 시작하겠다는 것은 시작하지 않겠다는 것과 같은 말이란 뜻이다.

많은 사람들 특히 젊은 청년들이 오직 안정적인 직업인 공무원 시험에 매달리는 것은 우리나라만이 가진 잘못된 현상이라는 생각이다. 많은 청년들이 도전을 잘 못하는 이유가 있다. 실패할까 무섭기 때문이다. 스티브 첸이 하였듯이 실패할까를 두려워하지 말고 일단 한 번 시작해볼 수 있는 사회적 분위기를 만드는 것이 정치권의 책임이다. 앞으로의 노동시장은 크게 저기술 저임금으로 흐르고, 고기술은 고임금으로 흘러 그 격차가 더 벌어질 것이다.

이러한 때에 "미래해상신도시"가 하나의 커다란 4차산업혁명의 캠퍼스가 되어 고급 기술들을 실험해보고 구현해보며 적용한 뒤에 이식하는 그런 체계적인 일들이 일어나길 고대해 본다.

전기차와 수소차

03

전기, 수소자동차의 메카로

전기차 배터리에 직접 전기를
충전한 후 동력에 사용

수소차(수소전기차)

저장된 수소를 산소와 화학반응 시켜
전기에너지를 발생시켜 모터로 보냄

기술의 혁신에서 노동의 혁신으로

헨리 포드는 그 당시 집값보다도 비싼 자동차를 대중화시키기 위해 자동차 대량 생산의 꿈을 가진다. 그 꿈은 1903년 최초의 대량생산 라인에 의한 자동차 조립 공장을 세우는 선택으로 나타났다. 그리고 100년 만에 자동차는 사람이 운전하는 것이 아닌 인공지능에 바탕을 둔 자율주행자동차와 기름을 한 방울도 넣지 않는 전기자동차 등으로 발전하게 되었다.

모든 성공의 밑바탕에는 이처럼 열정적인 꿈이 있다. 그는 미시간 주(州) 웨인에서 출생했다. 자동차 왕으로 불리는 세계적인 자동차 제작회사 포드의 창설자인 포드의 신화는 이렇게 한 소년의 꿈으로 시작되었다는 게 놀랍다.

농부의 아들로 태어나 소년시절부터 기계에 흥미를 가져 학업을 중단하고 15세 때 기계공이 되어 자동차 제작에 몰두하였던 것도 모두 이러한 그의 꿈의 결과였다.

그가 자동차를 발명한 것은 아니지만 근대적 대량생산방식에 의하여 자동차를 대중화하였기 때문에 그를 자동차 왕이라 부른다. 1899년까지 디트로이트에 있는 에디슨 회사의 기술책임자에서 출발하여 1903년 동업자와 함께 자본금 10만 달러로 포드 자동차회사를 설립하였다. 결국 1908년 세계 최초의 양산(量産)대중차 T형 포드의 제작을 개시한다. 1913년에는 조립 라인 방식으로 양산체제인 포드 시스템을 확립하였으며 그 밖에 수많은 기술상의 새로운 토대와 계획·조직·관리에 있어서 합리적 경영 방식을 도입하였다.

노동자중심에서 로봇중심으로

아이디어는 빌릴 수 있다. 헨리 포드는 대량생산을 위한 포드 시스템을 도입하여 1일 1,000대까지 양산가능하게 했는데, 그가 당시 여러 개의 작은 자동차 회사들을 제치고 자동차왕국을 이룰 수 있었던 것은 벨트 컨베이어 시스템인 일괄생산 방식의 조립 라인을 구축했기 때문이다. 그 결과 대량으로 T형 자동차를 생산하여 저렴한 가격에 공급할 수 있었고, 경쟁사들은 도저히 포드의 생산성과 가격 경쟁력을 따르지 못하였기에 일등은 항상 포드자동차였다. 그런데 이 컨베이어 벨트 형식의 생산 시스템은 헨리 포드가 자동차와는 전혀 관련 없는 시어스 로벅이라는 통신판매회사(시어스 로벅 백화점의 전신)에 들렸다가 목격한, 주문받은 편지들을 분류하기 위해 만들어 놓은 컨베이어 벨트 때문이었다. 그곳에서는 여러 곳에서 온 주문서 양식을 분류하기 위해 컨베이어 시스템을 돌리고 있었는데 그것에서 착안하여 자동차를 만드는 공정을 세분화해서 자동차 생산을 하도록 고안한 것이다.

포드가 고안해 낸 컨베이어 벨트 시스템의 자동차 생산 공정은 노동집약적 산업의 총아였다. 하지만 이제 그 노동집약적 산업이 노조활동의 활성화로 말미암아 대부분 위기를 맞고 있다. 엎친 데 덮친 격으로 인공지능과 로봇산업의 발달이 순수노동시장을 위협하고 있다. 사주는 점점 유리해지고 노동자들은 점점 입지가 줄어든다. 이러한 때를 대비해 이제는 전 국민이 노조원이 되는 국민노조의 시대가 도래하고 있다.

|그림 46| 성큼 다가온 로봇자동화 생산시대

노동집약에서 노동해방의 시대로

국민노조란 무엇인가? 한 마디로 인공지능과 로봇이 노동을 거의 대부분 담당하는 시대가 되면 노동자 한 사람 한 사람이 로봇의 소유주가 되는 제도를 만들어 로봇이 일한 대가를 기본소득으로 받는 시대를 만들어야 한다는 말이다. 그렇게 해야 할 이유 중 하나는 귀족노조 때문이다. 노동집약적 중심사회에서 블루컬러들은 늘 사회적 약자의 자리에 있었다. 하지만 강경한 투쟁과 파업 등으로 몇몇의 사업장엔 흔히 말하는 귀족노조가 포진하게 되었다. 기득권을 쥔 이들은 각종 사회적 이슈에 정치적 행동을 해서 이미 가진 기득권을 내려놓지 않고 있다. 이 때문에 대한민국의 효자 산업이었던 자동차 산업이 위협을 받고 있다.[47] 하지만 곧 노동 해방의 시대는 온다. 이미 자본 소득가나 로열티 소득가들은 노동에서 자유를 만끽하고 있었지만 대다수의 시민들은 노동에서 자유를 누리지 못하고 있다. 하지만 점점 4차 산업혁명이 가속화되어 전체 산업의 70~80%가 인공지능과 로봇으로 대체된다면 자연스레 노동의 해방은 올 수밖에 없다. 이것을 실험해야 하는 것도 이 시대 지도자들의 몫이다.

강성노조의 퇴조와 국민노조의 부상

국내 기업 중 최대 규모인 현대차 노조에는 대한민국이 녹아 있다. 가파른 성장과 민주화 과정을 거쳤고 계파간 치열한 권력다툼도 있다. 늙어가는 조직 구성까지 인구 고령화를 겪는 한국의 모습을 닮았다.

고령화와 차세대 자동차 전환은 현대차 노조의 변신을 요구하고 있다. 2025년까지 은퇴자만 1만 5,800명에 이른다. 전 조합원의 30% 이상이 앞으로 5년 안에 회사를 떠나야 한다. 게다가 가솔린, 경유 등 기존 내연기관 차량을 급속히 대체하고 있는 전기차는 부품이 적고, 그만큼 조립인력도 덜 필요하다. 독일 폭스바겐이 전기차 생산 증가에 맞춰 2023년까지

8,000명 감원을 예고했다. 현대차라고 예외일 수는 없다. 현대차 성장과 함께 연 소득 9,000만원의 고소득자가 된 현대차 조합원의 투쟁은 대중의 외면을 받기 시작했고 급기야 '귀족노조'라는 오명을 쓰기도 했다. 노조 내부의 비리 사건도 이런 시선에 한몫했다.

이러한 문제를 해결하는 방법은 부산 녹산공단에 자동차 전용생산회사를 설립하는 것이다. 어떤 회사의 자동차든 어떤 종류의 자동차든 하청을 받아 부품을 공급받고 생산라인만 돌리는 말 그대로 자동차 OEM 방식의 공장을 설립하는 것이다. 그렇게 하는 이유는 노조의 문제 때문에 해외로 생산기지를 옮기는 것을 막고, 급속하게 변화하고 있는 자동차의 기술변화에 능동적으로 대처하고, 전기자동차와 같은 첨단 자동차의 빠른 생산을 위한 전초기지를 부산이 제공한다는 의미가 있다.

엘론 머스크가 최근 가장 심혈을 기울이고 있는 사업은 아무래도 전기자동차라고 할 수 있다. 앞으로 우리나라도 급격하게 전기자동차와 수소자동차로 이동할 것이다.

4차산업 도미노 전략

엘론 머스크가 세계적인 기업을 일으켜 나가는 방법을 도미노 전략이라고 한다. 그 방법은 작은 도미노 블록부터 시작한다는 것이다. 그리고 작은 블록이 조금 더 큰 블록을 쓰러뜨릴 수 있도록 블록을 차례대로 배치하는 것이다. 예를 들면 지금 할 수 있는 최대한 간단한 사업 아이디어를 구상해서 시작한다. 그런 다음 그 작은 사업체가 만든 제품을 구입할 수 있는 고객 한 명을 찾아 확보한다. 그런 다음 다시 5명의 고객을 찾는 방식이다.

처음부터 너무 큰 블록을 놓는다면 그것은 절대 쓰러지지 않을 것이 분명하다. 하지만 작은 블록부터 큰 블록으로 조금씩 쌓아 놓다보면 처음 출발한 블록의 35배까지 큰 블록을 넘어뜨릴 수 있다. 먼저 자동차 조립만 전문으로 하는 회사를 설립한 다음 천천히 자체적인 브랜드를 가진 자동차를 만들어 나가는 것도 좋은 방법일 것이다.

포드가 만든 자동차가 이제는 전기자동차를 넘어 자율주행 자동차로까지 발전하였고, 머잖은 장래에 영화에서 보듯이 하늘을 나는 자동차가 우리 머리 위를 씽씽 달릴 날도 멀지 않았다. 그런 시대를 넘어 또 다른 인간의 운송수단을 만들 준비를 지금부터 해야 되는데 그것이 드론 기술을 이용한 개인 비행체이다. 부산은 이러한 개인 비행용 드론 개발에 온 심혈을 기울이고 있다.

04

바다영토 확장, 해상일주도로

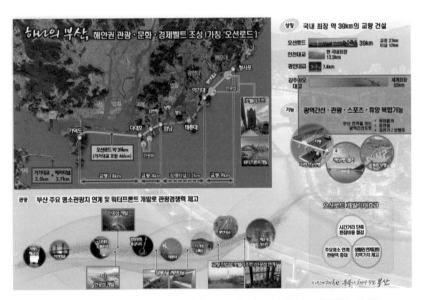

|그림 69| 부산의 해안선을 연결하는 거대한 현수교를 만들어 외곽순환고속도로를 만드는 상상도

꿈과 자본의 만남이 역사를 만든다

사람들이 콜럼버스는 잘 안다. 하지만 그를 믿고 후원해주었던 스페인의 이사벨라 여왕은 잘 모른다. 마치 스티브 잡스는 잘 알지만 스티브 잡스를 후원한 스티브 워즈니악은 잘 알지 못하고 있는 것과 같다. 끝 모르는 상상력의 소유자 애플의 창업자 스티브 잡스는 이제 교과서에도 등장하는 인물이다, 하지만 초창기 애플의 시제품을 원하는 대로 만들어낸 스티브 워즈니악이 없었다면 디지털시대를 연 스티브 잡스는 없었을 것이라고 보는 사람이 많다.

워즈니악은 아버지에게서 기초물리학과 회로설계를 배웠다. 그는 항상 세계최초의 제품을 만들고자 하는 열망이 가득했던 괴짜였다. 잡스가 아이디어를 내고 꿈을 꾸면 그것을 제품으로 만들어 내었다. 워즈니악이 있었기에 디지털 신대륙의 황제 스티브 잡스가 있을 수 있었던 것이다.

마찬가지로 콜럼버스의 망상을 인정해주고 인도항로 탐험에 전격적인 지원을 한 사람이 여왕 이사벨라 1세다. 그녀는 두 왕국을 통일한 에스파냐 왕국을 남편과 공동 통치하였던 대단한 여제였다. 당시 꿈에 부풀었던 콜럼버스는 여러 나라의 군주를 찾아가 애원했다.

"신에게 새로운 인도의 항로를 발견할 수 있는 항해 자금을 지원하여 주옵소서. 신항로를 발견하여 금과 향료를 얻게 되면 절반을 왕에게 바치겠나이다."

여러 왕들과 부자들에게 애타게 애원했지만 유럽의 그 수많은 왕들은 거들떠보지도 않았다. 하지만 이사벨라 1세 여왕은 콜럼버스의 용기 하나만을 믿고 거금을 후원하기로 결정하게 된다. 결국 콜럼버스가 아메리카라는 신대륙을 발견하게 되자 그녀는 새로운 땅을 차지하는 놀라운 결과를 얻을 수 있었다. 선택은 단 한 번이지만 결과는 영속한다는 것을 보여주는 귀한 역사의 교훈이다.

정치적 용기와 결단으로 국민을 펀(FUN)하게

그래서 "미래 해상미래신도시"프로젝트는 정치적인 역량이 있어야 결단할 수 있는 거대한 사업이다. 하지만 시작하고 추진한다면 그는 영웅이 될 것이다. 부산을 살리는 것으로 끝나지 않고 대한민국을 살리는 길이 될 것이다. 그래서 감히 부산을 일으키는 자 한국을 살릴 것이라고 자신 있게 말하는 것이다.[48]

가덕도 저 먼 바다에 건설하고자 하는 "해상 미래신도시"야 말로 콜럼버스의 달걀이라고 생각한다. 누구나 아는 것이지만, 누구나 실행하지 않는 것이 이 세상의 이치인 것이다.

콜럼버스의 두 번째 항해는 몇 년 후에 이어졌다. 17척의 배에다가 1,500명의 선원으로 꾸려진 대(大)선단이었다. 신대륙 개척을 역사를 다시 쓰기 위해 출발했다. 후일 콜럼버스의 이름을 따라 신대륙 곳곳엔 그의 이

름이 붙여진다.[49)]

기억하기 바란다. 준비하고 기다리는 자에게 기회는 반드시 온다. 행운은 모든 사람에게 골고루 찾아온다. 그러나 그것을 붙잡는 사람은 많지 않다. 이사벨라와 같이 기다리는 자에게 그리고 또 기회를 기다리는 자에게 축복은 오는 법이다. 홍콩에서 핵시트가 일어나는 상황은 100년만에 처음 처음 찾아온 기회이다.

세계 최장 해상일주도로로 교통난 해소

부산의 교통난은 어제 오늘의 일이 아니다. 한 마디로 교통지옥이다. 그동안 별의 별 안을 내놓았지만 여전히 개선이 안 되고 있다. 이를 해결할 가장 좋은 방법은 해상을 이용한 다리이다. 가덕도에 어차피 신공항이 들어선다면 가덕도에서부터 해운대 기장까지 다리를 놓는 것이다. 아마 세계에서 가장 긴 다리가 놓일 것이다. 부산은 가덕도에서부터 출발하면 다대포의 몰운대, 태종대, 이기대, 자성대등 많은 돌출 부위가 있다. 이곳을 램프로 활용하면 세계 최장 현수교는 부산시의 외곽순환 고속도로가 되는 것이다. 총연장 30km가 될 것이다. 그뿐 아니라 이 현수교를 단순한 자동차전용도로만 만들지 말고 3층으로 만들어 위층은 일반도로로, 중간층은 파노라마 익스프레스로 제일 아래층은 케이블카가 다니도록 만든다면 세계적인 명물이 될 것이다. 이것이야 말로 초발상이 아니고 무엇이겠는가?

교통난도 해소하고, 도로를 만들기 위한 토지보상비도 들지 않고 관광자원도 된다. 한 마디로 일석 3조인 것이다.

첫째, 재원 문제는 민자유치로 얼마든지 가능하다. 이 비전만 가지고도 투자하겠다는 기업은 얼마든지 있기 때문이다. 이미 부산은 터널, 도로, 항만 곳곳에 민자를 유치해 유료화시켜서 성공한 사례들이 있다.

둘째, 기술력이다.

이 또한 충분하다. 대림산업과 SK건설이 터키에 건설 중인 현수교는 최근 교각기초 건설을 끝냈다고 한다. "차나칼레대교" 총길이가 3.6km에 이르며 주탑과 주탑의 거리가 약 2km 세계최장의 현수교이다.

차나칼레프로젝트는 현수교와 85km길이에 연결도로를 건설해서 운영한 뒤 BOT(건설 운영양도) 방식의 민관 협력사업이다. 대림산업과 SK건설은 2017년 1월 터키 현지 업체 2곳과 컨소시엄을 구성해 일본 업체와의 경쟁 끝에 이 사업을 수주했다. 총사업비는 3조 5천억여 원으로 설계·조달·시공(EPC) 뿐 아니라 사업 시행자로 참여해 완공 후 운영 수익을 보장받는 방식이다. 2021년 하반기 준공예정이며 총 사업기간은 건설과 운영기간을 포함해 16년 2개월이다. 만약 부산 앞바다를 이러한 현수교로 잇게 된다면 터키보다 더 긴 현수교가 생기고 세계 최대의 관광자원이 될 것이다. 만성적인 교통난도 완전히 해결될 것이다. 민자를 유치해서 건설한 후 26년간 수익을 보장한다면 이에 따른 부수효과는 상상 이상일 것이다.

금융허브의 꿈 -

국제금융단지 활성화

부산 금융중심지 전략 개편

금융위가 발표한 자료를 보면 "정부의 금융중심지 정책"이 나온다. 여기에서 2003년 12월에 기본계획이 수립된 것을 알 수 있다. "동북아 금융허브 로드맵"을 수립하여 금융허브 기반 구축을 추진한다는 것이 골자인데, 이에 따라 2007년 12월에는 금융중심지의 조성과 발전에 관한 법률을 제정하였다. 그리고 2008년 4월에 주요 정책 심의를 위한 금융중심지 추진위원회를 구성하였다. 그리하여 2008년부터 20년까지 5차에 걸쳐 금융중심지 기본계획을 수립하여 현재까지 추진 중이다. 그 첫째 과제로 2008년 8월, 제1차 금융중심지 기본계획을 수립하였고(08-10년), 2009년 1월에 서울과 부산을 금융중심지로 지정하였다. 2011년 9월에는 제2차 금융중심지 기본계획을 수립하였다(11-13년).

더 나아가 2014년 10월에는 제3차 금융중심지 기본계획을 수립하였다(14-16년). 연이어 2017년 10월에는 제4차 금융중심지 기본계획을 수립하였다(17-19년). 그리고 드디어 올해 2020년 5월, 제5차 금융중심지 기본계획을 수립하여 마감하였다(20-22년).

그간의 정책이행을 평가해 보면, 자본시장 규모 확대 및 질적 성장을 추진하는 한편, 지속적인 규제개선과 혁신금융 지원으로 금융산업의 경쟁력을 강화하였다

또 주식시장 시가총액의 증가와 외국인 주식 보유액이 증가한 것이 드러났다. 민간 모험자본 생태계 구축, 금융규제 샌드박스 등을 통한 규제혁

신, 핀테크 스케일업 등을 통해 혁신성장을 선도한 점이 확인되었다. 특히 국제적으로 신뢰받는 금융중심지 육성을 위해 국제기준에 부합하는 금융 인프라·감독시스템을 구축한 것은 큰 성과라고 할 것이다. 서울, 부산의 특화전략을 바탕으로 시장친화적인 금융생태계를 조성하고 금융산업을 선도할 금융 전문인력의 양성과정을 운영한 것도 성과라고 할 것이다.

최근 금융회사의 해외진출이 확대되고 있으나 여전히 국제경쟁력 개선과 글로벌화 추진이 필요한 사항이다. 글로벌 금융환경 변화로 인해 외국계 금융회사의 본점 수익성 악화 등으로 국내 진입이 정체되고 영업축소 움직임이 나타나는 문제가 드러나고 있다. 거기에다 홍콩의 정치·사회적 안정성 우려와 아세안 경제 급부상 등에 따른 글로벌 금융중심지 간(間) 경쟁환경이 변화되고 있기에 위기 속의 기회가 잠재되어 있다. 홍콩은 정치적 불안정성 등을 이유로 자금유출 우려 등이 확대되고 있다. 싱가포르는 대체투자의 성장, 정치·사회적 안정성으로 아세안 투자를 중심으로 존재 감을 확대되고 있다. 중국은 상하이, 선전 등을 중심으로 금융시장 개방을 가속화하고 있다. 또 호주는 자산운용업을 중심으로 자국 펀드운용 서비스의 수출 및 해외 금융회사 유치를 위해 노력하고 있는 상황이다.

핀테크도 편하게

우리나라는 전반적으로 핀테크가 더욱 강조되는 등 금융환경이 급변하고 있다. 금융 아웃바운드 전략의 대상으로서 신흥 경제권의 대표인 아세안 국가에 대한 관심이 확대되고 있기 때문이다. 글로벌 금융중심지 역할 수행에 있어 핀테크 서비스에 유리한 사업환경 조성이 중요한 과제로 부각되고 있다. 강한 실물경제 기반과 풍부한 연금자산 축적, IT 시스템의 발달은 강점으로 작용하고 있다. 그러나 국제업무능력 부족 및 경직적인 규제환경, 낮은 자본수익률 등은 약점이다. 금융중개형 중심지 모델(홍콩, 싱가포르 등)을 따르지 않는 한, 실물경제-자본시장 연계를 강화하고 국경간 금융거래를 활성화하는 방향으로 정책을 전개할 필요가 있는 대목이다.

그간 2009년 해양과 파생분야를 특화한 금융중심지로 부산 문현 지역을 지정하였다. 2014년 금융공기업(한국거래소, 한국자산관리 공사, 한국예탁결제원, 한국주택금융공사, 기술보증기금) 과 한국은행 부산본부, BNK 금융그룹이 문현 지역에 입주하였다. 그리고 2018년 7월 한국해양진흥공사를 설립하였다. 그리고 작년인 2019년 블록체인 규제자유구역으로 지정하였다. 2020년 7월에는 부산 국제금융진흥원도 출범하였다. 부산경제진흥원 산하 부산국제금융도시 추진센터 (2007년 설립)가 확대개편된 것이다.

여러 외형적 성과에도 불구하고 내실 있는 성장은 아직 저조하다. 해외기관 (Z/Yen Group)이 평가한 부산의 국제금융센터지수(GFIC)는 최근 3년간 하락세로 전환하고 있다 (15년: 24위 à 18년: 46위). 그리고 지역내 금융산업의 활력을 나타내는 지역내 금융비중도 오히려 후퇴하고 있다(11: 7.4% à12: :7.1% à13 : 6.7% à14 : 6.8% à15 : 6.7% à16 : 6.5%).

2018년 부산시는 새로운 10년 금융중심지 추진 6대 전략을 발표했지만 조선 등 실물경제기반을 활용한 해양 특화금융 활성화는 미비하다. 앞으로 파생금융시장 활성화를 위한 한국거래소 역할 강화와 핀테크 등 금융기술 기업 클러스터화 추진이 절실히 요구되는 시점이다. 그리고 백업센터, back office 등 국제수준의 금융 인프라 구축도 필요하다. 글로벌 핀테크 클러스터 조성, 자본시장 중심 국제금융 클러스터 육성을 통해 지속가능한 성장을 꾀해야 한다. 특히, 핀테크 클러스터 조성을 위한 지속적인 노력이 필요하다.

그러면 자본이란 어떻게 움직이는가? 무엇보다 즐거움, 즉 기쁨이 있어야 한다.

『21세기 자본』이란 책을 쓴 프랑스의 경제학자 토마 피케티는 말한다. "21세기 자본은 자산수익률이 경제성장률보다 커지면서 소득불평등 역시 점점 심화된다."따라서 피케티는 "세습"자본주의의 특징이 부(富)와 소득의 "끔찍한" 불평등이라고 꼬집었다. 피케티는 매우 비판적인 시각으로 지난 2백 년 동안 부와 소득의 불평등이 어떻게 진화해 왔는지를 상세히 밝히고 있다. 피케티는 자유시장, 자본주의가 부를 평범한 사람들에게까지 확산시키고 개인의 자유를 보장한다고 하는, 널리 퍼진 견해에 의문을 제기한다. 따라서 국가가 하는 주요한 재분배 기능이 모두 사라진 자유시장 자본주의에서는 비민주적인 소수 지배가 생겨난다는 것을 주장했다. 이러한 주장이 많은 논란을 불러일으켰고 그 결과 그의 영향으로 세습 자본주의로 나아가는 시류를 거스를 방안으로 누진세 제도와 국제적 부유세 도입을 옹호했다.

그들과 같은 생각을 가진 학자들은 이자나 배당소득, 임대소득 등의 자본소득은 증가할수록 소득분배를 악화시킬 가능성이 큰 것으로 본다.

그러나 하버드대의 그레고리 맨큐, 마틴 펠트슈타인 교수 등 보수성향의 경제학자들은 피케티의 주장이 너무 과장됐다고 비판한다. 국내 보수적 연구단체인 자유경제원의 현진권 원장은 '피케티 열풍에 자유주의자가 답하다'라는 토론회에서 "상대적 소득격차는 어쩔 수 없이 존재하고, 피케티가 주장하는 소득 평등이 정책 목표가 될 순 없다"고 말하기도 했다.

마르크스주의 이론가인 데이비드 하비는 "피케티가 모아 놓은 자료는 가치가 크다. 그러나 왜 불평등이 생기고 왜 소수가 지배하는 경향이 생기는지에 관한 그의 설명에는 심각한 결함이 있다. 불평등을 해소할 치료법으로 그가 내놓은 방안은 순진하고 심지어 공상적이기도 하다. 분명히 그는 21세기의 자본이 작동하는 방식을 설명하지 못했다."라고 비판한다.

근대 자본주의가 성장하고 자본주의 폐해가 심해지자 대안으로 나온 좌파적 사회주의는 구더기 무서워 장을 담지 못하는 지경까지 나아가 버렸다. 경제라는 구조는 그렇게 간단한 문제가 아니기 때문이다. 그들이 말하는 불로소득이 잉여자본이 되어 다른 이의 아이디어나 창업에 도움이 된다면 이것은 적극적으로 장려해야 될 사항이지, 분배에 기여하는 바가 적다고 내칠 것이 아니라는 말이다. 자본이 모이면 당연히 자본은 투자처를 찾게 되어 있고, 아이디어와 기술을 가진 자들에겐 천사가 될 수 있는 것이다. 이러한 선순환적인 투자의 구조를 만드는 것이 펀한 핀테크이다. 물론 분배와 사회에 대한 환원은 개인의 책임과 기부로 해결하여야 한다.

FUN한 금융허브

금융허브란 그 지역 내지는 세계 유수의 금융기관이 많이 집적된 도시를 말하며 외국인 투자자 입장에서는 일종의 gateway 역할을 말한다. 허브의 주요 기능은 결국 금융기관이 하는 역할과 같은 역할 (금융거래의 중개와 결제)을 모두 포함하는 것을 말하는 것이다. 즉 기업 자금조달 (채권발행, IPO , 신디케이션 론), 외환조달, 자산운용이다.

그렇다면 금융허브 정책의 한계와 고려사항은 무엇일까? 한국의 경우, 국가신인도는 높으나 금융시장의 국제성은 현저히 떨어지고 있어서 금융중심지 정책 추진에 약점과 한계가 많음을 인식하고 정책을 추진해야 한다.

- 비즈니스 인프라 : 공정하고 정의로운 비즈니스 환경조성이 기본 (재벌 중심 경제구조가 일종의 약점이 되기도 함)

- 시장접근성 : 홍콩과 싱가포르는 각각 달러/바스켓제 (고정환율로써 환위험 제로임)이나 원화의 비교환성, 낮은 시장 자유화 수준 (역외 외환 시장 부재), 행정편의적인 투자자 등록제도, 영어로 된 공시 미흡, DVP(증권대금 동시경제제도)부재, 장외 매매 및 현물 인도 사실상 불가능

- 사회경제적 문제 : 국제적인 금융인력 부재 (금융은 고도의 지식기반 산업)와 외국인 전문인력들이 선호하지 않는 폐쇄적 문화
- 규제체계 : 홍콩, 싱가포르의 경우 영국 식민지 시대의 유산인 영미법체계의 합리적이고 신속한 사법제도의 정착 (외국인 투자자들 사이에서도 높은 신뢰), 금융규제의 투명성과 합리성 부족, 노동시장 유연성에서 낮은 점수
- 조세체계 : 복잡한 세제 체계 및 홍콩, 싱가포르 대비 높은 세율

앞으로 핵시트가 가속화될 경우 우리는 선전적인 홍콩주재 외국금융회사의 국내 유치를 위해 모든 가능성을 열어두고 준비해야 한다. 왜냐면 홍콩의 불안에 따른 현지 외국금융사가 홍콩을 떠날 가능성이 점점 커지기 때문이다.

명실상부한 금융허브와 해상신도시

주요 외국금융사의 본사 (Business Continuity Maintenance)를 홍콩과 지척 거리에 있는 해상신도시에 유치하는 것이 대안이 될 수 있다. 물론 핵시트 후에도 중국의 홍콩을 통한 자금조달 수요 등 중국business 수요가 압도적으로 클 것이다. 여기엔 금융회사간 집적효과가 예상보다 지대하다는 것을 인식하고 대단위 금융허브를 처음부터 예상하고 준비해야 한다. 각국은 돈을 크게 풀고 있고 노령화로 근로계층감소에 따른 세수가 감소함에 따라 조세부담증가 압력이 크나 홍콩은 조세부담압력이 적어 편한 금

융허브가 될 수 있었다. 그간 홍콩은 동북아 금융허브지역, 싱가포르는 동남아 금융허브역할을 하고 있어 홍콩주재 금융회사들은 동북아에서 사업을 하고 있기 때문에 싱가포르나 다른 지역으로 이동하려고 하지는 않을 것이라는 전망이 우세하다.

홍콩과 싱가포르는 영국 식민지이며 달러에 peg 되어 환리스크가 없어 세계 달러자산의 60%를 점하고 있는 미국투자가들에게는 가장 적합한 투자지역이다. 따라서 조세감면 등 혜택으로 홍콩주재 외국금융사를 유치하고자 하는 전략은 현재로서는 사실상 실현하기가 어렵다. 하지만 실물거래를 기반으로 하는 Niche Market을 집중 개발·육성하는 것으로부터 시작해 점점 홍콩·싱가포르화하는 것이 필요하다. 부산은 그간 외형적, 물적 인프라 측면에서는 가시적인 성과가 있었으나 정책의 가시적 효과는 아직 미진하다. 이제는 금융중심지에 대한 패러다임 전환이 요구된다. 중심지전략 1단계는 정부주도로 금융중심지 기반과 여건이 조성되었다. 금융공기업의 이전, 선박금융 지원확충을 위한 정부의 법적인 조직 구비 및 정책금융을 통한 금융지원 확대 등이 그것이다. 하지만 향후 10년은 공공부분의 주도적인 역할과 함께 민간부문의 자발적인 참여와 역할 증대를 도모하는 정책과 환경조성이 긴요하다.

앞으로 편한 금융허브를 만들어내기 위해서는 금융부문의 재도약을 위한 규제혁신 등 정책 역할의 전환, 즉 세제혜택, 외국인투자 등록제도 개편, 금융규제 및 노동유연화 정책, 이민정책 및 국제학교(외국인 전문인력 유치인센티브제도), 금융 데이터 산업 육성을 위한 개인정보보호의 예외적 완화 등을 추진해야 한다. 그리고 무엇보다 부산시, 관련기관 및 시민들의 금융 중심지에 대한 시각 재정립이 필요하다. 다시 말해 부산지역의 활력 상실 과 침몰하는 경제라는 암울한 시대를 총체적인 혁신을 통해 다음 세대에 게 소망의 미래를 물려주려는 결단이 필요하다는 말이다.

부산을 국제적인 다양성과 역동성이 넘치는 글로벌 해양도시로 전환되 도록 한다.

태평양 패권을 꿈꾸며 거대 해양도시로 발전시켜 통일에 대비한 국익 고양을 부산이 앞장서 담당해 나가도록 새로운 패러다임으로 중심지 정책 을 review 하고 재설계 한다.

국제적 물류 중심지라는 지리적 우위와 아시아의 핵심 자본시장 중 하 나인 한국거래소를 품고 있는 큰 강점을 최대한 활용하면 충분히 편한 금 융허브를 해상신도시 위에 세울 수 있다.

무엇보다 부산지역의 산업구조가 4차 산업시대를 주도할 수 있는 구조 로 개편되어 새로운 지역경제 성장 동력화가 되면서 금융중심지와 연계 효과를 극대화시켜나가야 한다. 지난 10년간 글로벌 금융환경의 변화는 블록체인, 빅데이터, 인공지능 등 4차 산업과 연관된 기술혁명이 확산되는 가운데 금융산업의 탈중앙화, 혁신 및 효율성 추구 추세가 지속되고 미·중갈등에 따른 국가간 산업 및 금융패권을 위한 경쟁이 격화되고 있기 때 문에 이 위기가 부산에는 기회로 작용할 시기가 온 것이라 할 것이다. 서울시 금융중심지와는 차별화된 금융중심지 기반을 확충하되 상호 시너지 효과가 제고되도록 양립(pairing)적으로 발전하는 모델 구축이 필요하다. 현재 글로벌 금융중심지 경쟁에서 괄목할 만한 성과를 보이는 도시는 광저우, 칭다오. 텐진, 몬트리올, 밴쿠버, 캘거리, 두바이, 아부다비, 맬버른, 오사카, 함부르크, 텔아비브 등이다. 이들의 금융중심지 전략의 특징은 살기 좋은 도시, 주변사업과의 연계 클러스트 형성, 혁신산업과 연계성 강화, 중앙과 지방정부의 강력한 리더십, 역내 금융허브의 역할분담 등을 통한 위상 확보 등이다.

외국인 정주 클러스터

해상신도시는 외국인 정주 클러스터 (가칭 Busan Foreigner's Village)를 조성하는 것을 목표로 해야 한다. 그리하여 외국기업 임직원들이 적절한 가격에 구입 및 임대차 주택을 사용할 수 있도록 해야 한다. 정부의 재정지원을 최대한 지원받도록 하되 국내외 민간자본을 적극 활용하는 방안을 강구해야 한다. 결론적으로 편한 금융중심지 정책의 본질은 단기간 내 효과가 없더라도 궁극적으로 바람직한 방향인 경우는 한 세대 이상의 장기적 시각으로 한 걸음씩 전진하도록 해야 한다. 조사에 따르면 외국인들은 바다, 회사와 주거지역 및 뒷산이 있는 지역을 가장 선호하고 있어 부산이 천혜의 조건을 구비한 지역이므로 이들의 유치를 위하여 정주여건을 구비해줄 필요가 있다.

따라서 외국기업과 종사자 가족을 유치하는데 가장 적합한 장소는 해상신도시이다. 현수교와 해저터널로 연결된 하이퍼루프 기차를 타고 부산역으로 연결되는 꿈의 시스템이 갖추어지면 부산은 특화금융지역으로 성공적 정착과 발전을 하게 될 것이다.

편한 해양금융특화 단지

부산은 한국에서 제일 큰 항구이고 세계에서 가장 큰 컨테이너선이 접안가능하며 원자재 수요가 많은 일본과 중국에의 접근성이 가장 좋다. 해양금융의 심화·발전을 위하여 각 거래마다 가치창출이 높은데다 전략적 가치가 높은 글로벌 원자재 거래를 촉진하는 외환거래를 새로이 개발할 수 있는 장점이 있다. 농업, 가스등 에너지, 메탈 등 모든 원자재를 대상으로 항만조사를 기초한 세계 유일의 최신 물류창고를 건설하여 글로벌(global) 차원에서 원자재를 거래하는 국내외 트레이더(traders)의 참여를 촉진할 수 있다. 이런 거래는 구매금융, 재고금융, 채권금융, 헤징(hedging)을 위한 파생거래 등 다양한 외환거래업무가 연결되며 거래마다 인프라 구축이 광범위하여 경제적 효과도 크다. 이를 위하여 원자재금융 TF를 운영하여야 한다. 또 이것은 국가 전략적 요인, 금융안정 측면 등 연관 분야가 다양하므로 금융위/부산시/해수부등 정부차원의 정책적 지원을 결정해야 한다. 이에 앞서 산업은행, 부산은행, 시중은행의 전문가와 금융연구원 등 전문가 그리고 해양진흥공사, 부산 항만공사로 구성전문가 TF를 구성하여 인력훈련, 항만조사, 리스크 관리를 해야 한다. 소요재원 조달 방안(국내 은행 syndication)인 원자재 금융은 가격 리스크, 글로벌 금융사기의 가능성도 높으므로 각 거래단계별로 철저한 리스크 관리가 선제적으로 필요하다. 또 front to back finance, back to back finance, inventory finance, pre-export finance, syndication 등 다양한 금융거래가 수반되어야 한다.

그리고 무엇보다 조선사, 해운사에 대한 금융공급 확대정책을 펴야 한다. 국내 민간은행과 해운사들의 열위 등으로 당분간 정책금융기관(산은, 수은, 무역보험공사, 부산해양진흥공사)을 중심으로 민간은행의 참여 유도를 위한 선단전략과 이들에 대한 우대조치를 해주어야 한다. 그러면 공해물질을 많이 배출하는 노후선박 교체, LNG 추진선과 같은 친 환경 선박발주 등 Green Shipping 정책추진으로 금융수요를 확대할 수 있기 때문이다.

기준 규모의 경제를 이루지 못하는 소규모 국내선사간 인수합병과 통합을 유도하여 신용도 향상 등 생존가능성을 높이는 정책을 추진하는 것도 편한 해운금융의 과제이다.

선사를 단순 해운물류기업의 위치에서 블록체인, AI 등을 활용한 복합물류기업으로 근본적인 변화를 통해 경쟁력을 제고하는 정책을 추진해야 한다(별첨 참조). 그리하여 해외선주 선박금융에의 참여 등 선박금융의 공급 총량을 확대하는 정책을 추진(선박 asset class 의 확충)해야 한다. 은행 대출

이외에 자본시장을 통한 선박금융 자금 조달원을 다양화하자는 것이다.

이것을 간략하게 도식화해 보면 다음과 같다.

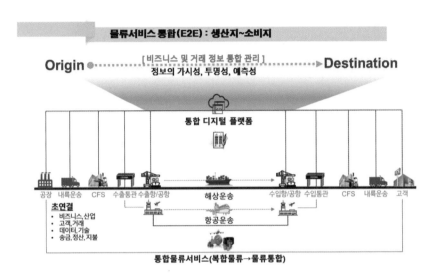

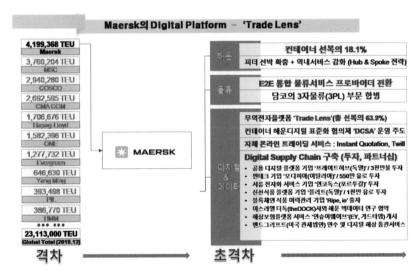

해양금융서비스 인프라 구축

해양금융과 관련된 각종 금융서비스 기관의 집적 (보험, 평가, 해양 PEF 설립, 해양채권발행, 보세창고 관리 서비스회사 등) 유도

- 화란의 National Water Bank of Netherlands 같은 모델로 해양전문 은행의 설립을 검토

  해운사들의 물류산업을 혁신적으로 변화시킬 수 있도록 해양 fintech 기업의 유치, 발전을 지원함

- 이들 핀테크 기업은 선박운항 비용과 리스크를 줄이며 선박금융과 관련된 좋은 여신 선별, 신용 리스크 평가기법개발 등의 기능을 수행

아시아의 펀드 백오피스 허브의 구축

현대 자본주의는 타인자본을 모집, 운영, 관리하는 펀드회사가 자본시장 등 모든 금융시장의 주류 세력으로 등장한 펀드자본주의이다. 아시아 지역경제의 성장으로 모든 잉여자본이 미국이나 런던의 안전자산투자로 흘러가고 이들 자금은 다시 아시아 지역의 주식. 채권, 대체투자형태로 회귀하는 사이클을 가지고 있다. 이 과정에서 구미의 펀드 managers 들이 운영하는 펀드회사의 미들 및 백오피스 업무의 허브 역할을 하는 국가는 아시아 지역에 없다. 룩셈부르크가 유럽지역의 펀드회사의 미들 및 백오피스 기능을 유치함으로서 안정적인 수입을 얻고 있는 것이 유일하다. 따라

서 펀드산업의 특화전략을 다음과 같이 추진하며 예탁결제원의 기능을 강화해야 한다.

① 해운, 항만, 조선 등 부산이 비교 우위가 있는 사모펀드 육성을 위해 민간투자를 유인하는 마중물 역할을 하는 일정 규모의 정책펀드의 조성을 추진
② 아시아 지역에서의 백오피스 업무의 허브 특화를 추진
③ 이를 위하여 펀드 백오피스 기관의 유치를 강화

위의 3가지 항목을 중심으로 펀드허브를 위한 TF 운영하여야 한다. 부산시와 예탁원, BNK 그룹, 거래소 등과 연합하여 기타 금융중심지 업무 개발과 지원을 하여야 할 것이다. 2021년 하반기 종합검토 후 확정할 것으로 알고 있다.

블록체인업과 핀테크 업의 발전

규제자유지역 내 금융규제 샌드박스 활성화 및 기술보증기금을 지원하여 대체거래소(ATS)를 설립하여 한국거래소와의 경쟁체제를 구축하여 글로벌 금융 IT 경쟁력 강화도모해야 한다. 중국계 금융회사 유치와 결제인프라 기반확충을 통한 위안화 역외허브로서의 역할 모색하여 부산지역 소

재 자금은 부산소재 자산운용사에 의한 운용을 통해 부산금융중심지 자산운용업의 지역 시장을 확보하는 방안 검토해야 한다.

BNK 그룹의 자산운용사를 활용하여 막대한 부산소재 자금이 서울 등 외지로 나가지 않고 지역 내에서 운용되게 하는 방안을 연구 하고, 금융중심지의 조성과 발전에 관한 법률의 개정, 행정기구의 설치, 금융회사의 집적 및 연관산업 지원 등 금융생태계 조성을 위한 실질적 요건의 미흡이 개선되도록 관련법 개정을 추진해야 한다.

06

4차 산업혁명의 도화선 부산

Hi HHI
현대중공업 기업

선두가 된다는 것은 고독하다

개척정신을 가지고 개척자가 된다는 것, 미지의 세계를 바라보고 새로운 탐험을 나선다는 것은 참으로 고단한 일이다. 하지만 누군가는 그 길을 택하였고, 또 누군가는 그 길을 가며 지도를 만들었다. 인류의 역사는 그런 숭고한 파이오니어들이 있었기에 오늘이 있는 것이다. 산업의 여정도 마찬가지였다. 많은 사람들이 말하길 1차 산업혁명을 인류문명의 전환점으로 손꼽으며 계속되는 산업혁명의 도화선이었다고 생각한다. 이제 부산은 태평양 도시 시대의 개척자가 되어 대한민국을 위한 거룩한 노정(路程)을 시작하여야 한다. 이를 위해 정치적으로 경제적으로 이미 가지고 있는 인프라와 재화를 재구성하여 새로운 길을 모색하여야 한다. 그 길은 고단할 것이고, 지난(至難)할 것이다. 하지만 누군가는 해야 하고 완성해야 한다.

4차 산업혁명의 견인은 정치의 몫이다

노벨경제학상을 받은 더글라스 노스(Douglass C. North)는 인류문명이 현대로 진입하게 된 극적인 변화를 제2차 경제혁명이라 명명했다. 인류가 최초로 농경지식을 갖추고 문명을 이루기 시작한 사건이 제1차 경제혁명이라고 한다면, 농사를 짓기 전 수렵이나 채집으로 삶을 영위할 때는 주변에 있는 모든 것이 우리 것이었다. 농사를 짓기 시작했다는 것은 정착하여 문명을 이루었다는 뜻이다. 농사는 파종하고, 수확하고, 저장하고, 분배하는 일련의 과정이다. 수산업이라고 하기에도 미약한 수렵 어로 역시 낚시에서 그물로 그물에서 양식까지 경제의 규모가 커지고 확대되면서 그것을 계획하고 집행하려면 권력이 필요하다. 문명이란 바로 그 권력을 행사하는 정치적 조직이 이룬 것이다. 마찬가지로 우리에게 밀어닥친 4차 산업혁명의 파고도 정치라는 고도의 사회과학적 행동이 없으면, 결국 파도가 한참 지난 뒤에 새로운 물때를 기다려야 하는 처량한 신세가 되고 말 것이다. 부산은 부산 울산 경남의 선도적 도시이다. 하지만 지금은 그 지위를 많이 빼앗겼다. 이제부터 이러한 선도적 역할을 잘 감당해서 정치적으로 파고를 잘 이겨내어 결국 경제적 도약을 선도해야 한다. 이를 위한 결과적 해법이 부산이 독립을 해야 한다는 것이다.

부산독립의 결정적 시기

지난 시절 부산시는 오거돈 시장 재직 시절 센텀2지구 도시첨단산업단지 개발제한구역을 해제했다. 국토교통부 중앙도시계획위원회 심의를 통과한 것이다. 이에 따라 부산시가 4차 산업혁명 메카도시로 도약하기 위한 계기가 마련되었다고 얼마 전 언론이 발표를 하였다. 2016년부터 추진되어 온 센텀2지구 개발제한구역 해제는 2018년 12월 중도위 4차 심의결과 보류, 2019년 9월 "국방부는 ㈜풍산이 대체부지를 확보한 다음 센텀

2지구 사업이 추진되도록 부산시와 협의하는 등의 전력공백 방지 방안을 마련하라"는 감사원의 국방부 감사결과가 공개되면서 사업추진에 차질을 빚어왔다.

당초 ㈜풍산은 개발제한구역 해제 후 부산사업장의 이전지를 결정하겠다는 입장이었으나, 부산시의 설득과 ㈜풍산의 협조로 최근 국방부에 대체부지 3개소를 제출하여 23일 국방부와 협의가 완료되었으며, 또한 부산시, 부산도시공사, ㈜풍산 간 사업추진에 따른 상호 협력 업무협약(MOU)도 체결되었다. 업무협약(MOU)에는, 풍산의 탄약생산에 차질이 발생하지 않도록 이전 완료 후 부산사업장 부지 공사착공, 풍산 이전사업 후에도 군수산업 유지 의지 표명, 풍산의 지역사회 발전과 공공기여에 대한 확약 등의 내용이 담겨 있었다. 부산시는 향후 풍산 이전사업 추진과정에서 풍산의 공공기여에 대한 구체적인 실행방안을 논의할 계획이라고 당시는 요란하게 떠들었다.

이로서 부산시는 센텀2지구 개발의 첫 단추인 개발제한구역이 해제됨에 따라 지연되었던 산업단지계획수립 절차를 조속히 추진할 예정이라고 한다. 이에 따라 그동안 지지부진하던 부산 테크노밸리 조성사업과 한국전자통신연구원 연구센터, 4차 산업혁명 융합기술센터, 첨단 재난안전산업 기술연구센터 유치 등 각종 구상사업도 본격적으로 추진될 전망이라고 하기도 한다. 하지만 센텀2지구가 고부가가치 미래산업을 선도하는 대기업, 글로벌 강소기업을 비롯해 지역 핵심역량 기업들이 적극 투자한다고 밝혔지만 아직도 지지부진한 상태이다. 주지하다시피 오거돈 시장 퇴임 이후 모든 것이 멈추어버렸기 때문이다. 지금까지는 현대글로벌서비스, 코렌스 EM, 더존비즈온, 웹케시, 오스템 등을 비롯해 130여 개 업체가 투자의향을 밝히고 있지만 갈길은 멀기만 하다. 이들 기업 중 조선해양 엔지니어링, 전기차핵심부품 제조, IT플랫폼 사업, 핀테크, 의료산업 분야에서 세계적인 기술력을 보유한 기업들이 눈에 띄지만 4차 산업혁명이라는 것이 공장 혹은 연구소 몇 개 유치한다고 되는 것이 아니다. 미래산업 선도기술을 유도하고 기업과 연구소를 유치하여 관련 산업생태계를 집중 육성하는 것은 맞지만 종합적이고 다각적인 차원에서의 미래계획을 세우지 못하면 결국 용두사미가 되기 싶다.

해상신도시 연구센터부터 세운다

산업이란 주도하는 자가 리드한다. 지금 대한민국의 1등 기술은 그리 많지 않다. 선도적이고 원천적인 기술이 없으면 이내 2류 3류도 도태되고 만다. 더욱이 첨단 중 첨단이라고 하는 4찬 산업혁명의 주도야 더 말할 나위도 없다. 그러면 무엇이 앞으로 새로운 시대의 새로운 산업이 될지, 주도적이 될지 파악해야 한다. 이 책이 밝히고자 하는 주장은 부산 울산 경남은 전통적으로 조선산업이 강점이자. 그렇다면 이 조선산업과 연계된 4차 산업혁명을 이끌어 내야 한다. 그 중에 가장 중요하게 여기는 것이 메가플로팅 기술이다. 조선업에서는 존선플랜트 기술이라고 할 것이고, 토목,건축

분야에는 해상건설이라고 명명할 것이다. 이 둘을 잘 융합하면 완전히 새로운 산업이 일어날 수 있는 것이다. 이 둘을 융합하기 위한 대학들이 부산 울산 경남엔 상당히 많다. 해양대학교, 부경대학교(옛 수산대학교 포함), 울산대학교, 경상대학교 등, 이들이 중심이 되어 산학연구단지를 센텀2지구 내 부산 테크노밸리 안에 유치하는 것이다. 이를 중심으로 세계 창업기업과 인재가 모이는 부산형 실리콘 밸리로 조성해야만 성공할 수 있다.

앞으로 이에 대한 구체적인 마스터플랜 수립하고 이를 시행할 구체적인 로드맵 수립한 뒤 센텀2지구 산업단지계획에 반영한다면 늦은 감은 있지만 이미 받아놓은 4차 산업혁명 단지를 해상신도시 완성의 교두보로 삼을 수 있을 것이다. 그 이후 글로벌 수준의 공공·민간 창업 인프라를 구축하고 아이디어와 기술로 무장한 해상신도시 관련 스타트업을 유치하여 4차 산업혁명을 선도하는 남부권 창업 허브로 만들면 승산이 있다. 또한,

이미 허가가 난 센텀2지구가 해상신도시의 연구 기술 단지로 조성되면 부산은 기존의 조선기자재, 기계부품 등 전통산업 제조 중심의 산업을 중심으로 해상관련 4차산업 혁명에 대응한 기술 연구개발(R&D) 중심의 첨단산업으로 변화하는 발판이 마련될 것이다. 이로 인해 우선 해상신도시가 완성되기까지의 공백 기간에도 부산 울산 경남 지역경제 활성화는 물론 양질의 청년 일자리도 대거 창출될 전망이다. 그렇게 된다면 우리 지역에서 키운 인재가 수도권 등으로 나가지 않고도 지역에서 기업을 성장시키고 지역 경제발전에 이바지하는 선순환 구조 정착이 예상된다.

07

AI 부산·울산·경남 4차 산업혁명의 선도벨트

부산 중심 동남권지역과 4차 산업혁명

부산 중심의 동남권은 현재 4차 산업혁명이라는 큰 변화 속에 방향을 잡지 못해 상당부분 우왕좌왕하고 있다. 뿐만 아니라 관련 기술과 산업 등은 빠르게 발전하여 산업생태계 전반에 영향을 미치고 있으나, 이들의 다양성과 공식적인 분류 기준 미비로 인해 현황 파악이 쉽지 않은 상황에 놓여 있다고 판단되어 진다. 또한, 대부분이 국가 차원의 비교, 전략적 접근이다 보니 지역 관점에서의 산업과 지역혁신체계 변화 등 지역 차원의 대응이 상대적으로 부족한 것도 사실이다. 뭔가 주도적인 방향을 잡아 선도하기 보다는 지방 또한 중앙의 예산지원에만 관심이 많다. 그러다보니 지역의 수용 능력 등 여건보다는 지자체 간 경쟁에만 몰두하여 주요 이슈들만 발굴하고 제시하는 상황이 오래 지속되고 있다. 이원복 · 정우성의 공동연구서인 「4차 산업혁명에 대한 지역의 수용력 연구관련 산업을 중심으로」에 보면, 정책적 시행착오를 줄이고 효과를 극대화하기 위해서는 4차 산업혁명 관련 기술 및 산업을 정확히 파악함과 동시에 지역 여건에 맞는 대응을 하는 것이 지역의 경쟁력 제고 및 지역 간 불균형을 완화하는 것이라고 주장하고 있다. 즉 4차 산업혁명을 통해 국가경쟁력을 높임에 있어서 지역의 역할은 매우 중요하며, 지방분권화시대에는 특히, 인구절벽, 일자리 창출, 미래성장동력 확보 등에서 지방정부가 이를 잘 계획하고 실행해야 하는 상황에 직면해 있다고 강조하고 있다.

4차 산업혁명의 선도는 지방이 유리하다

현재 4차 산업혁명과 관련된 첨단산업과 기업들의 수도권 편재 심화는 생각보다 심각하다. 이러한 지역 간 격차 완화와 지역발전을 위해 정책적 제고와 노력이 필요하다는 것은 말할 필요도 없다. 특히 지역 간에는 기본적인 여건 차이로 인해 4차 산업혁명에 대한 수용력도 다르다. 그러다 보니 수용력이 높은 지역은 빠른 대처로 지속적인 성장이 가능하지만, 그렇지 못한 지역에서는 정체나 쇠퇴 가능성이 상대적으로 높을 수밖에 없다. 특히 국가가 선정한 12개 기술 및 산업을 보면 이러한 편중 심화는 생각보다 심각하다. 모바일, 로봇, 3D프린팅, 드론, 가상현실(VR)·증강현실(AR), 블록체인, 빅데이터, 핀테크, 인공지능(AI), 사물인터넷(IoT), 에너지(저장기술)이 그것인데 이원복·정우성의 연구에 따르면, 2008~2017년 기간 중 4차 산업혁명 관련 산업에 속한 사업체는 전 산업의 사업체 수 중 1%대에 불과하다. 그동안 꾸준히 증가하다 최근 들어서야 다소 주춤하는 모습이라고 한다. 2017년 기준으로 볼 때, 4차 산업혁명 관련 산업 및 전 산업의 사업체를 지역별로 보면, 서울, 경기 등 수도권 지역에 집중된 가운데 전 산업보다는 4차 산업혁명 관련 산업 사업체의 수도권 집중도가 더 높다. 그것을 정리해보면, 4차 산업혁명 관련 산업 사업체는 서울(28.6%), 경기(26.6%), 경남(6.4%)의 순이나, 전 산업은 경기(21.8%), 서울(20.5%), 부산(7.1%)의 순이다.

또 4차 산업혁명 관련 산업 종사자는 경기(29.5%), 서울(25.0%), 경북(7.8%)의 순, 전 산업은 서울(23.7%), 경기(22.9%), 부산(6.6%)의 순을 보인다. 4차 산업혁명 관련 산업 사업체들은 서울, 경기 등 수도권에 집중되는 모습이나, 일부는 산업별로 차별화되어 있다. 이는 관련 산업이 제조업과 서비스업 등으로 이들 산업 자체가 대체로 서울, 경기, 인천, 경남북, 부산, 대구 등 제조업 강세지역인 것에 기인한다고 볼 수 있다. 그 내용을 들여다보면, 블록체인(56.8%), 빅데이터(50.6%), 핀테크(44.0%) 등은 서울에 압도적으로 집중되었으나, 모바일(46.6%), 로봇(38.0%), 인공지능(35.5%), 3D프린팅(35.0%) 등은 경기도에 상당히 밀집된 분포를 나네고 있다. 그러나 서울과 경기도 외에 인천은 모바일(24.1%), 에너지(저장기술) (12.4%), 3D프린팅(11.6%), 로봇(10.4%) 등이, 경남은 드론(16.7%), 로봇(14.3%), 자율주행차(12.6%), 3D프린팅(10.6%), 대구는 VR · AR(21.6%), 경북은 자율주행차(9.1%)와 모바일(9.1%) 등이 상대적으로 높은 집적도를 보이고 있다.

이원복 · 정우성의 연구에 따르면, 시도의 정책대응은 적극적이나 중복이 많고 아직까지는 구체성이 미흡하다고 볼 수 있다. 하지만 각 시도는 4차 산업혁명 대응계획이나 전략사업 선정 등 적극적인 대응을 추진하고 있는 것으로 판단된다. 더 큰 문제는 상당 부분 사업내용들이 비슷한 아이템과 유사한 정책들의 중복으로 시도별 차별성이 부각되지 못하는 한계를 보이고 있다고 한다. 가장 고민해야 할 부분은 여전히 중앙정부 주도의 공모사업이나 계획에 대한 대응 수준에 머무는 등 구체적인 실행보다는 계획이나 정책 어젠다 수준에 머무는 경우가 많다는 것이 사실상의 가장 큰 문제점이다.

국가주도 "4차 산업혁명청"을 부산에 신설한다

한국과 같은 중앙정부 주도의 정책 추진 현실을 고려하면 지역마다 특색 있는 산업을 창출하고 도입한다는 것이 쉽지 않은 게 현실이다. 그렇다면 아예 4차 산업혁명청 같은 것을 부산에 신설하여 유치하는 것이다. 중앙에서 탁상공론으로 회의하고 예산책정하고 공모사업을 할 것이 아니라, 4차 산업에 대한 모든 것은 부산에 4차 산업혁명청"을 만들어 주도적으로 이끌어가게 하는 것이다. 4차 산업혁명청장은 부산시장의 직제아래 두어 부산울산경남을 중심으로 동남권과 여수 광양 군산의 서남권을 관장하게 하는 것이다. 그리하여 지역특화 발전으로 지역마다 산업 및 경제 역량 등이 골고루 발전하도록 돕는 것이다. 4차 산업혁명에 따른 지역 간 격차를 완화함과 동시에 지역별로 특색 있는 발전을 추진하여 ⑷도시와 농촌 간 발전 격차까지도 완화하는 것이 가장 중요하다. 4차 산업혁명 관련 산업으로 언급되는 모든 산업을 지역 특성이나 여건 분석 없이 지역의 신산업 또는 성장동력으로 추진하는 것은 지양해야 한다는 말이다. 즉, 다양한 4차 산업혁명 관련 산업을 지역에 적용하는 것이 아니라, 지역에 맞는 맞춤형 지역산업정책을 추진하여 각각의 특색을 살린 4차 산업혁명 시대의 선도적인 지역으로 입지를 다지도록 부산이 중심이 되어 혁신을 할 필요가 있다.

자칫하면 4차 산업혁명 관련 산업이 서울, 경기를 포함한 수도권에 더욱 집중될 수 있기 때문에 이를 미연에 방지하기 위해서도 부산시가 나서서 적극적으로 추진해야 성과를 얻을 수 있을 것이다. 현재 수도권과 광역시·도 간의 수용력 격차가 큰 상황에서 4차 산업혁명 관련 기술과 산업의 확산 및 관련 정책의 추진은 지역 간 기술 및 산업 격차를 넘어 지역발전 격차도 확대시킬 것으로 우려될 정도이다. 이에 (대)도시, 지역의 거점지역(혁신도시, 기업도시, 산업단지), 쇠퇴 및 위기 우려 지역 등 지역 상황에 맞게 세분화 전략으로 접근하고, (대)도시 지역은 다양하고 복합적인 산업 수요에 대응한 공간 확충 전략이 세워지도록 부산이 책임지고 이를 해소해야 한다.

결론적으로 4차 산업혁명의 성공적 안착은 혁신을 창출할 수 있는 창의인재들에 의해 좌우된다고 해도 과언이 아니기에 이들의 육성과 이들이 교류할 수 있는 방안을 마련하기 위해 앞에서 말한 센텀2지구가 좋은 장소가 될 수 있을 것이라고 여겨진다. 또한 정책수요자(기업)가 정부 정책 설계과정에 적극적으로 참여하는 정책결정의 거버넌스 혁신이 필요하며, 이에 지식경연(Science Slam) 방식과 같은 개방형 정책플랫폼 설계도 생각해볼 수 있다.

이를 위해 해상신도시가 세워지기 전까지는 센텀2지구에서 창업발명박

람회와 적어도 일주일에 한 번씩 지식경연(Science Slam)방식의 경선대회가 열려 온오프라인으로 매주 전국, 전 세계에 방송되는 체제를 갖추고 이들에게 엔젤투자를 하고 또 그런 투자자를 연결해주는 스타트업 비상장 증권거래소를 반드시 운영하도록 해야 한다.

04

하드웨어 중심에서
컨텐츠 중심으로

"21세기의 부는 플랫폼에서 나온다!" – 오마에 겐이치

PLATFORM

01

4차 산업혁명과 부산

플랫폼 전략

장(場)을 가진 자가 미래의 부를 지배한다

• 히라노 아쓰시 칼, 안드레이 학주 지음 | 천채정 옮김 | 최병삼 감수 •

21세기에도 고도의 성장을 계속하고 있는 기업이 공통적으로 채택하고 있는
플랫폼 전략이란 무엇이고 어떻게 활용할 것인가.

기업은 물론, 개인과 정부는 왜 플랫폼 전략을 알아야 하는가.

부산! 독립선언

238

4F 전략

바야흐로 핀테크(finance+tech)시대다. 90년대 등장한 인터넷서점 아마존은 10여년 후 내노라하는 거대 오프라인 서점들을 그로기 상태로 몰아넣었다. 보더스는 파산했고 미국의 최대 서점 체인인 반즈앤노블의 존재감도 크게 약해졌다. 아마존은 인터넷서점을 넘어 이제 종합쇼핑몰의 대명사가 되고 있다. 한국도 곧 그동안 적자를 면치 못하던 쿠팡이 소비물류혁명을 완성할 것으로 보인다. 디지털 기반 서비스가 기존 산업에 미치는 영향력은 점점 커지는 분위기다. 바야흐로 4차산업혁명의 파고는 자본의 이동과 축적에서부터 시작되고 있다. 이제 주사위는 던져졌다. 인류는 새로운 문명의 거대한 파고를 서핑해야 할 것이다. 미국과 중국의 패권전쟁이 이 문명의 전환을 가속시키고 있다. 부산은 문명의 전환과 패권전쟁의 소용돌이 속에서 용솟음칠 수 있는 지리 경제적(geo-economic), 지리 문화적(geo-cultural) 최적의 도시로 주목받고 있다.

하인즈 식품회사를 예로 들어보자. 1882년 헨리 하인즈(Henry Heinz)는 그 당시만 해도 생각할 수도 없었던 식품회사를 차리고 57가지의 다양한 식품들을 개발했다. 식품들의 품질보증을 위해서 자신의 이름인 '하인즈'라고 붙이고 생산자 실명제를 시작했다. 이로 인해 하인즈가 만드는 음식은 믿을 수 있다는 확신을 심어 주었다. 그 결과 하인즈는 식품업계의 통로가 된다.

자신 있는 식품제조자들이 하인즈에게 납품을 하면서 하인즈는 식품유통의 통로가 된다. 이것은 4차 산업혁명에서 가장 중요하게 여기는 플랫폼전략으로 플랫폼을 중심으로 모든 네트워크가 돌아가게 된다.

장(플랫폼)을 가진 자가 지배한다

혹시 플랫폼 전략이라는 말을 들어본 적이 있는가? 4차 산업혁명에 대해서 이야기하려면 기업들의 플랫폼 전략을 이해해야 한다. 원래 플랫폼 (platform) 이란 단(壇) 또는 고지라는 의미에서 차를 타기 위해 만든 단을 상징하는 버스나 기차의 승강장이 원뜻이다. 그 의미가 조금 더 확장되어서 기차나 버스와 승객이 만나는 거점, 요금과 교통수단의 가치교환이 일어나는 곳을 의미한다. 그런데 그것이 요즘 전자상거래나 포털 사이트의 기능면에서 만인이 다양한 비즈니스와 문화의 컨텐츠로 만나고 이와 더불어 다양한 형태의 부가적 비즈니스 모델이 창출되는 것을 일컫는 말이 되었다.

이것을 광의의 의미에서 정리하자면, 플랫폼이란 공급자와 수요자 등 복수 그룹이 참여하여 각 그룹이 얻고자 하는 가치를 공정한 거래를 통해 교환할 수 있도록 구축된 환경으로서, 플랫폼 참여자들 간의 상호작용이 일어나면서 모두에게 새로운 가치와 혜택을 제공해줄 수 있는 상생의 생태계를 의미한다.

예를 들면 우버택시의 경우 2009년 미국에서 창업되었는데, 차량 소유자와 이동이 필요한 수요자를 모바일앱으로 연결하는 교통 플랫폼으로 그 가치가 수십조 원에 이르게 되었다. 그리고 에어비앤비도 대표적인 숙박 플랫폼인데 2008년 미국에서 창업되었다. 집주인과 여행자를 연결해 주는 숙박 플랫폼이다. 또 스마트폰의 무료 메신저 서비스가 다양한 거래와 사업의 기반이 되는 모바일 메신저 플랫폼이며 우리에게 가장 친숙한 카카오톡도 대표적인 플랫폼 전략이란 밑그림 위에 만들어졌다. 플랫폼이 만들어지면 핀테크 기업은 자사 기술을 각 금융회사 프로그램에 일일이 맞출 필요 없이 전 금융권과 연동된 서비스를 출시할 수 있게 된다는 장점이 있다.

과거도 핀(FIN)테크의 시각으로 재해석

고전적인 의미에서도 플랫폼 사업은 있었다. 인터넷 포털이 생겨나기 전에 플랫폼 전략이 있었다는 말이다. 백화점은 플랫폼 전략의 가장 고전적인 원형이라 할 수 있다. 백화점이 아울렛 매장과 다른 것은 백화점은 장소(건물)를 제공하고 그곳에 입점한 판매매장들은 수수료 형태로 매장을 운영하기 때문이다. 보통 매출의 20~30%를 백화점 측에 수수료로 제공하는데, 백화점 측은 거대한 자본을 들여 사람들의 왕래가 가장 많은 지역에 건물을 짓고 입점자들을 모집하여 매출의 일정부분을 백화점의 수익으로 취하는 형태로 운영이 돌아간다. 어떻게 보면 백화점을 만드는 입장은 거대한 자본을 투자하여 소자본가나 소상공인들에게 판매를 할 수 있는 포털을 만들어주었다고 할 수 있다.

컨벤션홀 사업도 일종의 플랫폼 사업의 일환이다. 평일엔 강연이나 공연장으로, 주말엔 결혼식장으로 또 주일엔 종교행사장으로 사용하도록 장소를 대여하고 부대적으로 연회장을 겸하여 식사와 각종 메이커업, 돌잔치나 각종 회의의 서비스를 제공하는데 이런 사업을 MICE 산업이라고도 한다.

MICE는 Meeting(회의), Incentives(포상관광), Convention(컨벤션), Exhibition/ Event(전시/이벤트)의 약자다. 마이스 산업의 핵심은 장소를 통한 정보의 교류에 있다.

그런데 판매 유통회사도 일종의 플랫폼 전략이라는 것을 이해해야 미래가 보장된다고 할 수 있다. 우리가 자세히 들여다보면 장수하거나 대를 물려 오랜 세월 흑자경영을 하는 기업들은 공통점이 있다. 그것은 자신의 이름을 걸고 제품을 생산할 뿐 아니라 더 영세한 제조회사나 농산물 생산자들에게 플랫폼 형태의 창구를 만들어 주는 기업이다. 하인즈가 바로 그런 기업 중의 하나다. 아직 플랫폼이란 말이 일반화되지도 않던 시절, 하인즈는 자신의 이름을 내건 브랜드로 상징성을 만들고 그 브랜드 아래 많은 생산자들에게 우산을 제공했다. 함께 성장할 수 있는 플랫폼을 제공한 것이다.

해외직접투자가 늘어나야

마케팅에 있어서 가장 중요한 것은 상대방의 입장에서 생각하기인데 상대방은 곧 소비자를 말한다. 만약 해상에 떡 하니 해상신도시를 만들어 놓았다 치더라도 그곳에 오고 싶어하는 기업이나 개인이 없다면 이익은 고사하고 개발비도 회수하기 어려울 것이다. 통 크게 상대방의 입장에서 어떻게 올 것인가를 생각해야 저들의 마음을 움직일 수 있다. 그런데 아쉽게도 한국은 전세계에서 외국인 직접투자(FDI)비율이 가장 낮은 그룹에 속한다.[50]

산업통상자원부가 지난 1월 발표한 동향 자료에서도 우리나라 FDI 감소가 확인되었다. 지난해 FDI는 233억3000만 달러(신고 기준 약 27조원)로 2018년보다 35억7000만 달러 줄었다. 2013년 이후 꾸준히 늘던 투자가 6년 만에 감소세로 돌아선 것이다. 실제 투자가 이뤄진 도착 기준으로 보면 FDI는 전년보다 26% 감소한 127억 8,000만 달러에 그쳤다.

전경련은 지난해 외투기업에 대한 법인세 감면조치 폐지, 미·중 무역전쟁에 따른 글로벌 투자 수요 감소와 함께 근로시간 단축, 최저임금 인상 등 투자 여건의 악화에 따라 국내 FDI가 감소했다고 분석했다.

다만 작년 하반기에는 정부가 '소재·부품·장비 경쟁력 강화대책'을 통해 핵심 소재·부품·장비 관련 외국인 투자에 대한 현금지원 비율을 기존 30%에서 40%로 높이고, 외투지역 입주시 임대료를 최대 50년간 무상 제공하기로 하면서 4분기 FDI는 98억달러를 기록해 4분기 기준 최대 실적을 기록하는 등 정책 효과가 나타났다.

하지만 2020년 올해 말까지 FDI는 다시 큰 폭 감소할 전망이다. 전국경제인연합회는 20일 OECD, 유엔무역개발협의회(UNCTAD) 자료를 분석한 결과 지난해 OECD 36개 회원국의 FDI는 8,668억달러로 전년보다 6.3% 증가했지만 우리나라 FDI는 20.6% 감소한 105억 달러에 그쳤다고 밝혔다. 코로나 사태로 세계 해외직접투자가 위축되면서 국내 FDI의 상당 부분을 차지하는 미국(29.3%), 유럽연합(30.6%), 중국(4.2%) 등의 투자 수요가 감소할 것으로 예상되기 때문이다. UNCTAD는 코로나 팬데믹에 따른 글로벌 경제위기가 발생해 전세계 해외직접투자가 2020~2021년 30~40% 감소할 것으로 예상했고, OECD는 올해 세계 해외투자가 2019년 대비 최소 30% 줄어들고 2021년에야 작년 수준을 회복할 것으로 전망했다.[51]

FDI 유치 경쟁력이 국가능력이다

한경연은 국가 경제규모가 FDI 유치 경쟁력에 영향을 미치는 결정적인 요인임에도 불구하고, 싱가포르가 높은 경쟁력을 확보하게 된 데에는 유연한 노동시장과 낮은 규제 및 적은 세금부담이 뒷받침되었기 때문이라고 설명했다. 특히 노동시장의 경우, 싱가포르는 임금결정 유연성 5위, 고용

해고 용이성 3위로, 각각 61위, 108위를 기록한 우리나라와 큰 격차를 보였다.

실제로 싱가포르는 고용인-피고용인 간의 자유로운 고용계약에 기초한 노무관계를 기본원칙으로 하고 있다. 그 결과 월급 2,500 SGD(원화 약 200만 원) 이하의 근로자에게만 근로시간, 휴가 등 최소한의 근무조건을 보장하는 등 근로자 전체가 근로기준법의 대상이 되는 우리와 큰 차이를 보였다.

또 정당한 사유 없이 해고가 불가능한 우리 고용구조와 달리 사전 공지 등 해고절차만 거치면 해고가 비교적 용이하고, 비정규직의 정규직 전환 의무 규제가 없어 상대적으로 노동시장 유연성이 높은 편으로 나타났다. 게다가 최저임금제가 없으며 임금조정을 정부가 안정적으로 통제한다는 점에서도 다르게 나타났다. 한편 세계경제포럼 지표 중 조세 투자 유인력 부문에서 싱가포르는 4위, 우리나라는 104위로 큰 격차를 보였다.[52]

한편 보고서는 싱가포르가 주력하고 있는 FDI 산업 영역으로 의료 서비스를 꼽았다. 싱가포르의 의료관광객은 2002년 20만 명에서 2010년 약 73만 명으로 3배 이상 증가하는 등 괄목할만한 성과를 나타내고 있다. 반면에 우리는 2009년 6만 2백여 명에서 2011년 12만 2천여 명으로 증가했지만 여전히 싱가포르에 한참 못 미치는 수준이다. 한경연은 이와 같이 의료서비스 산업 경쟁력이 싱가포르에 뒤쳐지고 있는 원인으로 지나친 진입규제를 지적했다. 주식회사형 민간병원 설립을 허용하는 싱가포르와 달리, 비영리의료기관의 설립만을 허용하고 있어 규모가 영세하고 의료관광산업 활성화로 이어지지 못한다는 것이다. 현재 싱가포르는 존스홉킨스대학, 듀크대학, 지마연구소 등 외국 유명 의료기관을 유치하고 있다.[53]

김현종 한경연 기업정책연구실장은 "의료서비스산업의 발전을 위해서는 영리의료법인 설립 허용과 외국인 환자의 병상 수 제한 등 규제완화가 필요하다"면서 "예상되는 부작용은 사전에 보완해 영리의료법인의 장점을 최대한으로 활용해야 한다"고 주장했다.[54]

또 복합 리조트 산업, 진입·영업규제는 더 장벽을 낮춰야 한다고 말하고 있다. 외국기업 투자로 마리나베이샌즈·리조트월드 센토사 등 세계적인 복합 리조트(IR : Integrated Resort) 업체를 유치한 싱가포르와 비교해 우리나라는 비효율적인 진입·영업규제를 적용하고 있다고 한경연은 지적했다. 공모방식으로 투자자를 선정하는 싱가포르와 달리, 건별 민원신청 방식으로 사전심사제도를 운영해 외국인투자 창구가 난립하는 등 체계적인 육성책이 마련돼 있지 않다. 또 업종 특성을 고려하지 않고 높은 수준의 신용등급(BBB이상)을 요구한다는 점도 투자에 어려움을 겪는 요인 중 하나라고 보고서는 지적했다.[55]

판이 핀을 만나면 펀이 된다

거물급 호텔들은 숙박 공유 서비스 에어비앤비의 성장 속에 생존의 위협을 느끼기 시작했고 택시 업계는 차량 공유 서비스 우버의 거침없는 질주에 이러지도 저러지도 못하는 상황이다. 디지털발 산업 구조조정이 영역을 가리지 않고 확산되고 있음을 보여주는 장면이다.

디지털발 산업 구조조정에서 아직까지는 상대적으로 자유로운 영역이 있으니 바로 은행이다. 앞으로도 그럴까? 아마존이나 아이튠스가 서점과 음악 시장 지도를 180도 바꿔놓은 것처럼 은행업 판도를 뒤흔들 수 있는 디지털 아이콘이 등장하였다. 바로 카카오뱅크이다. 핀테크(Fin-tech: 금융과 IT의 합성어)가 4차 산업혁명 중 가장 먼저 새로운 영역을 확보할 것이다. 현재로선 판을 예측하기가 어려울 정도이다. 은행은 신뢰로 먹고 사는 사업이다. 여기에 필수적인 것이 개인정보보호와 보안성 그리고 익명성이다. 이 세 가지를 다 충족시킬 수 있는 것은 블록체인기술을 기반으로 하는 암호화폐일 것이다.

미국 핀테크 업체 심플(Simple)은 은행 면허를 받지 않고 기존 은행과의 제휴를 통해 혁신적인 금융 서비스를 제공 중이다. 독자 개발한 사용자 인터페이스(UI)를 기존 은행 네트워크에 결합해 새로운 사용자 경험을 구현했다는 평가다. 핀테크 스타트업들의 부상은 바다 건너 남의 나라 일이 아니다. 국내서도 핀테크 스타트업들이 늘었다.

02

세계 모든 기업의 부산 유치

모든 선도기업을 부산해상신도시로 유치하라

공중도시, 지하도시, 해저도시처럼 현재 기술적으로 구상만 되고 있는 도시들이 있다. 다른 도시들에 비하면 실현 가능성이 높은 도시가 해상도시이다.

해상도시를 만드는 방법을 연구하기도 하는데, 이를 시스테딩 (Seasteading)이라 부른다. 해상도시는 기본적으로는 거대한 배다. 다만 '도시'와 같은 규모를 갖추기 위해서는 정말 어마어마하게 거대한 배여야 하며, 이러한 배는 일반적인 항구에 접안할 수 없기 때문에 영구적인 해상구조물이 된다.

단순한 배가 아니라, 메가플로트를 기반으로 하는 경우가 많다. 기존의 국가체계로부터 '정치적 독립'을 쟁취하려는 관점에서 해상도시를 연구하기도 한다. 현재로서는 인공구조물은 국가로 인정되지 않기 때문에 해상도시 역시 만든다고 해도 국가로서 정치적 실체를 인정받기 어려운 것은 마찬가지이다. 하지만 멀지 않은 미래의 시대는 모든 것이 초연결되고 핀테크로 단일화된다. 그렇게 된다면 지리적 어떤 독립체가 아니더라도 가상현실 속에서 얼마든지 독립체가 될 수도 있고 연결된 단일체가 될 수도 있다. 그래서 자본이 중심이 되는 핀테크가 미래의 파워가 되는 것이다.

인터넷전문은행은 자본력과 규모 면에서 핀테크 스타트업들과는 급이 다르다. 인터넷전문은행 컨소시엄을 보면 이동통신 회사, 거대 인터넷 회사들이 주주로 대거 포진해 있다. 거대한 고객 기반을 고려하면 은행들도 껄끄러울 수밖에 없는 회사들이다. 인터넷전문은행이 자리를 잡을 경우 은행권도 디지털발 산업 구조조정의 격랑 속으로 빠져들 가능성이 높다. 변화의 폭은 인터넷전문은행이 어느 정도 혁신적인 서비스를 제공할 수 있느냐에 달렸다. 지점이 없는 인터넷전문은행이 성공하려면 과거와는 다른 금융 서비스 경험을 제공해야 한다. 고객 경험 중심의 개인화 마케팅 서비스, 고객 행동 기반 고객 평점 관리, 위치기반 마케팅 서비스, 고객 맞춤형 상품 추천 환경 등을 갖춰야 기존 은행과 차별화가 가능하다는 것이 전문가들의 설명이다. 결국 페이스북이나 동영상 스트리밍 서비스인 넷플릭스처럼 사용자들을 사로잡는 서비스 역량을 갖춰야 한다는 얘기다.

아마존의 성공비결 중 하나는 온오프라인 플랫폼의 동시 구축이라 할 것이다. 역사상 온 오프라인을 포함한 플랫폼을 세계최초로 구축한 회사는 아마 '아마존'이 아닐까 한다. 지금 누군가가 아마존에 대항하려면 더 거대한 플랫폼을 만들 수밖에 없을 정도로 거대한 플랫폼을 구축했다고 이야기해야 한다. 우리나라의 쿠팡이 손정의의 투자에도 불구하고 지금 악전고투를 하고 있지만, 머잖은 장래에 흑자로 돌아설 것만은 분명하다. 이제는 플랫폼이 대중화되었기 때문이다. 아무튼 앞으로 4차 혁명의 시대는 플랫폼이 대세다.

주도할 것인가 주도당할 것인가?

가덕도신공항과 그 앞바다에 세우고자 하는 미래해상신도시의 주력 산업은 무엇이 좋을까? 그것은 현재 우리나라가 가지고 있는 최고의 기술력을 중심으로 나아가면 된다고 생각한다. 그것이 무엇이냐면 핀테크 (FinTech) 기술이다. 얼마 전 일본을 다녀 온 지인이 말했다.

"현금을 선호하는 일본인 덕에 신용카드를 가지고 갔음에도 불구하고 많이 불편했다."

지금 세상은 신용카드 시대를 넘어 핀테크(fintech)로 넘어가고 있는데, 다른 분야와 달리 핀테크의 사회적 접목이 느린 일본이 이해가 안 된다고 말했다.

핀테크란 금융(Financial)과 정보기술(Technology)의 합성어로, 인터넷·모바일 공간에서 결제·송금·이체, 인터넷 전문 은행, 크라우드 펀딩, 디지털 화폐 등 각종 금융 서비스를 제공하는 산업을 뜻한다. 사실 핀테크는 새로운 개념은 아니다. 이 핀테크 기술은 사실 금융에서 정보통신기술로 오래 전부터 중요한 역할을 해왔다.[56]

특히 이 핀테크 분야는 우리나라가 세계최고 수준이 아닐까 생각한다. 핀테크는 스마트폰, 인터넷을 통해 간편하게 금융 업무를 처리할 수 있도록 해주기 때문에 앞으로 다가올 4차 산업시대엔 금융 혁명을 몰고 올 것으로 예측하고 있다. 베스트셀러 『머니 볼』의 저자 마이클 루이스는 2014

년 11월 "금융 회사들은 스스로는 느끼지 못하지만 이미 사형을 기다리는 상태"라면서 "그동안 자금을 투자하려는 사람과 빌리려는 사람 사이에서 중개자 역할을 해왔는데, 인터넷과 테크놀로지는 월스트리트가 독점했던 이런 비즈니스를 파괴적으로 변화시킬 것"이라고 했다.

핀테크의 핵심은 서버와 물류기지이다

핀테크가 금융업에 파란을 불러올 것으로 예측되면서 전 세계 주요 IT 업체들은 금융업을 새로운 먹거리로 보고 경쟁적으로 핀테크 사업에 뛰어들고 있다. 애플은 모바일 결제 서비스 '애플페이'를 출시했으며 구글, 아마존 등도 핀테크 시장에 진출했다. 중국의 마윈이 해왔던 중국의 1, 2위 전자결제 회사인 알리페이와 텐페이는 벌써 우리나라 내 영업을 시작했다. 대만의 최대 온·오프라인 전자결제 업체인 개시플러스(Gash+)와 싱가포르의 전자 결제 회사인 유페이도 한국 시장에 진출하겠다고 밝혔는데, 글로벌 핀테크 업체의 한국 진출이 본격화하면 연간 15조원 규모로 성장한 국내 모바일 결제 시장을 잠식할 것이라는 전망도 나왔다. 글로벌 핀테크 업체에 맞서 한국의 IT 업체들도 핀테크 경쟁에 합류하고 있다.[57]

이 모든 서비스들은 신용이라는 기반위에 인터넷 모바일 기술이 더해진 것이다. 신용을 바탕으로 후불결제를 시작한 다이너스카드의 시작이 없었더라면 지금의 핀테크 기술도 한참 뒤에 시작되었을지 모른다.

미래에 대한 선택은 때로 우연한 실수의 소산물일 수도 있다. 지금 우리가 상용하는 핀테크 기술의 시초도 맥나마라가 벌인 실수 때문에 생겨난 것이다. 그 날 맥나마라는 지갑을 놓고 저녁을 먹으러 갔다가 신용과 체면을 잃었다. 하지만 그의 생애를 바꾸는 아이디어를 얻었다. 그것이 후불제 신용카드의 시작이다.[58] 그런데 오늘날처럼 다양한 가맹점에서 사용될 수 있는 최초의 크레디트 카드는 1950년 다이너스클럽사가 소개한 것이었다. 이러한 카드에서 출발한 핀테크 기술을 블록체인 암호화폐와 결합하여 개인과 개인의 거래뿐 아니라 개인과 기업, 기업과 기업의 거래에까지 간편하게 사용할 수 있는 시대가 곧 올 것이다. 그렇게 했을 때 가장 중요한 것은 이러한 사업의 온오프라인 공간을 제공하는 전 세계적이고 종합적인 플랫폼이 중요하다. 물론 앞으로 어떤 방향으로 이 모든 기술들이 흘러갈지는 아무도 장담할 수 없다. 하지만 모든 발명과 발견이 자유로운 생각에 우연이 더해진 것이기 때문에, 그러한 가상통화시대 전체를 아우르는 플랫폼의 거점을 해상자유도시 특구에 준비할 필요는 있다. 더더구나 정치적 불안이나 전쟁의 위험이 도사리고 있는 현실에 자금의 안전한 도피처로, 자산의 안전한 이동적 측면에서도 강력한 보안과 정치적 안정성, 또한 조세 피난의 장소로서의 온오프라인 플랫폼이 필요할 것이다. 이러한 준비와 시도가 없이는 결코 세계최고의 기업이 한국에서 나올 수 없다.

무역 및 자유해상 특구

시대적 상황 특히 중국이나 홍콩의 경우 안전한 기업운영의 피난처가 절실히 요구되는 시대가 도래했다. 한국도 예외는 아니다. 경영권을 권력기관이 뺏으려는 시도가 너무나 과도하다. 특히 중국의 영향아래 있는 아시아의 경우가 더 심하다. 쉽게 말하자면 회사 설립하기가 겁이 난다는 것이다. 최근 한국 정부의 과도한 사기업 경영권 침해현상은 상식적인 국민의 생각을 흔들고 있다. 이를 위해 가덕도 앞 "미래해상신도시"는 그 옛날 장보고가 만들었던 청해진 같은 시장형태의 온오프라인 플랫폼의 본사 주소지가 되게 해야 한다. 다시 말해 회사의 설립이 쉽고, 회사의 이동과 폐쇄도 쉬우며, 과실송금도 자유로울 뿐 아니라 세금이나 노동유연성도 뛰어나 모든 기업들이 선호하는 그런 섬을 만들어야 한다. 그렇게만 된다면, 굳이 조세피난처를 가지 않아도 거대기업에서 스타트업 신생 벤처까지 이곳 미래해상신도시에 본사를 두고 이전 혹은 설립을 할 것이다.

인류역사는 공간개척의 노력과 그 위에서 꽃피운 공간혁명의 역사로 규정할 수 있다. 과거와 현재를 통틀어 인류 역사에 가장 많은 영향을 미친 4대 공간혁명으로는 도시혁명·산업혁명·정보혁명·유비쿼터스혁명이다.

그러면 공간혁명이란 무엇인가? 인터넷의 발달 이후 공간혁명을 구분하는데 있어서 가장 중요한 관점은 그것이 물리공간에 관한 혁명인가, 전자공간에 관한 혁명인가 하는 점이다. 그런데 이 두 공간은 상호작용한다는 특징이 현대사회에 엄연히 있다.

도시혁명이 인류의 활동 공간인 물리공간을 원시적 평면에서 도시적 방식으로 재배치한 1차 공간혁명이라고 할 수 있다. 도시는 평면공간을 입체적으로 만들었다는 평가도 받는다. 지하부터 고층빌딩까지 그리고 교통수단으로 연결되어진 것까지 말이다.

산업혁명은 도시공간을 중심으로 물리공간이 생산공간으로 변한 것을 뜻하는데, 그것도 입체적으로 말이다. 그래서 2차 공간혁명이라고 부를 수 있다. 아마 조금은 비약이지만 맥도날드 같은 프랜차이즈 전략도 2차 공간혁명이 아닐까 한다. 왜냐면 동일한 상표와 품질, 그리고 맛과 서비스를 사람들이 거주하는 곳이면 어디서든지 경험케 했으니 말이다.

산업혁명에 연이은 정보혁명은 인류의 활동기반을 물질로 이루어진 또한 물리공간에서 인터넷의 사이버공간으로 옮긴 것이다. 이것은 완전히 새롭고 보이지도 않는 전자공간을 창조했기 때문에 3차 공간혁명이라고 말한다.

이 사이버 공간인 가상공간에서 포털이나 플랫폼 사업이 존재한다. 앞으로는 3차 공간혁명이 점점 더 확대되어 갈 것이라고 여겨진다. 그러므로 본사가 어디 있느냐는 중요하지 않는 때가 오게 된다. 유비쿼터스 시대를 맞아 원하는 시간에 원하는 공간을 입체적으로 공유하는 플랫폼 기술이 구현될 것이기 때문이다. 그것이 가능한 시대는 2035년이다. 7G시대가 오면 가능한 것이다.

현실세계와 가상세계의 공존시대

자동차 네비게이션의 발명과 발달은 도로주행에 있어 획기적인 변화를 가져왔다. 우선 가장 눈에 띄는 변화는 자동차마다 비치해 두었던 종이 지도가 사라졌다는 것이다. 네비게이션의 수준에서 한 걸음 더 나아간 것이 구글의 거리뷰 서비스일 것이다. 구글이 전세계 도로를 2D 형태로 촬영하고 저장하여 서비스한다고 했을 때, 사람들은 그 방대한 자료를 어떻게 입력하고 구동시킬지 의아해 했다. 하지만 결국 도로명이 있는 곳이면 거의 다 입력하는데 성공했다.

이제는 여기서 한 걸음 더 나아가 실재하는 현실세계와 동일한 가상세

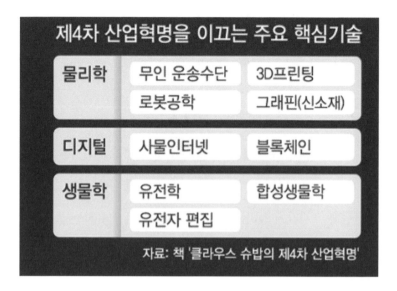

제4차 산업혁명을 이끄는 주요 핵심기술

물리학	무인 운송수단	3D프린팅
	로봇공학	그래핀(신소재)
디지털	사물인터넷	블록체인
생물학	유전학	합성생물학
	유전자 편집	

자료: 책 '클라우스 슈밥의 제4차 산업혁명'

계가 웹의 신대륙 안에 그대로 재현될 것이다. 그렇게 될 경우 이제 쇼핑하러 일부러 차를 몰고 마트에 가거나 병원에 갈 필요가 없을 것이다. 모든 것은 자신이 있는 장소에서 필요한 웨어러블을 착용하면 언제든 가능해지기 때문이다.[59]

문제는 인터넷과 같은 전자공간에 접속하는 것은 시공간의 제약을 받을 수밖에 없다. 왜냐면 항상 컴퓨터를 들고 다니는 것도 거추장스러운 일이기 때문이다.

하지만 다가올 유비쿼터스 혁명은 서로 이질적인 물리공간에 전자공간을 연결해 물리공간과 전자공간이 하나로 통합되고 공진화할 수 있게 된다. 이것을 4차 공간혁명이라고 한다.

과거 물질공간에 존재하던 수많은 사람의 활동들이 무서운 속도로 컴퓨터(전자공간) 속에 빨려 들어가는 현상을 보고 윌리엄 미첼은 "정보혁명으로 등장한 비트(bit)가 공간혁명의 상징인 물리적 도시를 죽였다"고 말하기도 한다. 하지만 가상현실이란 실재 사실을 그대로 옮겨 놓는 것을 전제로 하기 때문에 당분간은 현실세계와 가상세계가 공존할 것이다.

해상신도시는 실험실

제 4의 공간혁명이라고 할 수 있는 유비쿼터스 혁명은 어떤 것일까? 그것은 정보혁명에 의해 사라질 위기에 놓인 물리적인 도시를 부활시키는 계획이라고 할 수 있다. 즉 '정보혁명은 물리공간을 컴퓨터 속에다 집어넣은 혁명이었고 유비쿼터스 혁명은 거꾸로 물리공간에다 컴퓨터를 집어넣는 혁명이다'는 말로 표현할 수 있다.

유비쿼터스 공간에서는 물리적 환경과 다양한 사물들 간에도 전자공간과 같이 정보가 흘러 다닌다. 이것은 마치 사람이 각종 사물 속에 들어가 있는 것처럼 지능화되는 것과 비슷하다. 결국 유비쿼터스 혁명이란 물리공간과 전자공간의 한계를 동시에 극복하는 것이다. 그리고 사람, 컴퓨터, 사물을 하나로 연결함으로써 최적화된 공간을 만들어 내는 마지막 단계의 공간혁명이라 할 수 있다.

예컨대 도로·다리·터널·빌딩·건물 벽과 천장·화분·냉장고·컵·구두·종이 등 도시공간을 구성하는 수많은 환경과 대상물에 보이지 않는 컴퓨터가 심어지고 이들이 전자공간으로 연결돼 서로 정보를 주고받는 유비쿼터스 공간이 창조되는 것이다. 그렇게 되면 물리공간과 전자공간간의 단절(막힘)과 시간 지체(늦어짐)가 사라지면서 우리가 살고 있는 공간이 보다 합리적이고 생산적이게 된다. 공상우주 과학 영화에서나 볼 법한 유비쿼터스 공간혁명은 우리가 사는 아파트에서 이미 실감할 수 있을 만큼 실현되어 있다.

예를 들면 우리가 차를 운전하고 귀가할 때면, 아파트 경비실 앞의 차단기는 차가 오는 것을 안다. 그 이유는 거주인 차의 번호를 기억하고 있기 때문이다. 차단기가 올라가는 즉시 집안에 있는 화상 인터폰에서는 "주인님의 차가 들어왔습니다"고 알려준다. 그리고 지하에 주차한 다음 걸어 현관 앞에 오면 타인에겐 열리지 않던 출입문이 스르르 자동으로 열린다. 미리 인식된 얼굴 안면 인식프로그램으로 인해 알아본 것이다. 그런 다음 현관 앞에 와서는 지문인식 기능으로 문을 열고 들어서는 순간 욕실에선 좋아하는 온도인 43도에 맞추어 욕조에 물이 받아진다. 샤워를 하고 나오면 요리 로봇 도우미가 어느새 맛있는 저녁을 준비해 놓고 있다. 식사를 마치면 설거지 전담 로봇이 설거지를 다해 주고 이미 낮에 일을 끝낸 청소 로봇은 어느새 충전을 위해 제 자리에 가 있다. 이렇게 이루어진 공간혁명이 점점 더 발전하면 사이버공간과 연계되어 이미 미국에 가 있는 가족들과 가상현실 대화 시스템을 통해 같은 공간에 있는 것처럼 대화를 하게 만들어 준다. 이것은 결코 미래의 이야기가 아니라 이미 우리 눈앞에 실현되고 있는 현실이다.

그러면 이러한 기술들이 다 준비되어 있다고 하자. 어떻게 구현할 것인가? 구(舊)도심이나 오래된 도시에서는 불가능하다. 이 모든 기술들은 기본적인 하부구조 즉 인프라스트럭처가 기술구현에 알맞게 깔려져야 한다. 그렇게 하기 위해서는 아이디어 단계와 설계단계부터 모든 가능성을 두고 새롭게 구성하고 준비해야 한다. 뿐만 아니라 해저와 해상, 육지와 공중을 포함한 모든 인간 물리학적 공간을 다 아우르는 초거대 인프라를 만들어야 한다. 그렇게 할 만한 실험적인 공간으로 미래해상신도시만한 프로젝트는 없는 것이다.

| 홍정민 지음 |

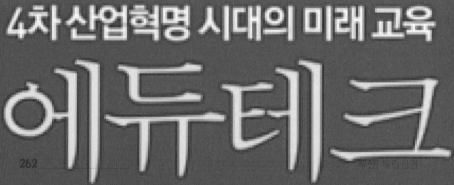

4차 산업혁명 시대의 미래 교육

에듀테크

책밥

교육도 4차 산업혁명 시대로

인공지능으로 대표되는 제4차 산업혁명의 시대에도 가장 소중한 것은 사람이다. 멀리 내다보고 장래를 준비하는 인재가 있어야 4차 산업시대를 제어할 수 있기 때문이다. 이렇게 인재를 찾고 인재의 육성을 중시하는 문제는 미래의 경쟁력을 확보하기 위해 가장 중요한 개념이라는 생각이 든다.

나라를 위해서도 기업을 위해서도 인재를 찾고 양성하는 전략이 없으면, 현재의 영광도 빠른 시간 안에 사라지고 만다. 국가나 기업은 4차 산업혁명 시대에 맞게 민첩하게 움직일 수 있는 능력을 갖추어야 한다. 무엇보다 제한된 자원을 가지고 투자해야할 우선순위를 설정하여야 한다. 그리고 그것을 지속적으로 밀고 나가기 위해 이에 맞는 인재들을 찾고 양성해야 국가 간 경쟁력에서 우위를 점령할 수 있다. 앞으로 국가 간 경쟁은 전쟁이 아닌 IT와 첨단산업 특히 앞서 말한 4차 산업혁명의 중요한 발명과 생산이 될 것인데, 이러한 경쟁에서 우선순위를 차지한 국가만이 국부(國富)를 쌓을 수 있다.

교육의 핵심이 빠져있다

그런데 교육 중에 가장 중요하고 빠르고 효율적인 교육은 무대를 만들어 놓고 준비시키는 것이다. 오늘날 정보사회에서 기술을 활용하는 방법을 안다는 것은 곧 기술을 활용할 수 있는 권력을 가졌다는 것을 의미한다.

앞으로 새로운 권력을 얻기 위해서는 건강하고 강한 나라로 사람들이 이민이나 기타의 방법으로 무한 이동하는 시대가 도래할 것이다. 왜냐면 금전적 여유가 있는 사람들이 탄탄한 국가제도와 삶의 질이 입증된 국가로 몰리게 될 것이기 때문이다. 태생적 나라보다 선택적 나라가 생길 수밖에 없는 시대가 도래한다는 것이다.

그러면서 전통적인 가족 단위는 점점 초국가적 가족 관계망으로 대체되어 갈 것이다. 결국 인간의 이동을 어떻게 관리할 것인가가 제4차 산업혁명으로 발생할 중요한 문제 중 하나다. 인공지능의 영향력은 단기적으로는 누가 통제하느냐에 따라 인간이 지배할 수도 있겠지만, 장기적으로는 결국 인공지능을 통제할 가능성이 점점 줄어들 위험이 있는 것도 사실이다. 이를 위해 미리 인재들을 양성해 고도의 종교, 윤리적 잣대를 마련해야 한다.

1978년 노벨 경제학상을 수상한 허버트 사이먼 박사는 1971년에 이미 "정보의 풍요는 집중력의 결핍으로 이어지게 된다"라고 경고한 바 있다. 그렇다면 어떤 인재가 앞으로의 시대에 필요하냐고 물어본다면 여행 작가 피코 아이어가 말한 것처럼 "가속화의 시대에서는 느리게 갈 수 있는 여유를 가진 지정의가 온전히 성숙한 인재가 필요하다"는 것을 알아야 한다.

현재의 리더는 갈수록 똑똑해져가는 지능화 기계인 컴퓨터와 또 네트워크과 함께 협력해 나아갈 수 있도록 일할 준비를 시키고 교육도 이에 맞추어야 할 것이다.

"책이 낡아 그 표지가 찢어지고 금박이 벗겨지고 벌레가 갉아 먹어 보기 흉하게 될지라도 훌륭한 책의 가치는 사라지지 않는다. 좋은 책은 다시 출판되기 때문이다."

정치가, 출판인, 과학자, 저술가 등 그의 이름 앞에 붙는 수식어만 해도 다양한 벤자민 프랭클린의 묘비에 적힌 글귀다. 이 말을 네게 이렇게 바꾸어서 말해 주고 싶다.

'훌륭한 사람은 죽어도 사라지지 않는다. 왜냐하면 훌륭하게 되려는 후대 사람들이 그를 본받으려고 계속 노력하기 때문이다.'

인공지능에게 먹히느냐 아니냐?

나에게 작은 밭이 있다면 무엇을 심을 것인지, 가을에 어떤 작물을 거둘 것인지를 고민해 봐야 한다. 가장 바보스러운 사람은 특이점의 시대가 오면, 인류의 멸망도 가까울 것이라 여겨 아예 인생이란 밭에 씨를 뿌리거나 작물을 심지 않는 사람들이다. 이 시대는 혁명이라고 부를 만큼 바뀌는 4차 산업혁명시대이다. 미래는 지금보다 더 나은 역량을 가진 일군이 필요할지도 모른다. 어쩌면 위기의 시대이고, 예측이 불가능한 시대가 쓰나미처럼 몰려오기 때문에 그런 지혜로운 인재들이 더 필요하다.

4차 산업혁명의 시대에도 결코 없어지지 않을 사람의 능력이 있다. 그것은 상상력이다.

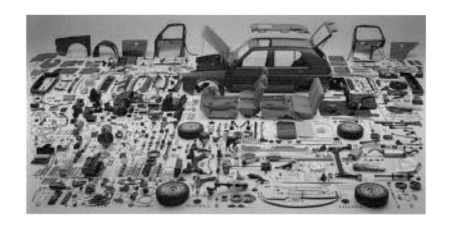

테슬라 얼론 머스크

오늘날의 얼론 마스크는 지독한 독서를 통해 탄생했다. 진정한 교육의 힘은 독서와 인문학에 여전히 존재한다. 그가 꿈꾼 모든 아이디어는 책에서 나왔다.

우리 아이들도 생각하는 것을 배우고 배운 것을 만들 수 있는 공간이 어릴 때부터 주어져야 한다. 모든 아이들이 다 대학을 나올 필요는 없다는 말이다. 예컨대 부산 강서구와 녹산 쪽에는 자율주행자동차와 전기자동차, 그리고 수소자동차를 생산할 거점을 만들자. 그리고 이 회사는 자체 브랜드보다 철저히 하청주문생산을 받는 회사를 만들자. 그 이유는 전 세계의 모든 자동차 생산 공장들이 노동유연성으로 골머리를 앓고 있기 때문이다. 포드가 발명한 조립라인 시스템은 아주 유용한 생산시스템임에도 불구하고 고용탄력성이 약하다. 특히나 한국과 같은 강성노조 하에서는 기업이 지탱하기 힘들다. 더구나 앞으로 전기자동차나 수소가스자동차가 보편화되면 조립공정의 3분의 1 이상이 줄어든다. 이 공정에 학생들이 투입되게 하자는 것이다. 프라모델이나 조립식 장난감, 로봇 조립을 좋아하는 아이들에게 교육을 겸한 생산의 체험을 하게 하는 것이다.

그렇게 주로 조립만 전문적으로 해 주는 회사를 설립하면 수많은 아이들이 놀이를 하면서 일을 하지 않겠는가? 지금도 실업계 학생들은 고3이면 실습을 나간다. 그렇다면 고1부터 실습위주의 수업을 하면 어떨까? 독일의 마이스터고처럼 말이다. 이것이야 말로 에듀토피아인 것이다.

산업적으로 보아도 부산은 이미 자동차 산업을 울산에 양보했기 때문에 르노삼성자동차 외에는 생산공장이 없다. 하지만 앞으로 일자리 창출을 위해서 주로 하청 받은 차량을 전문적으로 조립하여 출고시키는 공장을 만든다면, 전 세계에서 주문이 쇄도할 것이다. 임금은 적정선에서 하고 1년 반복계약직으로 고용하고, 노동자의 권익보호는 기존 4대 보험을 강하게 적용하는 것으로 하면 충분히 가능성이 있는 프로젝트인 것이다.

우리도 한때는 국산차를 만들기 전에 외국에서 모든 부품을 들여와 조립만해서 판매하던 시절이 있었다. 다행히 한국에는 숙련된 기술자들이 많기 때문에 인력을 구하기도 쉽고 항구가 가까워 수송과 수출도 용이한 장점이 있다. 앞으로 많은 자동차 회사들이 중국을 탈출할 것이기 때문에 조립전문 자동차 공장을 세우는 것이 필요하다는 것을 알아야 한다. 이를 위한 제도적 개선과 부지확보를 생각해야 부산이 한국경제를 견인할 수 있다.

04

세계 최대 음악 페스티벌 부산

꿈과 노래와 낭만의 도시

미국 캘리포니아에 있는 사막 계곡 코첼라 밸리(Coachella Valley)에서 매년 4월마다 열리는 록 페스티벌이 있다. "Coachella Valley Music and Arts Festival", 흔히 줄여서 코첼라라고 부른다. 초기에는 록 음악 위주의 라인업이 주였으나, 시간이 지나면서 힙합, 팝, 일렉트로니카 등 특정 장르에 치중되지 않은 많은 장르의 라인업을 보여주고 있다. 1999년 1회 Coachella Festival이 진행되었으며 2012년 이후부터 4월 둘째 주/셋째 주 금~일요일 총 6일 동안 개최하고 있다. (2020년은 Coronavirus Disease 2019 (COVID-19)로 인하여 10월로 연기되었다가 2000년 이후 두 번째로 취소가 되었다).[60]

코첼라 페스티벌(Coachella Festival)은 1999년 폴 톨렛(Paul Tollett)과 릭 밴 샌튼 (Rick Van Santen)의 주도 하에 Goldenvoice의 주최로 이루어지게 되었으며, 초대 헤드라이너는 벡, 툴, 레이지 어게인스트 더 머신이었다. 첫 페스티벌 당시 티켓 값은 일인 당 50달러였으며, 37,000장을 판매했다고 한다. 예상치인 70,000장 판매에는 실패했으나, 많은 매체들 사이에서 순조로웠던 축제 진행과 사막 축제라는 특이한 점 등을 꼽으면서 축제에 대한 호평을 받게 된다. 현재는 미국 최대 규모의 음악 페스티벌로 손꼽히고 있으며, 규모와 명성만큼 전 세계에서 많은 음악 팬들이 몰려드는 페스티벌이라고 할 수 있다.

그 외에도 도나우인셀페스트(Donauinselfest)가 오스트리아 비엔나에서 열리며 스테이지만 약 30개이다. 참가하는 뮤지션은 약 2,000팀이며 평균 관객은 약 300만 명이다. 1984년에 처음 시작된 도나우인셀페스트는 매해 6월 도나우섬에서 열린다. 유럽에서 가장 큰 축제 중의 하나다. 강변을 따라 설치된 30여개의 야외무대에서 다양한 장르의 공연이 펼쳐진다. 엘렉트로닉, 메탈, 랩, 팝, 포크 등 장르를 가리지 않는다.

또 마와진(Mawazine)이 있다. 장소는 모로코 라바트이며, 스테이지는 7개지만 90개 팀의 뮤지션들이 출연하여 약 250만 명의 관객이 모인다. 마와진은 북아프리카 최고의 음악축제다. 라인업은 대부분 아프리카 뮤지션으로 구성돼 있지만 스티비 원더, 알리시아 키스, 엔리오 모리꼬네 등 해외유명 뮤지션도 다수 참석한다.

또 우리에게 친숙한 서머페스트(Summerfest)는 미국 위스콘신에서 열리는데, 스테이지 11개에 참가하는 뮤지션은 약 200팀이다. 평균 관객 수도 100만 명이다. 서머페스트는 미국 위스콘신에서 6월말에서 7월초까지 11일 동안 열린다. 세계 최대 규모의 페스티벌로 1999년 기네스북에 이름을 올리기도 했다.

락 인 리오(Rock in Rio)는 브라질 리우데자네이루에서 열리는 남미의 대표적인 음악축제로서 스테이지는 4개이다. 뮤지션은 약 70팀이다. 관객수도 약 70만 명으로 락 인 리오는 매년 겨울에 10일간 개최되는 세계적인 축제다. 1985년 처음 시작돼 올해 35주년을 맞았다. 락 인 리오가 열리는

부산에서도 열리는 록페스티벌

2019 BUSAN INTERNATIONAL ROCK FESTIVAL

2019.7.27(토)~7.28(일)
사상구 삼락생태공원

7/27 SAT

god

NELL / ROMANTIC PUNCH / 잔나비 / NIGHTRAGE
백예린 / ADOY / HARRY BIG BUTTON / 윤딴딴
PAPER PLANES / MOCKING BULLET / CLOUDIAN
TAIKO ELECTRO COMPANY / 라펠코프 / 갱키스트

7/28 SUN

The chemical brothers

COURTNEY BARNETT / 악동뮤지션 / PIA / 김필
슈퍼밴드 / 전기뱀장어 / WHITE CATSS / SOLIDAL
드링킹소년소녀합창단 / THE MAGUS / LA BRIDGE / 더 포니

기간에는 브라질 행 비행기 티켓 값이 폭등할 만큼 인기가 많다.

이러한 세계적인 음악축제를 부산 앞바다에 있는 미래해상신도시에서 매년 열리는 축제로 연례화한다면 모르긴 해도 국제적인 주목을 받을 것이다.

음악은 만국의 공통언어

다국적 음악인들이 대형무대에서 여러 날 동안 공연하는 페스티벌은 뮤지션들의 희망이다. 또 관객의 입장에서는 한여름 밤, 공원에 앉아 음악이나 연극을 즐기는 것은 여름철 로망 중 하나다. 여름이면 세계 곳곳에서 기다렸다는 듯이 야외 페스티벌이 펼쳐진다. 여행지에서의 특별한 경험은 우리의 감성을 더욱 생생하게 한다. 부산과 음악축제. 어떻게 보면 생소할 수도 있을 것이다. 사실 부산도 국제 록 페스티벌을 개최한 적이 있다. 국내에서도 음악 페스티벌은 다양한 마니아층을 가지고 있다. 또 요즘 록이 주류를 이루던 여름 음악 페스티벌이 다양해지고 있다는 점도 특기할 만하다. 록이 힘을 잃는 대신 일렉트로닉 댄스 음악(EDM)이 부상하고 있고 가족 단위로 즐길 수 있는 감성음악 페스티벌도 등장해 선택의 폭이 넓어졌기 때문이다.

록페스티벌이 우후죽순처럼 생겨나면서 다양한 계층, 가족단위의 관객들을 위하 새로운 페스티벌이 등장하고 있다. 뮤직페스티벌 기획사 그린플러그드가 기획하고 있는 감성 뮤직 페스티벌 원 파인 데이(One Fine Day)

도 국내에서는 인기 있는 음악축제이다. 또 기세가 꺾인 록페스티벌도 다양하게 변주되고 있다. 시티브레이크와 슈퍼소닉은 록페스티벌의 색깔을 버리고 다채로운 음악을 즐길 수 있도록 출연진들을 다양화하고 있다.

YG도 '나우 페스티벌'을 통해 소속사 가수들뿐 아니라 패밀리 콘서트로 성격을 발전시켜 소속 가수는 물론 레이디 가가 등 다양한 출연진들을 무대에 올린 적이 있다.

미래해상신도시가 하나의 하드웨어적 인프라라고 한다면 세계적인 음악축제의 개최 혹은 유치는 미래해상신도시의 소프트웨어라고 할 것이다. 록페스티벌을 비롯한 오페라 뮤지컬 등의 유치도 다양하게 진행되어야 할 것이다. 이를 위한 중앙광장이나 메인스타디움도 계획 단계에서부터 설계에 반영되도록 해야 할 것이다.

부유식 스타디움 부유식 공항

많은 사람들이 창조경제에 대해 이야기한다. 의견이 분분한 것은 사실이다. 이에 대해 몇 년 전 전국경제인연합회에서 구체적인 답을 내놓았던 적이 있다. 창조경제 특별위원회 2차 회의였던 것으로 기억한다. 그 당시 전경련이 제시한 첫 번째 모델은 크루지움이었다. 크루지움은 크루즈(대형 유람선)와 스타디움(경기장)의 합성어로, 대형 선박 위에서 운동 경기를 할 수 있는 시설을 말한다. 월드컵이나 월드베이스볼클래식 결승전 같은 경기를

크루지움 STX는 월드컵 개최를 위한 시설 과잉투자가 우려되는 카타르와 2022년 월드컵을 위한 새로운 개념의 '크루지움' 제작 협의 中

태평양 한복판서 하는 것이 가능해지는 셈이다. 전경련은 크루지엄의 투자 대비 기대 이익이 일반 경기장의 4배에 달하고, 연평균 매출은 9,500억 원에 이를 것으로 분석하기 했다.

당시 정인철 STX 부사장은 "크루지움과 모바일 리조트(이동하는 인공 리조트 선박) 같은 융합형 선박이 미래 조선 시장을 선도할 것"이라며 "STX는 2022년 카타르 월드컵을 목표로 크루지엄 사업을 추진 중"이라고 말하기도 했었다. STX가 검토 중인 크루지움은 각각 5,000명이 탈 수 있는 크루즈선 2대 사이에 관중 4만 명을 수용할 수 있는 탈착형 스타디움을 연결하는 방식이었다. 평소에는 크루즈로 운행하다 대형 경기가 있을 때 크루지엄으로 변신하는 형태로, 배와 경기장을 일체형으로 설치하는 것보다 사업성이 더 좋은 것으로 평가받고 있다.[61]

모바일 리조트(이동하는 인공 리조트 선박) 같은 융합형 선박이 미래 조선 시장을 선도할 것이다

　결론적으로 말해 부산 앞바다에 세워질 미래해상신도시는 크루지움 같은 시설을 여러 개 만들어 록페스티벌 같은 것을 유치하고 해외에서 필요한 경우 올림픽이나 월드컵 등에 임대해주는 것도 중요한 사업이 될 수 있다. 이것이 가능한 곳이 바로 미래해상신도시이다.

　공항도 마찬가지이다. 공항을 건설하려면 넓은 공간이 필요하다. 그러나 도서(島嶼)나 도시지역 등 항공기 이착륙 시설이 필요한 곳에서는 좀처럼 충분한 공간을 확보하지 못한다. 이러한 문제를 해결하고자, 바다 위에 공항을 짓는 플로트(Float = 부유식)공항 구상이다.

　부유식 공항에 가까운 예로는 항공모함이 부유 갑판을 갖추고 있다. 다만 항공모함은 기동성과 고속항행이 요구되는 군함으로, 갑판 자체가 상업용 항공기가 뜨고 내리기엔 턱없이 좁다. 하지만 이 부유 갑판에 대한 사고를 넓혀보면 얼마든지 상업용 항공기의 이착륙도 가능한 것이다.

이것이 플로우트 공항(Floating airport)이다. 이러한 발상은 예전에도 있었다. 영국은 제2차 세계대전 중 대서양을 항행하는 통상(通商)선단을 보호하기 위해 빙산 위에 활주로를 건설하는 방안을 검토했었다. 이 프로젝트는 결국 이뤄지지 않았지만 플로우트 공항이라는 발상만은 남아 있었다.

1995년, 일본의 민간기업 17개사가 공동으로 메가 플로트 기술연구조합을 설립했다. 플로트 공항을 설계하고, 실제로 테스트하는 것이 목표였다. 실험이 성공하면 도쿄만의 바다 위에 플로트 공항을 설치하는 것도 계획에 넣는 등, 이 시도는 오늘에 이르기까지 가장 야심적인 계획 중 하나이다.

이 가운데 1,000미터 급 활주로를 갖춘 축소형 모델은 실제로 건설됐다. 일련의 테스트에서 메가 플로트가 항공기 운항에 적합하다는 것이 실증되었다. 그러나 이 프로젝트는 더 이상 진전을 보지 못하고 해상활주로도 후일 헐렸다. 미국 캘리포니아 주 샌디에이고에서도 비슷한 제안이 제기된 바 있다. 이곳 포인트 로마(Point Loma) 인근 해상에 활주로 2개를 갖춘 새로운 국제공항을 건설하려던 것으로 2개사가 각각 제안서를 내놓았다.

필요한 전력은 조력발전이나 태양발전을 통해 조달한다는 계획이다. 또 해저의 수심별 온도차를 이용하여 발전하는 해양열에너지 변환기술도 도입하는 등 에너지 면에서 자급자족을 목표로 하기도 했다.

바다에 뜨는 해상 공항, 이것이 플로우트 공항(Floating airport)이다. 런던에서 동쪽으로 약 48㎞ 떨어진 템스 강 하구에 건설을 구상하고 있는 플로트 공항이다.

　공항 건설은 거대한 투자를 필요로 하며, 해상건설의 경우는 더욱 그렇다. 플로트 공항의 구상 자체는 오랫동안 존재했지만 아직 실현되지 않았다. 저명한 건축가 노먼 포스터(Norman Foster)가 런던 동쪽의 습지대에 있는 그레인 섬에 4개의 활주로를 가진 공항을 건설하자고 제안한 적도 있다. 이런 종류는 대형 프로젝트에 필요한 대규모 용지를 매입하지 않아도 된다며 수상건설의 이점을 지적한다. 다만 런던공항 확장계획을 둘러싼 최종결정은 아직 내려지지 않았다고 강조하고 있다. 영국의 교통 장관은 6월 30일 국민투표에서 영국의 유럽연합(EU)이탈이 가결되자 이 결정을 적어도 10월까지 연기한다고 발표했다.

　그럼에도 불구하고 플로우트 공항의 실현 가능성에 대해서는 수십 년

간 연구가 이뤄졌다. 이에 따르면 최종적으로 문제가 되는 것은 기술적인 측면이 아니라 경제면을 잘 다루는 것이라 할 정도이다. 투자 대비 수익이 더 많다면 언제든 실현될 수 있는 아이디어라는 것이다. 문제는 지금은 이 것이 가능하다는 것이다. 다시 말해 수입이 오를 수 있다면(흑자가 될 수 있다면) 대부분의 장벽은 극복할 수 있다. 플로우트 공항은 언젠가 도래할 수 있는 실현 가능한 미래이다. 세계 최대의 조선 능력과 기술을 가지고 있는 부산 경남 울산의 조선벨트가 도전해 봄직한 프로젝트이다.

문화융합산업시대에 가장 걸맞는 도시, 부산

부산은 예로부터 개항도시로서 전 세계의 신문물이 들고나던 곳이었다. 최초의 개항도시로서 초량왜관시대의 30만 인구 중 10만명 가량이 일본 인 등 외국인이었다고 할 만큼 이미 국제화된 도시였다. 음악과 미술 출판 등 문화컨텐츠 등에 대해 정권의 검열이 엄격하던 군사정권 시절 각종 금 지된 음반과 서적 등이 부산항을 통해서 들어왔고, 해적판 음반과 서적 등 이 널리 유통되었다. 그야말로 부산은 자유의 도시였던 셈이다. 과거 피난 수도 시절 이래로 미군 등을 상대로 하는 유흥업이 성행했고, 국제적 항구 도시로서 외국인선원을 상대로 하는 유흥업이 성행했다. 일본과의 가까운 지리적 잇점으로 인해 일본인관광객이 넘쳐났고 일본으로부터 들어온 각 종 출판물과 문화컨텐츠 상품이 유행하면서 세계유행을 가장 먼저 맛볼 수 있는 곳이기도 했다.

조용필, 나훈아 등 시대를 풍미한 대중가수도, 과거 대학가요제나 강변가요제를 휩쓴 사람들도, K팝으로 뜨고 있는 BTS 멤버들도 두 명이나 부산 출신이 아닌가? 부산사람들은 유독 노래부르는 걸 참 좋아한다. 저녁만찬 후에는 꼭 빠지지 않고 노래방으로 간다. 뱃사람의 DNA를 갖고 있어선지 술 한 잔 하고 노래하는 걸 유난히 좋아한다.

게다가 부산은 물가도 싸다. 싱싱한 해산물 등 각종 먹거리가 풍부하고 식당 가서 음식을 시키면 서울보다 훨씬 싼 가격에 음식이 푸짐하게 나온다. 국제시장이나 자갈치시장 같은 큰 시장에는 먹자골목이 즐비하다. 왠지 바다만 보면 마음이 편해지고 낭만적이 된다. 바다는 많은 문화컨텐츠의 소재나 배경이 되곤 한다. 출장을 갈 때에도 부산에 갈 때는 청바지나 캐주얼한 복장을 하나쯤은 챙겨간다.

바야흐로 문화융합산업시대이다. 놀고 즐기는 일을 잘하면 그것이 돈을 버는 시대이다. 제품을 만들어도 거기에 문화나 취향, 역사 등 어떤 무형의 가치가 깃들어 있을 때 더 비싸게 팔리는 시대이다. 같은 커피를 마셔도 스타벅스커피와 동네커피의 가격은 천지차이다. 동네커피도 뭔가 바리스타의 독특한 취향과 해석이 있으면 비싸게 팔리기도 한다. 소비자는 제품 자체보다 브랜드, 스토리, 기분 같은 보이지 않는 것에 가치를 두고 비싼 가격을 기꺼이 지불한다. 과거의 굴뚝산업시대처럼 즐기는 일과 돈버는 일이 뚜렷이 구별되지 않는다. 바야흐로, 전문적 지식을 갖고 융합적 사고를 하며 창의적 아이디어로 고소득을 올리는 소위 "창조계급"이 대세가 되고 있다. 사무실에 앉아서 자리를 지키는 시간에만 일을 하는 것이 아니다. 먹고 마시며 즐기는 사이에 새로운 아이디어가 샘솟고 좋은 아이디어만 있으면 돈도 모인다. 사람들은 눈에 보이지 않는 즐거움과 특별한 경험을 위해 기꺼이 돈을 지불하는 시대이다.

문화예술, 관광 분야의 고도의 산업화

부산은 이런 먹고 마시고 즐기며 돈버는 문화융합시대에 가장 적합한 도시이다. 미국의 샌프란시스코, 아시아의 싱가포르 같은 도시처럼 창조계급이라 불리는 젊은이들이 바다가 바라보이는 공유오피스나 카페에서 랩탑을 들고 커피나 차를 마시며 일을 하고, 저녁에는 젊은이들이 모인 분위기 좋은 클럽이나 유행을 선도하는 펍에서 모여 수다를 떨며 새로운 사업아이디어를 교환하며 뭔가를 만들어내는 시대이다. 이러한 분위기는 하드웨어만으로는 부족하다. 그것을 뒷받침하는 창조적 리더들이 모여들여야 한다. 그들의 취향을 충족시키고 그들이 즐길 수 있는 문화적 분위기를 만들어야 한다. 그러려면 시민들의 의식도 개방적이고 실용적으로 변화해야 한다. 그런 창조적 리더들이 모이는 소위 "인싸"들이 모여드는 곳이 되면 다시 많은 젊은이들이 모여들게 된다. 젊은이들이 돈이 없어서 돈을 안 쓴다고 하지만 꼭 그렇지 않다. 1년간 땀흘려 번 돈을 여행하면서 다 쓰기도 하고 자기가 하고 싶은 일에 다 쓰기도 한다. 그만큼 요즘 젊은이들은 타인의 시각으로 소비하는 것이 아니라 자기만의 가치기준을 갖고 있다.

그동안 부산은 제조업 중심의 산업도시였지만 이제는 제조업만으로 도시가 살아남긴 어렵다. 기존 제조업의 업그레이드 뿐만 아니라, 문화예술, 관광 분야의 고도의 산업화가 절실하다. 그런데 부산의 바다 경관이 멋지긴 하지만 단지 바다만으로 관광산업의 부가가치가 높아지긴 어렵다. 부산이 몰디브 같은 휴양지 이미지는 아니기 때문이다. 결국 관광은 도시의 핵심이미지가 뭔가를 고려해서 관광산업의 전략을 짜야 하는데 부산의 핵심 이미지는 싱가포르, 홍콩, 시드니, 샌프란시스코처럼 바다에 면한 문화도시의 이미지라고 봐야 한다. 그렇다면 관광상품에 스토리, 컨텐츠가 있어야 한다. 역사가 있고 스토리가 있어야 한다. 꿈이 깃들어 있어야 한다.

세계최대의 음악페스티벌을 부산에 유치하자

부산에서 세계최대의 대중음악공연을 유치하자. 투모로우랜드 (Tommorow Land) 같은 EDM (Electronic Dance Musec) 페스티벌이나 우드스탁 (Wood Stock) 페스티벌 같은 세계적인 공연을 유치하면 전 세계 젊은이들이 적어도 20-30만명 몰려들어 며칠씩 부산에서 공연을 보고 며칠씩 부산을 돌아다니게 하자. 그러면 거기에 연관된 서비스직 일자리만 해도 엄청난 수가 생기지 않겠는가? 몇 만 몇십 만 규모의 야외캠핑시설만 있으면

얼마든지 그런 공연을 기획하고 조직할 수 있다. 그런 세계적인 공연을 열게 되면 부산이란 브랜드가 전 세계에 알려지게 된다. 전 세계 방송국들이 그 공연을 취재하고 실황중계하면 부산은 자연히 유명해진다. 올림픽이나 아시안게임 유치는 이젠 옛날 얘기이다. 이제는 세계적인 음악공연, 문화축제를 유치하는 것이 경제유발효과가 더 클 수도 있다. 그렇게 되면 인근 일본과 대만, 중국과 홍콩, 러시아, 싱가포르와 베트남 등 아시아 일대뿐만 아니라, 미주 유럽 등 전 세계 젊은이들이 오고 싶은 도시 부산으로 브랜드를 널리 알릴 수 있다.

그러다가 부산을 방문한 젊은이들 중 일부는 부산에 머무르고 싶도록 하자. 그런 젊은이들이 자주 찾는 국제도시, 주로 거주하는 국제지구가 만들어지도록 돕고, 국제도시로서 교육, 언어 등의 장벽을 최대한 낮추고 정주여건을 개선하여 그들이 부산에 머무르는데 아무런 문제가 없도록 해야 한다. 젊은 세계시민의 유입은 부산을 자연스럽게 변화시킬 것이다. 세계에서 가장 성장률이 높은 곳, 가장 역동적인 시장이 바로 한중일이 위치한 동북아시아 아닌가? 그 동북아의 중간 지점이자 태평양에 면해있으며 천혜의 경관을 가진 부산이 그런 기회를 놓쳐서야 되겠는가? 예를 들어 날씨가 가장 선선한 10월을 "October B (10월의 부산)"이라는 이름으로 한 달 내내 대형 축제를 개최하면 어떨까? 아니면 1년 내내 매달 세계적인 축제가 한 번씩 열리면 어떨까? 이제 구청 단위의 작은 규모의 축제, 별 특징이 없는 축제는 과감하게 줄이고 세계적인 규모와 수준의 축제를 열어 세계인들이 찾는 곳을 만들어야 한다.

홈런 볼이 바다로 떨어지는 바다구장의 꿈

부산의 야구의 도시이다. 예로부터 태평양 관문도시로서 일본과 미국의 영향을 많이 받은 도시여서인지 고교야구가 지금의 프로야구처럼 인기가 높던 시절 부산고와 경남고의 라이벌 관계는 유명했다. 우리 아버지도 여느 부산 사람들처럼 야구를 참 좋아하셨고, 롯데 자이언츠의 광팬이셔서 어린 시절 만만한 날 데리고 구덕야구장을 가시곤 했다. 당시 최고의 스타 최동원의 경기는 잊을 수가 없다. 80년대 후반 경기를 시작했던 사직구장은 이젠 많이 낡아서 재건축이나 이전이 필요한 상황이라고 한다.

미국 샌프란시스코를 여행하게 되면 여행객들이 빠지지 않고 꼭 들르는 곳이 있다. 금문교보다도 더 유명한 곳이 바로 샌프란시스코 자이언츠 홈 구장인 AT&T 파크이다. 날씨가 좋은 날 바다가 보이는 앞이 탁 트인 관중석에 앉아 야구를 관람할 수 있다면 얼마나 행복할까? AT&T파크는 우측 펜스 폴까지의 거리가 94.1m밖에 안되는 대신 담장의 높이가 7.62m나 된다고 한다. 우측 펜스 위 관중석 뒤로는 매코비만이 펼쳐져 있는데 우측 관중석을 넘어서 매코비만으로 직접 떨어지는 장외홈런을 특별히 '스플래시 히트(Splash hit)라고 부른다. 베리 본즈가 35개의 스플래시 히트를 날리고 최희섭도 한차례 기록이 있다고 한다.

샌프란시스코 자이언츠 AT&T파크

부산에도 그런 바다구장이 있으면 얼마나 멋질까, 바다구장을 부산의 북항이나 남항 어딘가 바다를 보는 방향으로 지어 부산시민들 뿐만 아니라 전 세계 야구팬들이 그 구장에서 경기를 관람하면 좋겠다. 그래야 야구의 고장, 태평양 해양도시 답지 않겠는가? 그 야구장만으로도 부산의 브랜드가치 상승, 관광객 유입, 부산시민들에게 꿈을 심어주는 점과 꿈의 구장이라는 이미지 고양 등 눈에 보이지 않는 경제유발효과는 엄청날 것이므로 단순한 비용과 편익계산 만으로 그 구장의 가치를 산정할 수는 없을 것이다. 언젠가 부산의 바다구장에서 롯데 자이언츠 선수가 친 홈런볼이 바다로 떨어지는 장면이 나온다면 부산의 야구팬들이 얼마나 기쁠지는 부산사람만이 알 것이다.

컨텐츠도시 - 산복도로와 모노레일

은하철도 모노레일 - 상상력과 즐거움이 직업이 된다

상상력은 우리에게 즐거움과 활력 뿐 아니라 일자리도 준다. 기성세대에게는 보람을, 청소년 세대에게는 희망을 준다. 우리들에게 가장 필요한 것은 바다를 바라보고 만들어 내는 상상력이다.

위에서 언급한 내항, 감만부두 앞과, 감천부두 앞이 적합해 보이지만 가덕 공항과 연계한 해상신도시는 더욱 더 팬시한 프로젝트가 될 수 있다.

루이스 멈포드의 지적처럼55) 현대의 도시는 '타락의 추세'를 지속시켜왔다. 인간의 내면적 삶과 외면적 생활의 조화, 인류 전체의 점진적인 통합, 지역과 문화와 인격의 다양성과 개별성의 발달이 아니라 경관과 인간 개성의 파멸로 나아가고 있다. 그래서 우리는 우리가 사는 도시에 대한 새로운 임무를 져야 하는 시대에 직면하고 있다. 도시 탈출이 아니라 도시

안에서 도시를 재생하고 도시로부터의 인간 소외를 이겨내는 노력을 경주해야 한다.

그것이 부산의 산을 이용한 스카이라운지 일주 모노레일의 건설과 영도와 부산항을 연결하여 해운대까지 아우르는 상상력 풍부한 신개념의 해상 모노레일 건설이다. 그래서 누군가의 제안처럼 도시타락사관이 지배하는, 오랜 도시 역사에서 벗어나 도시 유토피아를 전망하는 새로운 도시 역사를 만들어야 한다.

부산은 이미 부산항재개발지구와 우암·감만·용당·용호동~광안리~해운대 달맞이 15km 구간에 모노레일을 추진하려는 움직임이 있어왔다.

여기에는 국내 처음으로 공중 철길에 매달려 달리는 현수식 모노레일을 건설하자는 것이었다. 도심 속 대중교통 사각지대로 남아있는 부산 남구 우암·감만·용당동 일대 주민들이 도시철도 유치 추진위원회를 구성, 본격적인 활동에 들어갔다. 13일 우암·감만·용당동 주민들에 의해 전국 최대 규모의 뉴스테이 연계형 재개발아파트단지 1만 4,000여 가구 건설사업이 추진 중인 우암·감만동을 중심으로, 부산항재개발지구와 남구 용호동, 수영구, 해운대구 해운대 해수욕장, 달맞이고개까지 해안선으로 연결되는 15km 구간에 대중교통과 관광을 겸한 도시철도 건설이 필요하다고 역설하며 시민추진위원회까지 결성했다.

시민유치위는 부산항재개발지구~해운대 달맞이고개 구간의 경우 전체 구간이 해안선을 따라 연결되는데다 고층아파트가 밀집, 80여만 명이 거주하기 때문에 무공해 대중교통 수단인 철도가 반드시 필요하다는 입장이었다.

특히 이 구간에는 부산항 야경을 비롯해 오륙도, 이기대, 광안리해수욕장, 동백섬, 해운대 해수욕장, 달맞이고개 등 관광지가 수두룩해 관광용으로도 철길이 제격이라는 분석이 나오고 있다. 이는 노선연장을 통해 아예 구 부산시청이 있는 광복동에서 출발하여 영도를 한 바퀴 돈 뒤, 부산여객항을 거쳐 부산역을 경유 적기 감만동으로 이어져야 교통과 관광의 두 가지 요구를 충족할 수 있다. 여기에 더하여 산복도로형 스카이라인을 추가로 건설해서 미래도시를 만드는 선도역할을 해야 한다. 물론 육상 철도가 아닌 하늘 철길에 매달려 운행하는 현수식 모노레일과 대형 케이블카형 운송수단이 되어야 한다. 현수식 모노레일은 독일 노르트라인베스트팔렌주(Nordrheinwestfale) 부퍼탈에 있는 독특한 모노레일인 슈베베반이 효시이다.

이바구길 여행자를 위한 베이스캠프

06

부산을 스토리텔링으로 재구성하라

이바구 캠프

051-467-02E
www.2bagu.co.

290

[CJ헬로비전 우리동네TV교실 수료작] 광고2_'부산 동구_초량이바구길 편' 제작일: 2016. 07

편한 이야기가 있는 도시

'초량이바구길'은 부산역광장~백제병원(남선창고 옛터)~담장갤러리~초량초교·초량교회~동구 인물사 담장~168도시락국집~6.25 막걸리집~이바구충전소~168계단~김민부전망대~이바구공작소~장기려 더 나눔센터~유치환의 우체통~게스트하우스 까꼬막~마을카페(천지빼가리)로 총연장 1.5km길이에 테마가 있는 주요 거점이 17곳이나 된다.

이 곳 이바구길은 하루에도 수천 명이 찾고 있는 부산의 명물이 되었다. 그간 부산시에서 선도적으로 추진해 온 도시재생특별법 제정과 북항·부산역, 차이나타운 등 인근 초량지역을 연계한 '창조경제 플랫폼'사업이 도시재생 선도사업지역으로 지정하여 꾸준히 키워온 결과이다. 만약 이곳에 은하철도 모노레일까지 보태어진다면 향후 '초량이바구길'은 더 활성화될 전망이다.

여기에 각종 테마파크를 만들고 근대도시의 모습들을 민속촌으로 확대한 뒤 산복도로지역의 특성과 이바구길의 컨셉에 맞는 노인일자리지원사업을 시행하면 약 5만 명의 신규 일자리가 창출될 것이다. 도시재생 선도사업의 일환으로 꾸준히 추진해야 한다. 그리고 지금 진행되고 있는 북항 및 부산역 일원과 차이나타운 등 '초량이바구길'주변에 다양한 사업이 추진되면 이 일대는 더 진화하게 될 것"이다.

이미 '초량 이바구길'은 근대적 문화유산의 문화재적, 역사 사적적인 가치를 가지고 있음을 보여주는 중요한 증거가 되고 있다.

대만에 가면 수도 타이베이에서 멀지 않은 곳에 탄광마을이 있다. 일제

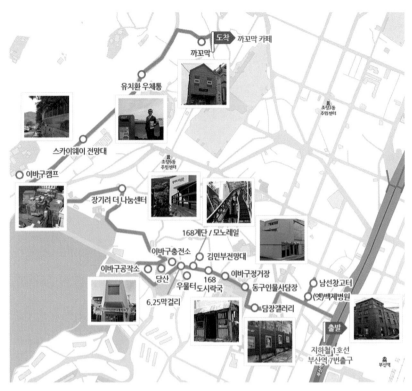

초량이바구길로 이어지는 여행, '초량이바구길'은 2011년 부산시에서 산복도로르네상스 1차년도 사업으로 부산역과 초량동 산복도로 마을을 잇는 골목길에 다양한 역사적 소재와 이야기를 담아 조성한 산복도로의 대표적 스토리텔링-로드로 꼽힌다.

는 이곳에서 석탄을 캐며 많은 대만인들을 강제 징용하여 노역을 시켰다. 진과스라고 하는 이곳은 대만 여행의 필수코스가 되었다. 사실 가보면 언덕위에 탄광이 있고 그 시절에 있었을 법한 여러 장소들을 재현해놓았을 뿐이다. 하지만 그곳에서 광부도시락 하나를 먹기 위해 대만 돈 80달러를 주고 꾸역꾸역 산을 걸어 올라간다. 이야기를 만들고 그것을 재현하니 관

대만수도 타이베이에서 멀지않은 광산촌 마을 진과스. 광산박물관 안의 금괴

광명소가 되는 것이다.

또 한국의 상징 중 하나인 영도다리, 우리나라 최초의 도개교이자 부산의 상징이다. 피난민들은 가족과 혹시라도 헤어지면 영도다리에서 만나자고 했고 그 덕분에 전쟁통 만남의 장소로도 유명해졌다. 많은 사연을 목격하고 함께 울고 웃었던 영도다리는 도개기능 정지, 해체 등 우여곡절을 거쳤으나 지난 2013년 다시 개통했다. 하루에 한 번 정오 도개식을 한다. 이러한 부산의 역사는 새로운 제4의 개항을 위한 아이디어를 제공한다. 그것이 무엇이냐? 역사가 도시를 만들고 도시가 역사를 만든다는 것이다. 앞으로 부산은 제4의 개항을 통해 새로운 문명사를 개척해내어야 한다.

나는 왜 싸우는가

07

소신과 현실 사이

정치란 다수의 이익을 추구하는 소수의 예술

필자는 변호사를 하다가 정치에 뜻을 두게 되었다. 한 마디로 말해 세상에서 산전수전을 겪고 세상정치의 링에 오른 케이스다. 사법시험을 준비하던 중 1997년 외환위기 사태로 아버지 사업에 부도가 났다. 당시 어머니와 주변의 도움으로 다행히 공부를 계속하여 사법시험에 합격했다. 이후 변호사로 그리고 대기업 임원으로 나 자신은 승승장구했다.

그러나 외환위기 사태로 인해 우리 집이 어려워지는 것을 직접 목격했고 또한 살기 힘든 서민과 약자들을 보면서 '나 혼자 출세하고 잘 나가면 뭐하나, 대한민국에는 아직도 약자가 많은데… 나의 소명은 무엇일까?'라는 고민을 하게 되었다.

'불공정하고 왜곡된 경제구조에서 벗어나 모두가 함께 성장할 수 있는 경제공동체를 만들고 싶다'는 포부를 갖게 되어 정치에 뜻을 두게 되었다. 하지만 그 길은 녹록치 않았다. 두 번은 국회에 입성했고 이번엔 고배를 마셨다. 하지만 위기를 기회라고 믿고 절치부심하며 부산에 대한 빚을 갚을 생각을 하고 하늘의 뜻을 기다리고 있다.

사실 변호사란 직업도 매력이 있지만 하늘과 국민이 밀어주어 국회의원이 된다면 국가와 고향에 봉사할 기회가 아주 많다. 법조인으로 살았던 경험으로 되돌아볼 때 우리 변호사들에게 드리고 싶은 말씀이 있다. 무엇보다 삶의 현장에서 경험을 쌓고 난 뒤 법조업무에 뛰어드는 것이 순리가 아닌가 생각한다. 그런 다음 정치에 꿈이 있다면 현실의 현장으로부터 자신의 정치 철학이 무엇인지 분명히 해야 할 필요성이 있다.

사실 우리는 우리 부모 세대보다 더 번영하고, 더 강하고, 더 자유로운 나라에서 살게 되었다. 그 분들의 희생과 헌신 덕분이다. 이제 우리는 '어떤 나라를 후손들에게 물려줄 것인가'라는 물음에 답할 수 있어야 한다. 적어도 우리보다 더 번영하고 더 강하고, 더 자유로운 나라에서 살 수 있게 해야 하지 않을까? 이제 겨우 건국된 지 70년이다. 우리 부모들과 선배들이 피땀으로 일궈온 소중한 기반을 여기서 무너뜨릴 수는 없다는 절박감으로 『나는 왜 싸우는가』에 이어 두 번째로 이 책을 쓴다.

국가경쟁력은 경제로부터

국가경쟁력은 바로 경제로부터 나온다. 어디 국가뿐이겠는가? 가정도 개인도 경제가 무너지면 가정의 신성함도 개인의 존엄도 다 무너진다. 따라서 최소한의 경제 원리를 파악해야 굳이 정치인이 아니라도 사람구실은 하고 산다.

함께 몸담았던 법조인들을 볼 때 그분들은 규범에 익숙해서 입법체계에는 익숙하다. 그런데 사실 법으로 해결되는 것은 일부분이다. 그것은 알 만한 사람은 다 안다. 진짜 사회를 알기 위해서는 시장경제원리에 대한 폭넓은 이해가 필요하다.

그리고 국민의 신뢰를 얻을 수 있으려면 정책에 대한 일관된 철학이 있어야 한다. 나는 김재헌 위원장님과 함께 이 책을 쓰면서 정치학과 민주주의와 관련된 근대 역사공부가 필요하다는 것을 배웠다. 말 그대로 진정한 정치인은 역사 속에서 온고이지신해야 한다.

마지막으로는 독서 및 견문을 쌓는 것이 필요하다는 점을 절감했다. 동료들을 보며 변호사로서 다양한 현장 경험과 아울러 여러 분야에 대한 경험이 어우러져야 한다는 것을 뼈저리게 느꼈다.

그 동안 복에 넘치도록 2선 의원으로 의정활동을 했다. 지금 생각해도 후회가 없을 만큼 왕성하게 활동했다. 하지만 초선 때와 달라진 것은 없다. 초선 때는 지역구에 맞는 디테일한 정책에 힘을 쏟았다면 재선 때는 권력의 속성을 이해하려 노력하면서 단순히 정책뿐 아니라 정치에 대한 이해가 깊어졌다. 역사적인 큰 흐름 속에서 정치의 큰 그림을 보게 되었다는 뜻이다.

후회하지 않을 순간을 보냈다

자화자찬 같지만 나는 진정 후회하지 않을 순간들을 보냈다고 자부한다. 그래서 보람이 있었다. 기억에 남는 바 유통산업발전법과 관련하여 대규모 점포를 개설하거나 전통상업보존구역을 보호하는 것이 미흡하다고 생각했다. 그래서 준(準)대규모 점포를 개설하려는 자가 기초자치단체장에게 상권 영향평가서, 지역협력계획서를 갖춰 등록하도록 하는 등 대규모 점포로부터 지역 골목상권과 중소유통상인들을 보호하는 규정을 두고 있다.

그런데 대규모점포 개설이 등록제로 시행되고 있고 광역자치단체가 아닌 기초자치단체에서 대규모 점포 등록 업무를 담당하고 있다. 이 때문에 지방자치선거 시 유권자의 표심을 공략한 대규모 점포 유치 공약이 남발되는 사례가 비일비재하다.

또한 현행법에 따라 지정할 수 있는 전통상업보존구역의 범위는 전통시장이나 전통상점가의 경계로부터 1km 이내로 제한돼 있다. 이 범위는 상당히 협소해서 준대규모 점포의 증가를 억제하는 효과를 충분히 발휘하지 못하고 있다.

이에 현행 대규모 점포 등록제를 광역자치단체장의 허가제로 전환하고, 전통상업보존구역을 지정할 수 있는 범위를 2km로 확대해서 지역 골목상권과 중소상인 보호를 위한 정책의 실효성을 높이려고 입법을 발의했다. 이러한 노력과 연구가 많은 국민들에게 잔잔한 울림을 주어 오늘의 필자가 여기 있는 것이 아닌가 한다.

4차 산업혁명 시대의 여성 리더십

사실 정치인의 직무를 수행하는 과정에 있다 보면 '여성'이어서 어려움에 봉착했던 적이 있는지 듣는 경우가 많다. 그래서 필자는 이 자리에서 정치인을 꿈꾸는 여성들에게 해주고 싶은 조언이 있다.

현재 우리는 남성 리더가 다수인 사회에서 살고 있다. 필자는 남성들 중심으로 이뤄진 술자리에서의 대화가 실제 회의석상에서 잘 다뤄지지 않음을 체감했다. 아울러 사회에서는 '여자는 리더가 되기 어렵다' '얼굴마담이다'라는 인식이 강하게 뿌리 내리고 있다는 것을 느꼈다.

여성이 제대로 정치를 하고자 한다면, 정치의 속성을 이해하고 자신의 고유한 철학을 갖고 자기의 주장을 펼쳐나가야 한다는 생각을 그래서 굳혔다. 즉 다방면에 상식과 이해가 있어야 한다는 말이다. 특히 누구와도 어울릴 수 있도록 사교적이어야 한다. 견문을 넓히기 위해 독서량도 많아야 하며 남을 설득하고 리드해야 하기에 기(氣)도 강해야 한다. 항상 리더십과 경쟁력을 갖기 위해 부단히 노력해야 하고, 남이 자신을 따르게 하기 위해서는 스스로도 타인을 위해 헌신적이어야 한다.

여성이기에 바라는 상이 부담이다

필자를 향해 들려오는 가장 많은 질타는 '겸손하지 못하다, 엘리트의식이 강하다, 잘난 체한다.' 등이다. 하지만 이러한 질타도 애정이 없으면 나올 수 없는 채찍이다. 기대가 있으면 바라는 것도 많은 법이다. 그래서 시장경제체제가 대한민국을 완성했다. 필자는 시장경제체제의 우수함을 믿고 있다. 국가가 시장의 실패를 보완할 때 재정과 세금으로 해야지, 시장에 개입해서 직접 가격을 통제하면 역효과만 난다고 믿는다. 현재까지 문재인 정부의 실책은 손에 꼽을 수 없을 만큼 많지만 정부의 시장개입이야 말로 가장 큰 실책이 아닐까 한다. 우리나라 자본주의가 초기 개발독재시절의 성장 드라이브로 불균형하게 재벌에 치우쳤던 적은 있다. 그 가운데 대기업과 중소기업, 소상공인의 문제로 다소간 갈등도 있었다. 하지만 이것이 체제의 문제는 아니다. 문재인 정부가 지금까지 시장의 임금과 노동시간 즉 가격과 생산요소 투입량을 국가가 폭력적으로 정하는 것은 체제의 문제가 된다.

공정한 기회와 환경이 조성되고 내 실력에 의해서 성공할 가능성이 주어지는 것, 치열한 경쟁 속에서 성장의 동력을 찾는 게 진짜 자본주의 국가다. 따라서 가덕도 신공항 앞 해상에 세워질 '이순신해상신도시'는 자본주의의 최대 효율과 뇌본주의의 최대 효율이 드러나는 곳이 되어야 한다.

쉽게 말해 자본주의와 자유시장경제체제의 가치를 믿고 투자하러 들어오는 나라와 기업 그리고 개인들이 넘쳐나게 해야 한다. 그렇게 하려면 과감한 제도개혁과 적어도 중앙정부의 독점적 권한을 대폭 지방정부와 그 수장에게 위임함으로써 전국적 단위로 시행하기에 앞서 시뮬레이션으로 적용해 볼 수 있어야만 한다.

기회의 균등이 창의성을 높인다

나라든 기업이든 가장 중요한 것은 상상력과 창의성이다. 좋은 나라로 성공하기 위해 노력해야 한다. 같은 목적을 향해 도전하는 사람들에게 기회를 줄 수 있어야 한다. 시쳇말로 돈이 없고 빽이 없어도 능력 있고 성실하면 좋은 학교에 갈 수 있는 길을 열어주어야 한다. 그런 사회가 되어야한다. 정치권력과 결탁하지 않아도 능력이 있으면 성공할 수 있는 사회가되어야 한다.

법은 국민을 지켜주는 명문화된 마지막 장치이기 때문에 사회적인 약자들은 법에 의지하고 있다. 하지만 현실에서 부딪히는 소외와 백안시가 그들을 기다리고 있다. 이러한 때에 몇 달 밤을 꼬박 지새우며 이 땅의 기울어진 운동장을 바로잡고 저들을 끌어내리기 위한 항거를 하였지만 저 성이 난공불락 중의 한 개라는 사실만 확인한 시간이었다. 그래서 필자는 느낀다. "좌파들의 선동과 어젠다에 반대를 위한 반대만 할 것이 아니라 우리가 비전을 만들고 그것을 선포하며 어젠다를 만들고 끌고 가야 한다는 것을."

이 책은 바로 그러한 노력, 오래된 노력의 일환으로 준비된 책이다. 김재헌 위원장의 작가적 상상력은 필자에게 좋은 자극이 되었다. 이 상상력에 정치적 철학과 방향성을 보태어 공저로 출간하게 되었다. 부디 이 책이 널리 읽혀지길 바라며, 만약 그렇게만 된다면 꿈의 수준에 불과한 "미래해상신도시" 프로젝트는 더할 나위 없는 날개를 달게 될 것이다. 그리고 실현될 것이다. 그래서 감히 부산을 살리는 자 대한민국을 살릴 리더가 될 수 있다고 천명해 본다.

감사와 기쁨

모든 것은 꿈으로 시작되었다

인생에 있어서 먼저 해야 할 일과 나중에 해도 될 일을 구분할 줄 알아야 한다. 일에는 분명 순서가 있다. 기초와 하부조직을 갖추는 것을 전문용어로 인프라(infra)를 만든다고 한다. 인프라는 'infrastructure'의 준말이다. 건축뿐 아니라 정치 결사나 단체 등의 하부 조직[구조]이나 사회의 기본적 시설, 기반을 놓는 것도 모두 인프라에 속한다.

자세히 보면 우리들의 삶에도 먼저 이러한 인프라를 구축하는 일이 중요하다는 것을 깨닫는다.

누군가는 기초를 놓고 그 위에 완성한다

고속도로를 건설하기 위하여 1969년 2월15일에 한국도로공사가 창립되었다. 먼저 6월 20일 언양-울산간 고속도로(14.2km)가 착공되고 12월29

일 개통하기 시작하여 1970년 7월7일 경부고속도로 전 구간(428km)이 준공된다.

박정희 전 대통령은 경제와 군사력이 있어야 아프리카만큼도 못 사는 대한민국이 세계 속의 한국으로 성장할 수 있다고 생각하였다. 박정희 전 대통령은 서독으로 직접 가서 아우토반(독일 고속도로)을 만져보기도 하면서 한국에도 이와 같은 고속도로를 만들어야 한다고 생각한 것이다. 1968년 부터 현대건설을 비롯한 여러 회사들에 의해 착공에 들어간다. 물론 그 과정에 야당의원들이 환경 훼손의 주범이 될 수 있다는 등의 여러 의견을 내놓았으나 박정희와 민주공화당은 이를 묵살하였다.

박정희 대통령은 현지를 답사하면서 공정을 수시로 확인하였다. 공사는 불도저로 주로 시행하였지만 터널 공사 등은 최대의 악재였다. 그런 악재를 잘 극복해 내면서 단계적 개통을 시작했다. 착공한 그 해 1968년 12월에는 서울-수원 간 고속도로가 개통되고 1년 뒤인 1969년 12월 19일에는 대구-부산 간 고속도로가 개통되었다. 그리고 마지막 공사구간인 대전-대구 간이 1970년 7월 7일에 개통되면서, 경부고속도로는 완공을 맞이했다.

이 고속도로 개통으로 한국의 고속성장의 서막이 오르게 되었다. 아프리카 수준이어서 가망이 없었던 우리 경제는 날로 헤아릴 수 없이 성장하여 경제 도상국에서 드디어 중진국으로 진입하게 되었다. 이 고속도로로 인해 국산 자동차가 만들어지게 되었고 결국 화물차가 많이 달리게 되면서 외국으로 수입/수출이 늘어났다.

미래를 이야기하는 자가 리더다

앞으로 20년 대한민국의 먹거리는 누가 창출해 낼 것인가? 모든 사람이 회의적이다. 전문 비전문을 떠나 전통적 효자수출산업인 반도체 스마트폰 액정산업에 빨간 불이 켜지고 있다. 더구나 이들 산업이 수출에서 차지하는 비중이 30%에 가까운 만큼 위기감도 커지고 있다. 기업의 자율경쟁과 시장자유 경쟁에 대한 환상도 점점 무너지고 있다. 점점 더 관주도 국가주도의 경제로 가면서 전체주의적 상황에 들어가고 있다. 기업인들의 불안감은 투자위축으로 이어지고 실물경기는 점점 더 왜곡 내지는 악화되고 있다. 누가 과연 미래의 먹거리를 책임지며 방향을 제시하고 인프라를 만들어 줄 것인가?

만약 이 시대에 20년을 내다보는 먹거리를 예견하고 이에 대한 인프라를 제시하는 사람이 있다면, 그는 부산 뿐 아니라 대한민국 전체를 대표할 리더가 될 가능성이 매우 높다.

필자는 위기 속의 기회가 부산에 있다고 믿는다. 그리고 저 무궁한 바다에 있다고 믿는다. 오늘 비록 우리의 현실은 녹록하지 않아도 결국 도전하는 자에게 기회는 열릴 것이다. 앞으로 부산이 대한민국의 희망이 되고 기사회생시킬 젖줄이 될 것이다. 그 가능성이 해상신도시에 있다. 우리나라

9대 수출기간산업 중 6개가 부산경남 울산으로 몰려있다. 하지만 본사는 거의 다 중앙에 있다. 진정한 의미의 지방분권을 논의하려면 수출기간산업 외에 새로운 4차 산업의 본부가 부산을 중심으로 포진해야 한다.

코로나19 공습으로 세계 질서가 재편되고 있다. 앞으로의 세상이 어떻게 펼쳐질지 장담할 수 없는 불확실성의 시대로 접어들었다.

요즘 심심찮게 부산에서도 '개별 도시가 삶과 경제의 중심이 되는 도시국가(City-State)'라는 말이 들려온다.[62]

'도시국가'개념이 앞으로 급부상할 것이라는 전망도 나와 사실상 흥미롭다. 전통산업 중심의 부산 산업구조를 혁신하고 지체 없이 가덕도신공항 건설에 나서야 부산의 미래를 담보할 수 있다는 제안 때문에 나온 이야기다. 문제는 신공항 하나 가지고 되느냐는 문제다. 적어도 가덕도 신공항 옆에 홍콩인구의 10%는 이주할 수 있는 신도시가 있어야 그 공항이 필요하지 않을까 한다.

지난 번 부산일보 강당에서 있었던 콘퍼런스에는 미래학자 한 분이 기조연설자로 나왔다. 아지즈 바카스 드렌드오피스바카스가 화제의 인물이다. 그는 그날 '포스트 코로나 세계와 2050년의 미래'를 전망하며 "포스트 코로나 세계에선 부산과 같은 도시국가들이 서로 협력해 상황을 대처해 나갈 것"이라고 전망했다. 또 바카스 대표는 "코로나19 사태로 전 세계 자유주의는 국가자본주의로 대체돼 큰 정부가 자리매김할 것"이라며 "이와 함께 개별 국민국가는 그대로 모습을 유지하겠지만 새로운 스타일의 도시국가들이 부상할 것으로 예상된다"고 말했다.

네덜란드 암스테르담에 살고 있는 바카스 대표는 영상 메시지로 이날 콘퍼런스에 참여하며 "부산이 다른 도시국가들과 함께 '혁신 항구 도시국가 연합체'를 만들 수 있을 것"이라는 아이디어를 제시했다.

유럽은 이미 오래전부터 도시국가들이 나라 전체를 선도해 나갔다. 앞으로 대한민국도 부산 울산 창원 등 거점도시들이 주도해 지방의 재정자립도를 높이고 나아가 4차 산업과 관련 산업들을 선도해 나가야 미래가 있고 희망이 있다.

그러기 위해선 신기술, 신성장 아이디어를 실험하고 적용해 볼 수 있는 물리적 공간이 필요하다. 그러한 물리적 공간은 상상력과 아이디어에서부터 새롭게 인프라가 깔려야 한다. 그런 바탕을 만들기에 해상신도시만한 것은 없다.

상상력 플러스 알파

한국정치에는 상상력이 전무하다. 그래서 정치가 재미가 없다. 젊은이들에게 꿈을 주지 못하고 희망을 주지 못한다. 상상력이 넘치면 좌우의 이념 대립도 필요 없다. 꿈과 상상력이 가득할 땐 오직 협력과 협동만이 필요하기 때문이다. 상상력이 현실이 되어가는 과정이 삶이고 문명이고 그것을 이루어내는 것이 문화이다.

상상력이 결여된 민족과 나라는 도태되었다. 신대륙이 있다고 믿었기에 투자자를 찾았고 그들은 항해를 감행했다. 모든 것이 그러하듯 현실은 꿈이 이루어낸 이 자리에 이르도록 기도해주시고 하늘나라에 가신 우리 어머니, 그리고 끝까지 믿어주시는 우리 아버지, 너무나도 많은 짐을 지워준 사랑하는 남편, 그리고 눈에 넣어도 아프지 않을 우리 아들, 정말 감사드립니다.

끝으로 이 책이 나오기까지 도와주신 많은 분들에게 일일이 감사드리지 못하고 짤막한 인사로 대신할까 한다.

"고맙습니다. 여러분들이 대한민국이고 여러분들이 이언주입니다."

2020. 11. 1

부산에서

1) 인터넷 프로토콜 스위트에서 포트(port)는 운영 체제 통신의 종단점이다.
2) 김종학 연구위원 / 동북아역사재단.
3) 중국의 시골길. 한 젊은이가 44번 버스에 탄다. 얼마 안 가 또 버스에 탄 남자 둘은 노상강도로 변신해 승객들의 금품을 갈취하고 여성 운전사를 끌어내리지만, 승객들 중 누구도 도와주지 않는다. 젊은이만이 강도들을 저지하려 하지만 역부족, 강도에게 성폭행 당한 여성 운전사는 젊은이를 버스에 타지 못하게 하고는 다시 버스를 몰고 가버린다. 〈44번 버스〉는 1999년 8월 중국의 한 지방신문(〈Lianhe Zaobao〉)에 전해진 충격적인 사건을 바탕으로 대만 출신의 데이얀 엉(Dayyan Eng) 감독이 만든 단편영화다.
4) 시장살리기연대, 「추락하는 한국경제 돌파구는 없는가?」 2020. 씽크마스터). p. 50.
5) 위의 책, p.53.
6) 폴 케네디. 『강대국의 흥망』, 2007. 한국경제신문 p.59.
7) 홍콩 AP연합, 서울신문에서 발췌.
8) https://www.sedaily.com/NewsView/1Z4517CM51
9) 하야시히로시(橋谷弘)는 일본의 식민도시로서 세 가지 타입을 언급하였다. 첫째, 완전히 새롭게 형성된 도시(부산, 인천, 원산, 대만의 가오슝, 만주의 대련) 둘째, 재래의 전통도시 위에 겹쳐지면서 형성된 도시(서울,평양, 개성, 타이베이, 타이난) 셋째, 기존 대도시 근교에 일본이 신시가를 건설한 경우 신징(新京, 현 장춘), 하얼빈 등 만주에서 주로 건설된 도시 등으로 구분하였다. (하야시히로시 지음, 김제정 옮김, 『일본제국주의, 식민지도시를 건설하다』 2005, 모티브, 17~19쪽.
10) 재부일본인 상업회의소의 전신인 부산상법회의소는 1879년에 설립되었다.(차철욱, 「개항기~1916년 부산 일본인상업회의소 구성원 변화와 활동」. 역과 역사』 제14호, 2004 및 전성현, 「일제하 조선상업회의소연합회의 산업 개발전략과 정치활동」, 2006, 동아대학교 박사논문 참조 바람. 이밖에 최초의 근대병원이었던 부산항의 제생병원(濟生病院)에서 지석영이 1879년 종두법을 배운 것 또한 개항장 부산의 '근대성'과 관련하여 유의할 필요가 있다. 제생병원에 대해서는 김 승, 「한국 근대의학 병원의 효시에 대한 연구」(보론) 『부산대학교 의과대학 50년사』, 2005, 참조.
11) 동아닷컴. 7월14일자. 뉴스 워싱턴=이정은 lightee@donga.com / 베이징 김기용 특파원 / 신아형 기자.
12) 동아닷컴. 2020년 7월14일자. 뉴스 워싱턴=이정은 lightee@donga.com / 베이징 =김기용 특파원 / 신아형 기자.
13) 김 승, 근대식민도시 부산의 형성과 발전. 북빈매축공사(1902~1908) 부산항에서

맨 먼저 근대적 매립이 시작된 것은 1888년 청나라 북양대신 이홍장(李鴻章)의 주선으로 당시 부산 세관장이었던 영국인 헌트(Hunt, 한국명 하문덕何文德)와 합작하여 오늘날 부산데파트 동쪽지역에 위치한 부산세관의 부지가 협소함을 내세워 용미산(옛, 광복동 입구 부산시청자리) 기슭의 일부를 깎아 매립한 것이었다.

14) 홍순권, 「근대 개항기 부산의 무역과 상업」 『항도부산』 제11호, 부산시사편찬위원회, 1994, 112쪽, 115~116쪽. 이에 일본인들은 1898년 부산매축주식회사를 설립하여 오늘날 부산데파트로부터 부산우체국, 부산연안여객터미널, 중앙동의 중앙로, 세관일대를 매립하는 흔히 북빈(北濱)매축공사라고 부르는 매축공사를 한국정부에 청원하였다. 그 결과 1902년 7월부터 1908년에 걸쳐 바다를 매립하여 이 일대 4만 1374평의 새로운 부지를 확보하였다.

15) 북빈매축공사는 당시로서 대규모 공사였기에 공정을 1,2기로 나누어 진행하였다. 1기 공사(1만 3천 632평)는 1902년 7월에 시작하여 1904년 12월 준공을 보았으며 2기 공사(2만 7천 742평)는 1907년 4월에 시작해 1909년 8월에 완료하였다. 부산항에 개항 당시 200 명이었던 일본인들은 1895년 4,953명으로 증가하였다. 1895년의 이 수치는 한국주재 일본인 중에서 대략 54%를 점유하는 비율이었다. 1892년 일본으로부터 수입되는 물품 가운데 인천은 43.5%, 원산 43.1%였던데 반해 부산은 97.2%였으니 부산항의 대일 무역수입은 절대적 위치를 차지했다.

16) 지금 부산역이 자리하고 있는 초량과 부산진역까지 이어지는 철도부지는 모두 다 매립에 의해 생겨난 땅이다. 또한 이 공사들로 말미암아 중앙동 사거리 일대의 넓은 평지도 생겨났다. 영선산착평공사는 경부선을 이용한 내륙의 철도운송과 관부연락선을 이용한 해운운송의 연계성이 필요한 결과 생겨난 것이다. 김승. 위의 책.

17) 김용욱, 앞의 논문, 171~179쪽, 김의환, 앞의 책, 66~73쪽

18) 1기 공사를 통해 매축된 10만평 규모의 부산진일대 매축지는 이듬해 1918년 일본의 시베리아 출병과 맞물려 제1잔교와 함께 일본군 1개 사단 이상의 병력과 군마, 식량 등의 군수물자를 수송하는데 유용한 공터로 직접 활용되었다. 애초 부산진매축을 담당했던 조선기업주식회사는 1기 공사 이후 1923년에 해산하게 된다. 따라서 원래 부산진매축 2기공사 이후의 부분은 1926년 11월 설립된 부산진매축주식회사에서 사업을 인수하여 1926년부터 1937년까지 자성대 앞쪽 범일동 일대와 우암동 앞바다 30만 5천여 평을 순차적으로 매립하였다. 새롭게 매축된 이곳에는 미곡창고, 철도관사, 경찰서, 우편소, 초량역, 부산진역, 학교 등이 세워졌다. 김승. 위의 책.

19) 부산진 일대의 매축을 기념하기 위해 일제는 부산진매축기념비를 1939년 4월 건립하였다. 현재 부산의 동구경찰서(부산일보사 옆) 앞마당에 세워져 있다.

20) 1889년 일본인전관거류지의 외곽에 해당하는 지역의 조선인 인구는 古館750인, 신초량 500인, 부산진 2,000인, 우암포 75인 정도로 전체 3,325명이 거주하고 있었다. 참고로 현재 취항 중인 부관페리호의 경우 1만 6,700톤급 정도이다. 개항에 따른 인구변동도 당연히 있었다. 즉 개항은 지리적인 변화도 가져왔지만 결과적으로 인구의 증가와 이동을 가져오게 되었다. 물론 이민을 포함한 이동이었다. 개항 직후 100여 명에 미치지 못했던 일본인은 1887년 2천여 명으로 늘어났고 1895년 청일전쟁 이후 5천명, 러일전쟁을 전후한 시기 1만 3천명으로 성장하였다.(釜山府,『釜山』, 1926, 73쪽).

21) 이러한 주장을 김민수 교수가 〈부산일보〉 칼럼을 통해 밝힌 바 있다.

22) 왜관을 부산의 전사(前史)로 보려는 것은 부산의 기원을 일본전관거류지에 두는 데서 탈피하려는 의도를 내포한다. 아울러 부산의 도시 비전을 재구성하는 방법으로 이를 활용할 수 있다는 것을 뜻한다. 이를 통해 제국과 식민의 이분법으로 부산을 이해하는 관점을 벗어나는 하나의 계기를 만들 수 있을 것이다. 다시로 가즈이에 의하면 조선후기 260년 동안의 한일관계는 일찍이 없던 선린우호의 시대였든 바, 이를 매개한 것이 왜관이었다. 부산지역의 왜관은 1407년 이후 네 차례에 걸쳐 장소를 바꿔 설치된다. 부산포왜관(1407-1600), 절영도왜관(1601-1607), 두모포왜관(1607-1678), 초량왜관(1678-1876).

23) 다시로 가즈이(정성일 역), 『왜관』(논형, 2005), 16쪽.

24) 다시로 가즈이, 앞의 책, 15쪽.

25) 강진아, 「16-19세기 동아시아 무역권의 세계사적 변용」, 『동아시아의 지역질서』(백영서 외, 창비, 2005) 10쪽.

26) 마루야마 마사오와 가토 슈이치의 대담에서. 마루야마 마사오 · 가토 슈이치(임성모 역), 『번역과 일본의 근대』(이산, 2000), 15-20쪽.

27) 하시야 히로시(김제정 역), 『일본제국주의, 식민지 도시를 건설하다』(모티브, 2004), 55-56쪽.

28) 전관거류지가 확대되면서 1901년에 본격적인 시가지가 형성되고 1902년에 이르러 본격적인 도시계획이 시작된다. 1905년 이사청 설치 이후 1906년에는 시구개정 8개년 사업에 착수한다. 식민도시 부산의 면모가 일신된 것은 1914년 부산부제 실시 이후라 할 수 있다. 1930년대에 이르러 서면 일대 부산진 공업지대가 형성되고 1940년대에는 동래지역까지 부산부에 포함된다. 1937년 조선총독부 고시 〈부산시가지 계획령〉이라는 부산 최초의 도시 종합계획이 수립되는

바, 목표 연도를 1965년으로 설정하고 있다. 참고 1937년 조선총독부 고시 〈부산시가지 계획령〉.

29) 봉일범, 『누적도시』(시공문화사, 2005), 33쪽.

30) 1885년 청나라 리홍장(직예총독 및 북양통신대신)은 톈진에서 2개의 조약을 맺었다. 하나는 청불전쟁에 패배하고 프랑스와 맺은 조약이고, 다른 하나는 갑신정변 사후 처리로 일본과 맺은 조약이다. 청불전쟁은 류큐 왕국(오키나와)이 일본에 강제 병합되는 모습을 지켜본 청이 처음으로 조공국 방어를 위해 무력 개입을 시도했던 것이지만, 프랑스의 압도적인 화력을 꺾을 수는 없었다. 2년여 간의 전쟁은 결국 청이 프랑스의 베트남 보호권을 인정하는 톈진조약으로 마무리되었다. 이로써 동남아시아에서는 청이 종주권을 행사할 수 있는 조공국이 모두 사라졌다. 이제 청의 유일한 조공국은 동북아시아의 조선이었다. 하지만 같은 해 조선의 거문도마저 영국에 무단 점거당하면서 조선에 대한 청의 종주권도 위협받기 시작했다. 이처럼 급변하는 동아시아 정세 변화 속에서 청은 조선을 둘러싸고 일본과 또 다른 톈진조약을 체결했다. 경향신문, http://news.khan.co.kr/kh_news/khan_art_view. html?art_id=201401142124345#csidxebc 3d351fde1afa82848eb3626f41d8

31) 과학 다큐 비욘드, 21세기 노아의 방주 해상도시. KOTRA, 암스테르담 수상가옥 주택단지 조성한다.

32) 조감도를 보면 영도의 중리산과 송도의 진정산, 장군산이 평지의 아파트단지로 바뀌어 있다. 여기서 나온 흙으로 매립하려던 계획으로 보인다. 허나 송도의 진정산과 장군산은 서구예비군훈련장과 군부대가 위치한 곳이라 군부대가 이전하지 않는 한 섣불리 개발도 못한다. 결국 페이퍼 플랜에 가까웠던 셈이다.

33) 마산해양신도시 사업비는 총 4493억 원으로 대출 1244억, 가포지구 분양2613억, 시비 636억 원이 포함돼 있으며 현재 공정률은 전체 84%(서항지구 80%, 가포지구 100%)이다. 마산해양신도시 건설사업은 지난 2007년 실시 협약 당시 약 178만㎡(서항 134만㎡, 가포 44만㎡)에 건설 사업비가 6910억 원이었으나, 약 107만㎡(서항 64만㎡, 가포 43만㎡)로 개발면적이 변경 되면서 사업비가 4493억 원(서항 3403억 원, 가포 1090억원)으로 조정돼 시공 중이다.

34) 가상화폐(암호화폐)기술이라고 하면 굉장히 어려운 것 같지만 우리나라가 어쩌면 가상화폐의 최초 진원지라고 할 수도 있을 것 같다. 2,000년 토종 커뮤니티 포털인 싸이월드는 인터넷 안에서 게임과 결재를 할 수 있는 가상화폐 "도토리"를 개발하여 선을 보였다. 가장 큰 장점은 실물화폐처럼 돈을 찍어내는 비용이 들지 않고, 은행이나 금고를 필요로 하지 않고, 컴퓨터의 하드디스크에 저장

했다가 원할 때 꺼내어 온라인상에서 마음대로 사용할 수 있는 화폐서비스였다. 당시에는 참으로 인기가 폭발적이었다. 연인에게 주는 선물이나 용돈도 현금 송금 방식이 아닌 도토리 전송방식을 사용할 정도였으니 인기가 어떠했겠나?

35) 주식처럼 공급과 수요에 따라 시세가 정해지기 때문에 투자 목적으로 보유하는 사람도 있고, 실제 이것을 이용해 물건을 구입하는 사례도 이어지고 있다. 그러나 비트코인이라는 실체가 없는 사이버머니에 대한 우려도 적지 않은데, 시세의 변동 폭이 커서 큰 손실이 발생할 수 있고 거래소에서 해킹으로 인해 도난을 당할 수도 있다. 시간이 지나 정식 화폐로 인정받게 된다면 비트코인은 전 세계에서 통용되는 유일한 온라인 화폐가 될 수 있을지 아직은 미지수지만 기존 화폐에 대한 불신이 존재하는 한, 보다 안정적인 화폐에 대한 요구는 계속되리라 생각한다.

36) 롤랜드 버거. 2017.

37) IMO에서는 자율운항선박을 자율운항 정도에 따라 4단계로 구분하고 있으며, 완전 무인 자율운항 선박이 4단계에 해당된다(김창균, 2019).

38) Jun etal., 2018; 정태원, 2018

39) 스마트항만에 대한 정의로는 IoT 기술을 바탕으로 통찰력을 가진 완벽하게 통합된 항만(Deloitte, 2017)이나 유일한 생존 수단으로서 시공간 및 자원의 낭비를 최소화하는 항만(Port Technology, 2016)이라는 모호한 정의가 존재해 스마트항만에 대한 명확한 정의가 필요한 상황이다. 왜 우리 항만이 스마트항만이 되어야 하는지, 모든 항만이 스마트항만이 되어야 하는지, 왜 선진 항만은 서둘러 스마트화를 추진하고 있는지, 우리나라 스마트항만의 미래상은 어떤 것인지에 대한 질문에 깊은 통찰과 고민이 필요한 시점이기도 하다. 이에 본 연구는 다음과 같은 질문에 답하는 것을 연구의 목적으로 삼아야 한다(한철환의 연구, 2018).

40) 인저리타임 편집위원장.

41) https://www.mk.co.kr/news/society/view/2020/08/89249

42) 부동산 뉴스 부산=전상후 기자, 2018. 3. 14일자.

43) 『부산학 교양 총서 부산의 길』(부산발전연구원, 2011) 「내부 문서」(부산광역시 건설방제관실 , 2013) 산복 도로 르네상스(http://u-sbdr.busan.go.kr)

44) '제3차 산업혁명'의 포문을 연 것은 신대륙의 발견으로 설명되는 항해술의 발달과 무역의 발달이라 할 수 있다. 당시만 해도 아프리카와 인도에 막혀 멀기만 했던 아시아로의 항해가 콜럼버스의 항해를 통해 발견되면서 무역이 급진적으로 발달하게 된다. 이어서 동양에 밀리는 무역의 불균형을 맞추기 위해 영국에서는 산업혁명이 일어나게 되는데 그 산업혁명을 우리는 제2차 산업혁명이라고 한

부산! 독립선언

다. 2차 산업혁명은 기계기관을 이용한 대량생산 시대를 말하는데, 여기에서 선두주자는 단연코 영국이었다. 영국이 주도한 2차 산업혁명은 제국주의시대를 초래하였고, 이 산업혁명의 쓰나미에 대응하지 못한 많은 나라들은 식민 지배를 당해 오랫동안 신음해야 했다. 그런 피해를 입은 나라들 중에 우리나라도 포함된다. 그 다음 일어난 제3차 산업혁명은 반도체의 발견과 컴퓨터의 발명 그리고 인터넷의 발달을 통한 정보기술시대인 현재를 말하고 있다. 다행히 우리나라는 제3차 산업인 정보기술의 혁명을 따라잡았을 뿐 아니라 선도하는 나라가 되면서 세계 10위의 경제대국이 될 수 있었다.

45) '아메리칸 드림'의 원조인 아메리카 신대륙은 어떻게 콜럼버스에 의해 발견되었을까? 가장 큰 원인은 선택의 순간을 잘 포착해서 실패를 두려워하지 않고 올곧게 밀고 나갔던 두 사람이 의기투합했기 때문이다.

46) 머니투데이 김남이 기자의 취재에 따르면 5만 조합원의 대표를 뽑는 선거 때는 車공장도 멈춘다고 한다. 그는 [MT리포트]를 통해서 "현대차 노조가 사는 그 세상…한국사회의 축소판"이라고 힐난하면서 2019년에 있었던 노조위원장 선거를 꼬집었다. 영상을 통해 치러진 유세는 4명의 지부장 후보자가 벌였다. '단결·투쟁'이 쓰인 붉은 머리띠를 하고 '조합원 동지'를 외쳤다. 이들은 출퇴근 시간에도 기호가 적힌 조끼를 입고 선거 운동을 한다. 선거 운동에는 학연, 지연, 혈연을 넘어 각종 SNS와 화장실 낙서까지 총동원 된다. 선관위 예산만 1억 원이고 후보당 억대의 선거자금을 사용하는 것으로 알려졌다. 선관위는 "노조위원장 선거가 흑색선전과 상호비방이 난무해 혼탁해지고 있다"며 경고까지 하고 나섰다. 당선된 지부장은 2년 임기동안 노조와 회사의 미래까지 좌우할 수 있는 막강한 힘을 얻는다고 한다. 웬만한 국회의원보다 힘이 세다는 이야기가 나올 정도다.

47) 이사벨라 1세의 지원으로 제1회 항해의 출발은 1492년 8월 3일이었다. 출발한 지 두 달이 조금 넘은 10월 12일에 현재의 바하마 제도(諸島)의 와틀링 섬을 발견했다. 이어 쿠바 히스파니올라(아이티)에 도달해 이곳을 인도의 일부라고 생각하고 히스파니올라에다 약 40명의 군인들을 남겨 식민지로 삼았다. 그리고 1493년 3월에 일시 귀국하게 되는데, 출발 전 계약에 따라 여왕 부부로부터 '신세계'의 부왕으로 임명되었다. 당시 그가 가져온 금제품이 전 유럽에 센세이션을 일으켰고, 이때 그를 헐뜯는 사람들에게 말했던 '콜럼버스의 달걀'이란 일화는 수많은 책에 실리기도 했다. 선지자는 항상 모함과 질시를 받는다는 사실을 여실히 보여 주었다.

48) 사우스캐롤라이나 주의 주도는 콜럼비아, 오하이오 주의 주도는 콜럼버스등 각

주의 주도에서 그 이름을 많이 찾아볼 수 있다. 미국의 수도인 워싱턴 역시 워싱톤 D.C 라고 하는데 이것은 초대 대통령 조지 워싱턴과 컬럼비아 특별구(District of Columbia)의 약자를 합한 거다.

49) 조선일보의 보도에 따르면 지난해 경제협력개발기구(OECD) 회원국의 외국인 직접투자(FDI)는 6.3% 증가했지만, 우리나라 FDI는 오히려 20.6% 감소한 것으로 나타났다. 코로나 확산으로 글로벌 경기가 침체된 올해는 우리나라 FDI가 더 큰 폭 감소할 것이라는 분석이 나왔다. 한국에 등 돌리는 투자자들… "올해 외국인 직접투자 더 줄 듯" 조선비즈 연선옥 기자(조선비즈 2020.5.20.)

50) 김봉만 전경련 국제협력실장은 "최근 5년 간 인공지능(AI) 등 첨단업종 FDI가 활발하게 이뤄지고 있는 캐나다 사례를 참고해 우리 정부도 관련 분야 FDI 활성화에 정책 역량을 집중해야 한다"고 말했다.

51) 싱가포르의 조세율은 최고 법인세율 17%, 최고 소득세율 20%로, 우리나라 22%, 38%에 비해 매우 낮다. 게다가 납세 행정규제 절차와 소요시간 또한 우리가 싱가포르의 2배에 달하는 것으로 조사됐다. 또 창업비용의 경우, 싱가포르는 1인당 GNI(국민소득)의 0.6%로 서울의 법인등록면허세 14.6%에 비해 현저히 낮은 수준으로 나타났다. OECD 평균 3.6%와 비교해도 우리의 창업비용은 꽤 높은 수준이다.

52) 이에 반해 우리나라는 외국계 영리의료기관 설립이 가능한 경제자유지역에서도 △외국자본 50%, △자본금 50억원 이상, △외국의사 10% 고용, △병원장은 외국인 의사, △진료의사결정 50% 이상 외국의사 수행 등 설립요건이 까다로워 외국병원 유치 실적이 전무한 실정이다.

53) 결과적으로 보고서는 또 교육 서비스산업에 있어 싱가포르가 해외 유수 대학과 연구소 등을 유치할 수 있었던 배경으로 다양한 형태의 영리교육법인 설립을 허용한 점을 들었다. 싱가포르는 현재 인세아드(INSEAD)를 비롯한 매사추세츠공과대학교(MIT), 존스홉킨스대학, 조지아 공대 등 유명 대학과 분교, 공동과정·연구소 등을 유치하고 있다. 이에 반해 우리는 제주도의 국제학교를 제외하고 영리교육기관의 설립을 금지하고 있다. 또 설립형태 또한 경제자유지역, 제주자치도, 기업도시 등 일부 지역에 한해 본교의 직접진출만 허용하고 있으며 과실송금도 불가능하다. 이어 한경연은 "현재 해외우수 교육기관 유치를 도모하고 있는 중국과 두바이도 영리법인 형태의 학교 설립을 허용하고 있음을 주목해야 한다"며 영리법인의 설립과 다양한 형태의 법인 허용 검토를 주장했다.

54) 김현종 한경연 기업정책연구실장은 "시작단계에 있는 카지노 복합리조트산업을 발전시키려면 해외자본과 사업능력이 요구되므로 외국기업의 진입·영업규제를

완화해야 한다"며 "공모방식을 적용해 투자자를 선정하고 신용등급 외에도 자금 조달능력 등을 종합적으로 고려하는 등 규제 완화를 통해 외국기업의 참여를 유도해야 한다"고 주장했다. 또 김 실장은 "합법 사행산업 육성차원에서 싱가포르와 같이 일정 제한 요건에 따라 내국인 출입을 허용하는 등 영업규제도 완화해야 한다"고 덧붙였다.

55) 입규제 완화·영업 가능범위 확대…마이페이먼트 본격 도입(출처:한국정책신문. 2020..7.27).

56) 온라인 메신저 업체인 카카오가 제공하는 카카오페이(결제), 뱅크월렛카카오(송금), 결제·송금이 모두 가능한 서비스인 네이버의 '라인페이' 등이 그런 경우다.

57) 신용카드는 1920년대부터 미국에서 처음으로 사용되었는데, 석유회사나 체인호텔과 같은 사기업들이 지점에서도 구매가 이루어지도록 고객들에게 이 카드를 발행하기 시작했다. 당시만 해도 이것은 획기적인 것이었다. 이러한 크레딧카드의 사용은 제2차 세계대전 이후 크게 증가했다.

58) 우리가 잘 알다시피 정보혁명은 월드와이드웹(www)서비스가 확대되면서 본격화됐다. 도시혁명과 비교했을 때 정보혁명이 갖는 혁명적 의미는 경이롭기까지하다. 쉽게 말하자면 시청·도서관·박물관·교실·학원·백화점·서점·은행·주식매장·신문이 다 어디로 들어갔을까? 모두 사이버공간 속으로 들어가 버렸다? 뿐만 아니다! 프랑스 루브르 박물관과 미국의 스미스소니언 박물관이 다 사이버 공간으로 장소를 옮겼다. 또 쇼핑몰은 어떤가? 여기저기 돌아다니지 않아도 안방에서 편안하게 쇼핑몰을 돌아다닐 수 있다?

59) 나무위키.

60) 출처: 중앙일보] 태평양 한복판서 월드컵 열게 크루지움 만들자.

61) 부산일보. 이현우·송지연·장병진 기자http://www.busan.com/ view/busan/view.php?code=2020070719315554552

62) 동아닷컴. 2020년 7월14일자. 뉴스 워싱턴=이정은 lightee@donga.com / 베이징 =김기용 특파원 / 신아형 기자.

태평양 도시국가의 꿈! 싱가포르를 뛰어넘는 부산!

부산! 독립선언

초판 1쇄 인쇄일 2020년 11월 9일
초판 1쇄 발행일 2020년 11월 9일

지은이 이언주
발행인 안인숙
발행처 도서출판 생각의 탄생
주   소 세종특별자치시 대평동 63-7, 604호
대표전화 010-8000-0172
이메일 missioncom@hanmail.net
한글인터넷주소 생각의 탄생, 생탄21
등   록 569-2015-000028
책임교열 안인숙·김병민·임정숙

이 출판물은 저작권법에 의해 보호를 받는 저작물이므로 무단 복제할 수 없습니다.
파본 및 오탈자가 있는 도서는 교환하여 드립니다.

가격 15,000원

ISBN 979-11-955458-8-9

이 도서의 국립중앙도서관 출판예정도서목록(CIP)은 서지정보유통지원시스템 홈페이지(http://seoji.nl.go.kr)와 국가자료종합목록 구축시스템(http://kolis-net.nl.go.kr)에서 이용하실 수 있습니다.
(CIP제어번호 : CIP)